DE-BRETAGNE
anche
LA BELGIQUE
L'ALLEMAGNE
Le Nord Pas-de-Calais
Fécamp
La Haute Normandie
La Picardie
L1
La Basse Normandie
Bd 1
Paris
L'Ile-de-France
La Champagne-Ardenne
La Lorraine
L'Alsace
ays de la Loire
Le Centre Val-de-Loire
La Bourgogne
L2
Dijon
Beaune
Chalon s/S
Louhans
La Franche-Comté
LA SUISSE
Le Poitou-Charentes
Le Limousin
Lyon
L3
L'Auvergne
Rhône-Alpes
L'ITALIE
L'Aquitaine
Bd 2
Midi-Pyrénées
Toulouse
Le Languedoc-Roussillon
Provence-Alpes-Côte d'Azur
MONACO
Nice
L4
Brignoles
Marseille
M1
ANDORRE
La Corse
la Mer Méditerranée
W0221262

Découvertes-
Band 3 Ausgabe Baden-Württemberg

von
Gérard Alamargot, Reutlingen; Birgit Bruckmayer, München; Isabelle Darras, Pont-de-Vaux; Léo Koesten, Versailles; Dieter Kunert, Toulouse; Inge Mühlmann, Recklinghausen; Andreas Nieweler, Detmold; Sabine Prudent, Berlin

Weitere Mitarbeit
Gerd Bär, Ohlsbach; Kristin Bernstein, Halle/Saale; Ute Bobach, Barleben; Detlev Brenneisen, Norderstedt; Regine Eiser-Müller, Limburg; Mag. Ulrike Hemedinger, Linz (A); Vera Hux, Stans (CH); Hanns-Christoph Lenz, Leipzig; Lydia Lenz, München; Françoise Malz, Braunschweig; Jeanne Nissen, Rostock; Mag. Elisabeth Partmann, Wien (A); Dr. Angelika Schenk, Wittenberg; Prof. Dr. Ludger Schiffler, Berlin; Wolfgang Spengler, Solingen

Zusatzmaterialien für Schüler und Schülerinnen zu diesem Band
Cahier d'activités, *Klett-Nr. 522023*
Grammatisches Beiheft, *Klett-Nr. 522022*
Lernsoftware, CD-ROM, *Klett-Nr. 522080*
Vokabellernheft, *Klett-Nr. 522086*

1 CD für Schüler und Lehrer mit Lektionstexten, Ausspracheübungen, Gedichten, Liedern, *Klett-Nr. 522026*

Trainingsbuch 3 *Klett-Nr. 929892*

Bildquellen
Action Press, (Isopix), Hamburg: 73.3; Avenue Images GmbH, (Corbis), Hamburg: 18.1; Bruckmayer, Birgit: 22.2, 22.4, 22.5; Cinetext, Frankfurt: 64.2, 65.1, 67.2; Corbis, Düsseldorf: 27.1, 31.1, 43.1, 44.2, 64.1; DARGAUD 2004 by Christin & Mézières: 54.4; Editions de Bourgogne: 29.1; Editions Glénat, 2002, Zap Collège Tome 2 by Tehem: 19.1–8; éditions Pocket Jeunesse, département de Univers Poche: 54.3; Fotex, Hamburg: 60.3, 60.4; Getty Images, München: 84.4, 90.3; Klett-Archiv (Gilles Floret): 17.1; Klett-Archiv (Friederike Maria Keck): 60.1; Klett-Archiv (Heiner Wittmann): 20.6; Marco Polo Agence Photographique (Naudin), Paris: 6.1, 7.1–3, 10.1, 11.1, 12.1–5, 13.1–7, 14.1–8, 15.2, 20.1, 20.3, 20.4, 21.1, 21.2, 22.3, 23.1–4, 24.1–7, 26.1–6, 27.2, 27.4–5, 27.7, 28.1, 28.2, 30.2, 31.2, 32.1, 32.2, 33.1, 33.2, 34.1, 34.2, 35.7, 44.1, 45.1–4, 46.1, 47.1, 47.2, 48.1, 49.1, 50.1–3, 70.1, 70.3; Médium Paris: 54.2; Nice Matin: 46.1, 69.1; Anna und Peter Nordquist, Tellus Vision AB, Lund Sweden: 75.1; OKAPI, Bayard Jeunesse, 2004: 53.1; Picture-Alliance (dpa), Frankfurt: 68.1; Sipa Press, Paris: 30.1, 68.3, 69.2, 70.2, 70.5, 73.1, 73.2, 73.5, 73.6; Stockbyte, Tralee, County Kerry: 84.6; Superbild, Unterhaching/München: 60.2; SYROS/SEJER, Paris: 54.1

1. Auflage 1 6 5 4 3 2 | 11 10 09 08 07

Redaktion: Dr. Gilles Floret

Gestaltung: Sven Thamphald
Layoutkonzeption: Christian Dekelver, Weinstadt
Illustrationen: François Davot, Troyes; Christian Dekelver, Weinstadt; Helga Merkle, Albershausen
Satz: media office GmbH, Kornwestheim
Reproduktion: Meyle + Müller, Medienmanagement, Pforzheim
Druck: Firmengruppe APPL, aprinta druck, Wemding
Printed in Germany
978-3-12-522021-8

9 783125 220218

Découvertes

3

für den schulischen
Französischunterricht

von
Gérard Alamargot
Birgit Bruckmayer
Isabelle Darras
Léo Koesten
Dieter Kunert
Inge Mühlmann
Andreas Nieweler
Sabine Prudent

Ernst Klett Schulbuchverlage
Stuttgart • Leipzig

INHALTSVERZEICHNIS

Wegweiser

- Hier findest du Lektionstexte sowie Hörverstehenstexte.
- Hier findest du spezielle Hörverstehensaufgaben zur Vertiefung.
- Diese Übungen solltest du zur Festigung der Grammatik oder des Wortschatzes in dein Heft schreiben.
- Hier arbeitest du in der Regel mit deinem Sitznachbarn zusammen.
- Bei diesen Aufgaben arbeitest du im Team mit drei bis maximal fünf Klassenkameraden zusammen.
- ⟨ ⟩ Dieses Symbol bedeutet, dass die betreffende Einheit oder Übung behandelt werden kann, aber nicht muss.
- [ ] Dieses Symbol steht vor einer Übung, einer Lektion oder einem Modul, die nur in bestimmten Bundesländern/Ländern verlangt werden.
- Der Delfin weist auf einen speziellen Übungstyp hin, den du wiederfindest, wenn du dich auf die DELF-Prüfung vorbereitest.
- Hier ist eine kreative Projektarbeit gefragt.
- In Aufgaben mit diesem Symbol entstehen Produkte, die ihr in eurem Französisch-Dossier abheften könnt.
- Bei Übungen mit diesem Symbol ist ganz besonders dein „Forschergeist“ gefragt.
- Bei diesem Symbol handelt es sich um spielerische Übungen.
- Hier triffst du meistens auf Suchaufgaben im Internet.
- Diese Aufgaben sind zur Wiederholung von bereits gelerntem Stoff gedacht: eine gute Möglichkeit, deine Kenntnisse zu testen.
- Bei diesen Übungen kannst du nur für dich alleine deinen Kenntnisstand überprüfen.
- * Dieses Zeichen weist Wörter aus, die im Pratique-Teil neu eingeführt werden und gelernt werden müssen.
- § Verweis auf das entsprechende Grammatikkapitel im Grammatischen Beiheft.

Unter der Klett-Internet-Adresse www.klett.de unter „Schüler“ und dann „Französisch“ (www.klett.de) findest du Zusatzmaterialien wie z. B. eine Zusammenstellung aller Lernstrategien ab Band 1 sowie zusätzliche Übungen und Texte u. a.

Alle Kompetenzen (Leseverstehen, Hörverstehen, Sprechen, Schreiben, Interagieren) und alle Strategien in Découvertes 3 erfüllen die Anforderungen des **Referenzrahmens** Niveau A2.

20

VORWORT

Chers élèves,

Peut-être que vous avez passé vos vacances en France, cette année. Vous avez peut-être parlé, écrit des e-mails, téléphoné, envoyé des SMS en français. Vous avez peut-être lu des informations, des livres et des BD en français. Vous avez peut-être aussi regardé la télé française ou bien écouté de la musique française. Vous avez sûrement compris beaucoup de choses. C'est normal, vous faites des découvertes depuis deux ans avec votre livre «Découvertes».

Cette année, vous allez entrer dans votre troisième année de français. Vous allez rencontrer des nouveaux amis à l'école mais nous sommes là aussi pour vous aider à lire, écrire, écouter, comprendre, parler, chanter, danser, jouer en français. En plus, vous trouvez d'autres textes et exercices sur Intrenet sous www.klett.de.
A la fin de *Découvertes 3*, vous allez pouvoir communiquer en français sans problème.
Le français, c'est comme un sport.
Il ne faut pas avoir peur.
Nous sommes là pour vous aider.

Cordialement

Votre équipe
de *Découvertes 3*

⟨PLATEAU RENTRÉE⟩ Une nouvelle

(4) La salle des profs

- *Lisez les nombres: 884 – 1000 – 196 – 55555* — 20 pts
- *Dites le contraire de: nouveau ⟷ ~ / ici ⟷ ~ / avant ⟷ ~* — 15 pts
- *Les élèves français ont cours toute la journée sauf le ~ .* — 5 pts

40 pts

(5) La salle Edith Piaf

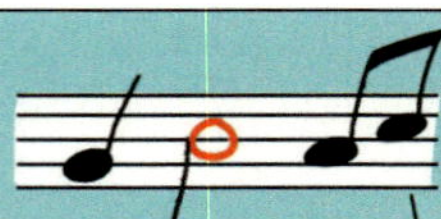

- *Posez des questions:*
  <u>La chanson française</u> m'intéresse.
  Je rencontre souvent <u>des copains</u>.
  Nous faisons aussi <u>de la musique</u>. — 15 pts
- *Quel temps fait-il?* — 20 pts
- *Chloro'fil, qu'est-ce que c'est?* — 5 pts

40 pts

La salle de permanence

Conjuguez un verbe au choix au présent.

dormir – savoir – connaître – venir – commencer – recevoir – prendre – vivre – faire – aller – devoir – plaire – préférer – conduire – finir – courir – envoyer – construire

je ..., tu ..., il/elle ..., nous ..., vous ..., ils/elles ...

10 pts

La nouvelle prof s'appelle madame

? ? ? ? ? ? ? ? ? ? ? s.

(3) La salle des élèves

- *Ajoutez un pronom relatif. Emma est une fille ~ tout le monde aime. Elle a quitté Paris ~ elle a beaucoup d'amis. Son père ~ a trouvé du travail à Toulouse part déjà.* — 15 pts
- *Donnez 3 titres de livres français.* — 15 pts
- *On appelle Toulouse «la ville ...».* — 10 pts

40 pts

(2) Le bureau du principal

- *Racontez le dialogue dans la cour au discours indirect.* — 20 pts
- *Décrivez le chemin:* — 15 pts
- *Où vont les élèves quand un prof est malade?* — 5 pts

40 pts

(1) La cantine

- *Mettez les phrases au passé composé: Emma et Cécile entrent à la cantine. Elles accompagnent Grégory.* — 10 pts
- *Donnez trois noms de boissons.* — 15 pts
- *Dans un menu français, il y a une ..., un ... et un ...* — 15 pts

40 pts

Vous trouverez les règles du jeu pages 134–135.

) Le CDI

lettez «de» ou à» si nécessaire: Magalie aime ~ chanter. lle rêve ~ être chanteuse. Quand elle ommence ~ faire ses devoirs, elle pense ~ musique. Mais elle réussit être bonne élève. — 20 pts

écrivez Fabien: est … Il a … Il est … — 15 pts

Toulouse, on construit l'avion … — 5 pts

40 pts

(7) La salle Charles Baudelaire

- *Complétez: Cécile aide sa copine? Oui, elle ~ aide. Elle écrit à ses parents? Non, elle ne ~ écrit pas.* — 20 pts
- *Ils sont chez le médecin. Pourquoi?* — 15 pts
- *Le 21 juin, c'est la fête de …* — 5 pts

40 pts

- C'est la rentrée au collège Guillaumet. Dans la cour, on discute beaucoup. Tout à coup, Grégory découvre une nouvelle prof. Qui est-ce?
- Pour trouver la réponse, visitez les salles du collège et répondez aux questions.
- Jouez à deux: Le joueur A pose les questions. Le joueur B répond. Changez de rôle après chaque salle. Celui qui a reçu le plus de points a gagné.

(8) La salle d'allemand

- *Traduisez en français: dieses Hotel – diese Kirche – diese Mädchen – dieser Junge – diese Katzen* — 15 pts
- *Qu'est-ce que vous dites en français et en allemand quand … quelqu'un a son anniversaire, tu reçois quelqu'un dans ta ville.* — 10 pts
- *A Toulouse, il y a … (3 choses).* — 15 pts

40 pts

(9) La salle de géographie

- *Expliquez la différence entre: le beau français le beau Français* — 15 pts
- *Donnez 3 noms de villes allemandes en français.* — 15 pts
- *La … traverse Toulouse.* — 10 pts

40 pts

(10) La salle de théâtre

- *Pour faire une tarte, il faut:* — 25 pts
- *A la fin d'une lettre officielle, on écrit: …* — 10 pts
- *Où est la Géode?* — 5 pts

40 pts

LEÇON 1

Un été en Normandie

01

Fécamp

1. Qui parle à la radio?
2. De quoi est-ce que la personne parle?
3. Regardez le garçon et décrivez-le.

02 S

Sur la plage de Fécamp

Charlotte et Elodie sont en train de regarder des garçons qui jouent au volley:

Charlotte: Regarde les deux garçons, à droite. Ils sont plus sportifs que les deux autres, tu ne trouves pas?
Elodie: Oui, c'est vrai. Surtout le mec avec le t-shirt blanc. C'est le plus fort du groupe et en plus, il est canon!
Charlotte: Bon d'accord, il n'est pas mal. Mais moi, je préfère l'autre avec le t-shirt rouge et les lunettes de soleil les plus branchées. Il est peut-être moins beau que le premier mais il est aussi sportif que lui et il a l'air très gentil.
Elodie: Bof! Dis-moi, qu'est-ce que tu penses des deux autres garçons?
Charlotte: Alors, le garçon aux cheveux courts avec le short jaune, pour moi, c'est le plus beau mec. Je le trouve un peu timide mais très mignon. C'est vrai qu'il est le garçon le moins baraqué de l'équipe mais c'est le plus cool du groupe!
Elodie: Ah, c'est déjà le coup de foudre ou quoi?
Charlotte: Attention, le ballon!
Laurent: Salut, les filles …

1. Adjektive können gesteigert werden. Man nennt die Steigerungsformen Komparativ und Superlativ. Elodie und Charlotte benutzen im Gespräch solche Formen. Was können sie mit diesen Formen ausdrücken?

2. Sucht aus dem Text Satzteile heraus, die vergleichenden Charakter haben, und ordnet sie den Symbolen + / = / – bzw. ++ / – – zu.

Komparativ / Gleichheit	Superlativ
+	+ +
=	
–	– –

3. Wie setzen sich
   a) der Komparativ und
   b) der Superlativ zusammen?
   Wie ist die Stellung des Adjektivs
   c) beim Komparativ und
   d) beim Superlativ?

A vous.

a *Comparez Elodie, Laurent et Charlotte, page 10.*

b *Comparez des acteurs ou des chanteurs que vous connaissez. Utilisez les adjectifs* ***«petit, grand, beau, baraqué, canon, sportif, fort, branché, mignon, timide, cool, …».***

03 Une bonne leçon

1. C'était au mois d'août et Charlotte et moi, nous étions en vacances à Fécamp avec nos parents, enfin, avec les parents de Charlotte et ma mère. Tous les jours, nous allions à la plage où nous retrouvions des copains.

2. Un jour, sur le port, nous avons rencontré David et Laurent. Ils faisaient un stage de voile à Fécamp.

3. Je savais que Laurent plaisait aussi à Charlotte, pourtant elle ne voulait pas l'avouer.

4. Deux jours plus tard, c'était l'anniversaire de David …

5. Laurent et Charlotte ont dansé ensemble pendant toute la soirée.

6. A minuit, ma mère est arrivée. Donc, je devais rentrer.

7. …

8. Le lendemain, sur la plage. Je lisais un livre pendant que Charlotte et les autres jouaient au volley. Laurent s'est allongé à côté de moi.

9. …

10. Plus tard …

11. Deux jours après, je lui ai alors montré un SMS de Laurent.

12. …

13. …

14. Alors, nous sommes allées ensemble au rendez-vous. Charlotte s'est cachée. J'ai mis mon portable sur la table. Comme ça, elle pouvait tout entendre.

15. Laurent est arrivé et il m'a fait la bise.

16. …

17. …

18. Tout à coup, Charlotte est arrivée.

19. …

1 A propos du texte

a *Quelle phrase résume* le texte? Expliquez pourquoi les deux autres ne le résument pas.*

1. Elodie et Charlotte restent amies après une dispute* pour un garçon qui les drague.
2. Laurent est amoureux d'Elodie et il la drague à l'anniversaire de David.
3. Laurent drague Elodie mais elle ne raconte rien à Charlotte.

b *Laurent raconte son histoire à Radio Ados. Qu'est-ce qu'il dit?*

2 Les vacances d'Elodie (§§ 2,3)

Sur la plage de Fécamp, Radio Ados fait un reportage sur les vacances des jeunes. Elodie raconte …

Imparfait	
– Beschreibung – Gewohnheit – Wiederholung	– Zustand (Wetter, Zeit, Gefühle) – zeitlich unbegrenzte Handlung

a *Mettez les verbes à l'imparfait.*

1. «L'année dernière, mes vacances à Paris, c'(être) la catastrophe! 2. Tous les jours, je (dormir) jusqu'à dix heures. 3. D'abord, je (se lever) et je (prendre) mon petit-déjeuner. 4. Ensuite, à onze heures, j'(aller) dans la salle de bains, puis je (téléphoner) toujours à Charlotte. 5. A une heure, j'(aider) ma mère à préparer le repas, puis je (manger) avec elle. 6. Quand il (faire) chaud, maman et moi, nous (partir) à la piscine. 7. Et quand il (pleuvoir), nous (regarder) la télévision. 8. Le soir, ma mère (inviter) souvent des amis, alors nous (ne pas manger) avant dix heures. Mais, cette année à Fécamp, c'est super!»

b **A vous.** *Quand vous étiez petit(e), vous aviez un très bon copain / une très bonne copine. Qu'est-ce que vous faisiez souvent ensemble? Ecrivez un texte de 5 à 6 phrases à l'imparfait.*

3 Pauvre Loïc*! (§ 4)

Un jour, Loïc rencontre une fille sur la plage. Le lendemain, il raconte son aventure à son ami Arnaud*:

15 h …	
16 h …	
17 h …	

Passé composé
– einmalige Handlung – aufeinander folgende Handlung – abgeschlossene Handlung

a *Imparfait ou passé composé? Choisissez la bonne forme pour les verbes soulignés*.*

1. «Hier, il a fait / faisait très chaud sur la plage de Fécamp. 2. Cinq ou six jeunes ont joué / jouaient au foot. 3. Tout à coup, j'ai vu / je voyais une très belle fille. 4. Elle a été / était seule. 5. Alors, je me suis allongé / m'allongeais à côté d'elle. 6. Ensuite, je lui ai donné / donnais un coca. 7. Alors, elle m'a regardé / me regardait. 8. Puis, elle m'a dit / me disait: «Non, merci. Je déteste le coca» avec un petit accent allemand. 9. Enfin, je lui ai proposé / proposais de se baigner avec moi. 10. Elle n'a rien dit / ne disait rien mais elle a pris / prenait son portable et elle a téléphoné / téléphonait à quelqu'un. 11. Dix minutes plus tard, un mec est arrivé / arrivait. 12. Il a été / était très sportif.»

b **A vous.** *Imaginez la fin de cette histoire.*

4 Comment est-ce que tu trouves ...? (§ 1)

a *Charlotte montre des photos de ses copains de Fécamp à sa corres. Elle les compare.*

Exemple: Charlotte / Elodie (= beau) → Charlotte est aussi belle qu'Elodie.

1. Elodie / les autres copines (+ sympa)
2. Elodie / Samira (– timide)
3. Samira et Elodie / Charlotte (= jaloux)
4. Léa / Samira (+ gentil)
5. Samira / Léa (= mignon)
6. Laurent / Arnaud (+ sportif)
7. Loïc / Arnaud (– cool)
8. Laurent et David / Loïc (+ intéressant)

b *Posez des questions à votre voisin / voisine. Utilisez le superlatif. Attention à l'accord et à la place de l'adjectif. Trouvez aussi des réponses.*

Exemple: Quel / groupe / cool (– –):
– Quel est le groupe le moins cool, à ton avis?
– A mon avis, / je trouve / je pense que le groupe le moins cool, c'est …

1. Quelle / musique / beau (++)
2. Quelles / BD / intéressant (++)
3. Quel / chanteur / beau (– –)
4. Quelle / actrice / bon (– –)
5. Quels / films / bon (++)
6. Quelles / équipes de foot / branché (++)

5 Jeu de mots: Etre jeune

a *A quoi est-ce que vous pensez quand vous entendez «être jeune»? Complétez le filet à mots*.*

b *Choisissez un de ces huit sujets* et préparez un filet à mots. Ecrivez avec ses mots un texte pour le journal de votre collège.*

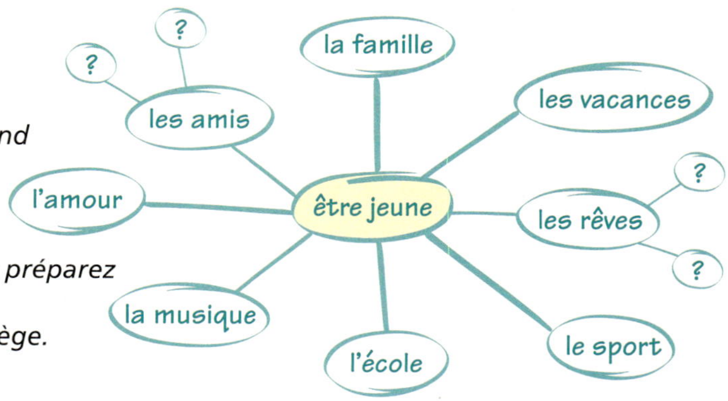

6 Ecouter: Le portable

01

a *Répondez après la première écoute.*

1. La dame entre dans le magasin. Pourquoi?
2. Quelle est la réaction du jeune homme?

b *Répondez après la deuxième / troisième écoute. Prenez des notes pendant l'écoute.*

1. Quelle est la stratégie du jeune homme?
2. Quelle est la fin de l'histoire?

7 Jeu de rôle: sketchs*

Choisissez une des situations suivantes et écrivez un sketch. Après, jouez votre sketch.

1. Un an après, Elodie veut revoir Fécamp et ses amis. Sa mère travaille et n'a pas d'argent pour aller en vacances. Elodie a une idée.	2. Laurent doit payer 300 euros pour son portable. Il a trop téléphoné à ses copines. Il n'a pas d'argent de poche*. Ses parents sont en colère.	3. Charlotte trouve une robe belle mais chère. Comme elle n'a pas assez d'argent, elle demande à sa mère qui dit non.

8 Ecouter: C'est quoi, ton problème?

02 **a** *A la première écoute: Répondez aux questions.*

1. Combien de personnes parlent?
2. Qui sont ces personnes?

b *A la deuxième/troisième écoute: Complétez les phrases et écrivez-les dans votre cahier.*

1. Amélie n'a pas envie de …
2. Sa mère a arrêté de …
3. Amélie doit apprendre à …
4. … personne n'invite Luc.
5. … on ne lui parle pas.
6. … où il est meilleur que les autres.

c *Donnez votre avis sur les conseils* que Christelle Boulay donne aux jeunes.*

9 Discuter ensemble

on dit …

Demander une explication*:
Est-ce que tu peux / vous pouvez me dire / m'expliquer pourquoi …?
Je ne comprends pas pourquoi …
Quel conseil est-ce que tu me donnes?

Donner son avis / Donner des conseils:
Moi, je trouve / je crois / je pense que …
Je te / vous comprends mais …
A mon avis, il faut (faire) …
Je te / vous donne un bon conseil: …

Ne pas être d'accord:
Tu te moques / Vous vous moquez de moi!
Je ne suis pas d'accord! / Je suis contre!
Je t'interdis / Je vous interdis de* …
Ce n'est pas vrai!

S'excuser*:
Je m'excuse! / Excuse-moi! / Excusez-moi!
J'ai été bête! / J'ai été nul(le)!
Pardon! / Je te / vous demande pardon!
Je suis désolé(e)!

A vous.

Un garçon téléphone à sa copine qui est jalouse parce qu'il est allé au cinéma avec cette autre fille. Quelle est la réaction de la copine au téléphone? Prenez des notes, puis écrivez le dialogue. Si vous voulez, jouez la scène.

10 Ecouter: La langue des jeunes

03 **a** *Ecoutez ces dix phrases. Copiez le tableau dans votre cahier et complétez-le.*

	1	2	3	4	5	6	7	8	9	10
Français standard*	X									
Langue des jeunes										

b *Faites une liste des mots de la langue des jeunes dans ce dialogue.*

c *Complétez cette liste avec d'autres mots (5–10). Demandez aussi à votre correspondant(e).*

11 Allô la mer (§§ 1, 2, 3)

Radio Ados a fait une interview sur les vacances à Fécamp. Un jeune raconte: «Tous les étés, quand j'étais petit, mes parents et moi, nous …»

Racontez l'histoire à l'imparfait et mettez les adjectifs au superlatif:

«Mes parents et moi, nous allons en vacances à Fécamp. Là, nous habitons dans un **bon** camping de la région. Le matin, mes parents dorment jusqu'à onze heures. En plus, ils n'ont pas une minute pour moi. Ils téléphonent tout le temps à leurs **bons** amis. L'après-midi, quand nous allons à la plage, je ne téléphone pas. Je n'ai pas de portable. Je suis le **petit** garçon de la famille. Alors, tous les jours, je fais des trous dans le sable*. Je cherche un gros coquillage*, je le mets près de mon oreille* et là, j'entends la mer. C'est un **beau** jour de vacances.»

12 Kreatives Schreiben: Perspektivenwechsel

Stratégie

Texte können unterschiedliche Perspektiven darstellen. Zum Beispiel Briefe geben meistens die Sichtweise einer Person wieder. Man kann aber bei jedem Text die Perspektive wechseln. Dabei ist es wichtig, sich in die Rolle der zu beschreibenden Person hineinzuversetzen:

Form:

- Erzählperspektive (Ich-Form, 3. Pers., Dialog)
- Sprachstil (Standard, offiziell, ugs.)

Inhalt:

- Erzählabsicht (Problem, Wunsch)
- Stimmung (komisch, traurig, sachlich)
- Identität (Alter, Beruf, Herkunft)

A vous.

Céline a un problème. Elle écrit une lettre à Marc, le journaliste d'Ados-Journal.

a *Lisez d'abord sa lettre. Imaginez la lettre de réponse de Marc. Quels conseils est-ce qu'il donne à Céline?*

b *Choisissez entre ces deux sujets: Imaginez et écrivez les scènes.*

1. Loïc explique à Céline dans un e-mail pourquoi il fume. Qu'est-ce qu'il lui écrit?
2. Les parents savent que leur fils fume parce qu'ils ont trouvé des cigarettes dans la poche de son pantalon. Quelle est leur réaction?

Salut Marc,

Je suis amoureuse d'un garçon hyper sympa. Il s'appelle Loïc et il a 15 ans. On sort ensemble depuis un an. Il m'aime et moi, je l'aime. Mais hier, il m'a proposé une cigarette*! Quelle horreur! Je ne fume* pas! Je n'ai pas pu lui dire. Il fume surtout quand il sort avec ses copains. Moi, je déteste ça. Je lui dis toujours que c'est très dangereux. Mais lui, il continue à fumer. J'ai peur pour sa santé et je ne veux pas le perdre. Qu'est-ce que je peux faire? Parler à ses parents, à son meilleur ami?

Céline (14 ans)

Les garçons et les filles

Comment les garçons voient quatre situations …

… et comment les filles voient les mêmes situations.

Zap *Collège Tome 2* by Tehem

■ Savoir faire

→ Stratégie, page 18.

a *Regardez la BD et imaginez un texte pour les bulles vides (leere Sprechblasen). Les garçons imaginent les bulles pour les filles et les filles pour les garçons. Ecrivez les phrases dans votre cahier.*

b *Imaginez d'autres situations dans la vie où les garçons ne pensent pas comme les filles et les filles ne pensent pas comme les garçons.*

---

1 du style [dystil] mit Stil – **2 de la classe** [dəlaklas] mit Klasse – **3 ce que** was – **4 un gars** *(fam.)* [ɛ̃ga] ein Kerl – **5 longtemps** [lõtã] lange – **6 la fuite** [lafɥit] die Flucht – **7 en courant** (< courir) durch Weglaufen

LEÇON 2

09 Découvrir la Bourgogne

Nord

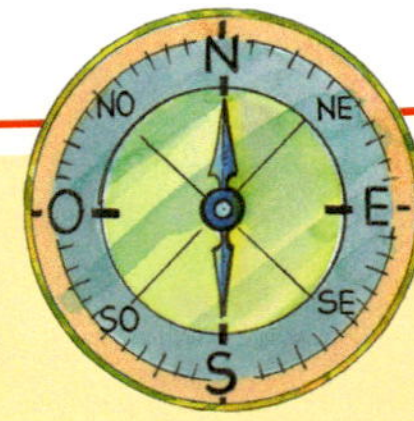

Ouest

Est

Sud

1. L'Yonne et son vin blanc

2. La Côte-d'Or son cassis et sa moutarde

3. La Nièvre et son canal

4. La Saône-et-Loire et ses escargots

La Bourgogne et ses églises: Chapaize

1. *Regardez la carte de France dans votre livre: la Bourgogne se trouve au sud de Paris. Et à l'est de …, au nord de …, à l'ouest de …? Complétez dans votre cahier.*

2. *Quelles informations est-ce que les photos vous donnent sur la Bourgogne?*
3. *Quelle image va avec quelle scène du CD?*

Le journal de bord

Je suis Barbara Fritz, professeur de français au lycée Gutenberg de Mayence. Au mois d'octobre, j'ai organisé un voyage en Bourgogne avec mes élèves de la 8e B. Ils ont écrit ensemble un journal de bord que vous allez découvrir sur les pages suivantes …

J'étais déjà venue en Bourgogne quand j'étais élève. Nous avions pris le car à Mayence et nous étions partis à la découverte de la région. Nous avions dormi à l'auberge de jeunesse de Dijon. Avec des copines, on avait préparé une belle surprise à la prof: On avait mis de la moutarde dans sa crêpe! Mais je peux vous dire que cette année, la surprise de mes élèves «a chanté» pendant tout le voyage entre Dijon et Mayence …

1. Im Text findet ihr eine weitere Zeit der Vergangenheit: das ***Plus-que-parfait***. Sucht die Beispiele heraus und erklärt, wie es gebildet wird.
2. Wann verwendet man das *Plus-que-parfait*?
3. Welcher Zeit entspricht es im Deutschen?

A vous. *Racontez le premier voyage de madame Fritz en France au plus-que-parfait.*

A l'âge de 14 ans, madame Fritz (partir), elle aussi, pour la première fois en France et elle (faire) la même chose que ses élèves. Elle (préparer, répéter et apprendre) par cœur des phrases en français. Le premier jour, elle (avoir) peur de parler mais après une semaine, sa copine française lui (dire): «Tu vas voir, si tu continues, tu vas être prof de français!»

Les surprises du voyage

10

1.

Dijon, le 10 octobre

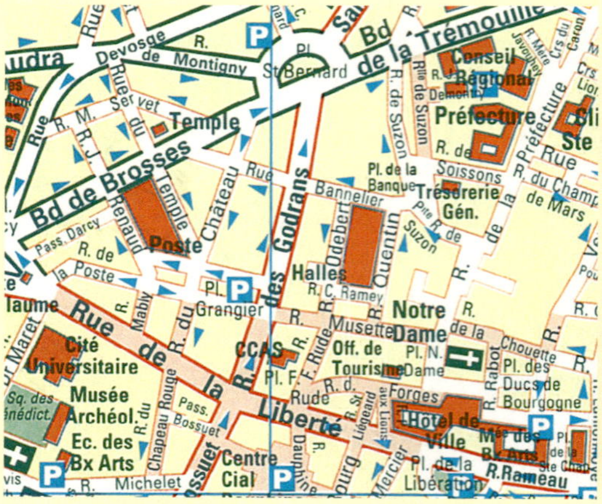

Première journée de notre excursion et première nuit à l'auberge de jeunesse: Là, on n'a pas beaucoup dormi! Le soir, l'hôtel de ville de Dijon avait invité notre groupe à un repas, et au menu, il y avait des escargots! Moi, j'en ai trop mangé et j'ai eu mal au ventre toute la nuit! Le lendemain, on voulait aller au centre-ville. Alors, on a pris le bus jusqu'à la place Darcy. De là, on a continué à pied pour visiter les vieilles maisons et le Palais des Ducs. Quels beaux toits avec toutes ces couleurs! Avant d'arriver à l'église Notre-Dame pour caresser la chouette, nous étions passés par l'office de tourisme. Là, nous avions reçu un plan de la ville et une petite liste de questions. Madame Fritz nous avait dit qu'il fallait bien regarder le plan et les photos avant de répondre aux questions, ce que nous avons trouvé chouette. On pouvait même gagner une BD sur la Bourgogne!

Isabelle

2.

A Je suis un petit animal qui vit la nuit près de l'église. Une rue porte mon nom. Beaucoup de gens me caressent parce que je suis un porte-bonheur. Je suis …

B Je suis de Dijon. Je suis souvent jaune. On me trouve dans toutes les cuisines. Je peux être forte et monter dans le nez. Je suis …

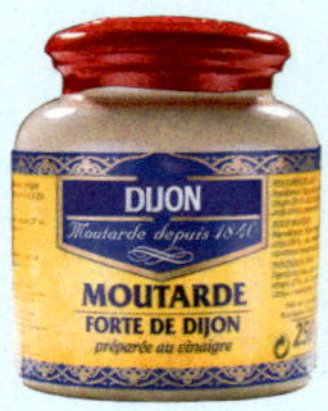

C De ma tour, on peut voir Dijon. On m'a construit au XVIe siècle et l'hôtel de ville est sous mon toit. Quel est mon nom?

D Je suis né à Dijon en 1832. J'ai construit ce qui est le symbole de Paris. Je m'appelle …

A vous. *Et vous? Vous connaissez déjà les réponses?*

3.

Beaune, le 11 octobre

Après avoir quitté Dijon, le car a pris l'autoroute pour aller à Beaune. Deux kilomètres plus loin, on a déjà dû s'arrêter: encore un péage! Le conducteur a pris un ticket et on a continué. Dans le car, on chantait, on rigolait, on se racontait tout ce qu'on avait fait hier et … pendant la nuit! Une demi-heure après, on a encore fait une halte dans une station-service dans laquelle nous avons acheté des cartes postales, de la moutarde, du pain d'épice et des bonbons au cassis sans lesquels on ne peut pas quitter la Bourgogne. Comme on n'avait rien mangé depuis des siècles, on a acheté des baguettes, du fromage et du jambon pour faire des sandwichs. Il était midi quand nous sommes arrivés à Beaune!

Julia

A vous. *A votre avis, qu'est-ce que les élèves de Mayence ont fait pendant la nuit?*

4.

Après avoir mangé nos sandwichs au fromage et au jambon, nous avons visité un vieil hôpital du Moyen Age à Beaune: l'Hôtel-Dieu. C'est drôle, au Moyen Age, les lits étaient tout petits. Les malades dormaient à deux dans le même lit, ce qui devait poser des problèmes. Quelle horreur! Pour Thomas, dont on avait perdu la trace, ça n'avait pas posé de problème. Le pauvre n'a rien vu et rien entendu de la visite. Notre guide l'a trouvé dans un des lits. Il était encore en train de rêver de Laure! Mais il a bien dormi pendant une heure. Au petit-déjeuner, il avait sûrement mangé des escargots auxquels il a dû ajouter quelque chose en plus …

Isabelle

Après une heure d'autoroute, j'en avais marre! En plus, j'étais hyper fatigué après les escargots et la nuit blanche à l'auberge de jeunesse. Mais à Beaune, c'était génial! On a visité un hôpital dont les lits étaient très pratiques pour moi.

Après avoir fait une petite sieste, j'ai retrouvé le groupe qui était en train de visiter la pharmacie dont les étagères étaient pleines d'herbes et d'épices comme dans la cuisine de ma grand-mère!

Thomas

5.

En 1452, le chancelier du Duc de Bourgogne a construit l'Hôtel-Dieu. On l'avait construit surtout pour soigner les gens pauvres qui étaient malades. On voit le toit en couleurs quand on est dans la cour. Mais quand on est dans la rue, le toit est gris. Pourquoi? Pour ne pas faire envie aux voleurs.

A vous. *Comparez les trois textes sur l'Hôtel-Dieu (lignes 11–46). Quelles sont les différences?*

6.

Un lourd programme, le 12 octobre

Après avoir passé une nuit blanche à l'auberge de jeunesse de Dijon, on est allé à Chalon-sur-Saône. Notre petit Thomas a une correspondante dans cette ville. Tiens, tiens! Moi, par contre, je commençais à avoir mal aux pieds! Mais le musée de la photographie, ça, c'était «le pied»! Là, on apprend que Nicéphore Niepce (quel drôle de nom!) a fait la première photo du monde en 1816! Cette visite, pendant laquelle nous avons vu les premiers appareils photo, nous a beaucoup plu. Avant, Thomas avait téléphoné à Laure, sa corres. Elle l'a accompagné au musée. Tiens, tiens, c'est la raison pour laquelle Thomas avait pris son bel appareil numérique ...

Christian

7. Louhans et «la surprise qui chante», 13 octobre

1 A propos du texte

Vrai ou faux? Si c'est faux, corrigez.

1. Les élèves ont reçu • une liste de questions. • un plan de Mayence.	2. Le groupe s'arrête à la station • pour acheter des crêpes. • pour manger des sandwichs.	3. L'Hôtel-Dieu était • un hôpital. • une auberge.
4. A Chalon-sur-Saône, • la classe visite un musée. • les élèves font des photos.	5. Le musée Niepce, c'est • un musée de photos. • un musée de voitures.	6. A Louhans, les élèves • achètent un poulet. • mangent du poulet.

2 Ecrire: Le journal de bord de Lisa (§ 5)

Lisa a pris des notes pour écrire un article dans le journal du lycée Gutenberg de Mayence.

Ecrivez son article au ***passé composé*** ▭ *et au* ***plus-que-parfait*** ▭.

8 h 00: Patrick tomber malade au petit-déjeuner	14 h 30: Nous prendre le bus pour aller à Marsannay*
9.00 h: Nous découvrir Dijon Patrick ne pas venir	15 h 00: Nous visiter une cave sur la route* des vins
11 h 30: cuisinier de l'auberge préparer sandwichs	18 h 30: Mme Fritz acheter du pain d'épice et du cassis
12 h 00: Nous faire un pique-nique au jardin Darcy	20 h 00: Nous faire la fête à l'auberge de jeunesse
13 h 00: Julia perdre sons sac avec tous ses papiers	22 h 00: Marco boire trop de cassis et manger trop d'escargots
13 h 30: Mme Fritz aller avec Julia à la police	00 h 00: Mme Fritz devoir appeler un médecin

Le matin, nous avons découvert Dijon. Patrick n'est pas venu avec nous. Il **était tombé malade** au petit-déjeuner.

A midi, …
A 13 h 30, …
A 15 h 00, …
A 20 h 00, …
A minuit, …

3 En français: A l'office de tourisme

Vous faites une halte à Dijon. Tu es le/la seul/e à parler le français. A l'office de tourisme …

La dame: Bonjour. Vous désirez?
Toi: Bonjour. Nous cherchons l'auberge de jeunesse …
La dame: Elle se trouve près d'ici mais malheureusement*, il n'y a plus de place libre.
Groupe: Was sagt sie? *Toi:* …
Groupe: Frag bitte nach einem günstigen Hotel in der Innenstadt und nach dem Preis für ein Zimmer? *Toi:* …
La dame: Je vous propose d'aller à l'hôtel «L'escargot» qui n'est pas très cher. Une chambre pour deux personnes, c'est 28 euros plus 5 euros pour le petit-déjeuner.
Groupe: Vielleicht kann sie uns auch gleich Infos über die Stadt geben … *Toi:* …
La dame: A Dijon, il faut surtout visiter l'église Notre-Dame et, bien sûr, avant, il faut caresser la chouette. Visitez aussi le musée de la moutarde. Voici le plan.
Toi: …

4 Bon appétit, place Darcy! (§ 8)

a *Complétez les publicités avec* ***une préposition + «lequel, laquelle, lesquels, lesquelles»****.*

 Mangez les bonbons au cassis de Dijon …	 Achetez un poulet …	 ? vous ne dites pas non!	 ? vous perdez la tête!
 Mangez nos escargots …	 Le pain d'épice en fête …	 ? votre repas de Noël va étre plus beau!	 ? pensent les petits garçons!
 C'est la moutarde de Dijon …	 Pour faire un kir*: le cassis de la photo …	 ? on ajoute du vin blanc ou de l'eau!	 ? votre repas n'est pas français!

b *Faites-en un memory et jouez à deux.*

5 La Bourgogne, je connais! (§§ 6, 7, 8)

Cherchez les questions auxquelles les élèves ont dû répondre à l'office de tourisme.
Utilisez ***une préposition + «lequel, laquelle, lesquels, lesquelles»*** *ou* ***«dont, ce qui, ce que»****.*
Votre voisin(e) répond à la question. Puis, changez de rôle.

1. **Quels sont les 4 départements* …**	?	**… on pense quand on dit «Bourgogne»?**
2. Connais-tu la personne …		… on sait qu'elle a fait la 1ère photo du monde?
3. Connais-tu le nom de la rue …		… se trouve la chouette?
4. Est-ce que tu sais …		… l'Hôtel-Dieu était au XVe siècle?
5. Quelle est la boisson …		… on fait le Kir?
6. Est-ce que tu peux expliquer …		… est jaune, fort et monte au nez?
7. Comment s'appelle le canal …		… on peut faire du bateau?
8. Quelle est la ville …		… tout le monde connaît le marché aux poulets?
9. Est-ce que tu peux dire …		… on peut visiter à Chalon-sur-Saône?
10. Quel est le nom du Palais		… on a fait plus tard l'hôtel de ville?

6 Jeu de mots: Voyage, voyage …

a *Cherchez le mot ou l'expression* qui correspond aux définitions*.*

1. C'est comme un hôtel pour des jeunes.
2. C'est là où on peut conduire vite.
3. Ce qu'on achète en Bourgogne.
4. Ce qu'on écrit pendant une excursion.
5. C'est là où on paie l'autoroute en France.
6. Ce qu'on voit de loin au centre des villes.
7. C'est là où on va pour avoir des informations sur une ville.

b *Jouez en classe. Trouvez d'autres définitions.*

04

7 Ecouter: T'es fort, Nicéphore!

a *Ecoutez le dialogue deux fois. Puis trouvez les phrases correctes.*

1. La dame qui fait l'interview s'appelle
   • Sylvie • Marie • Sophie*.
2. Nicéphore Niepce est né à
   • Dijon • Beaune • Chalon-sur-Saône.
3. Nicéphore Niepce a inventé*
   • la photo • les affiches • le cinéma.
4. Niepce est mort*
   • en 1823 • en 1833 • en 1843.

b *Ecoutez encore une fois le dialogue. Prenez des notes. Vrai ou faux? Corrigez.*

1. Nicéphore Niepce est né en 1765.
2. Il a été professeur de maths en Italie.
3. Il a inventé d'abord le premier train.
4. Niepce a fait sa première photo en 1916.
5. «Nicéphore» veut dire «gentil et fort».

8 Attention!

on dit …

Verbot:
Il est interdit de …!
Il n'est pas possible de …
Attention! Ne pas …!
Ici, on ne peut pas …!
Il ne faut pas …!

Erlaubnis:
Ici, on peut …
Il est possible de …
Il faut …

1

2

3

4

5

6

A vous. *Regardez les photos et trouvez les phrases qui vont avec.*

9 L'e-mail à Laure

Thomas écrit un e-mail à Laure, mais très tard la nuit, après le voyage. Il y a encore quatorze fautes.

Trouvez-les. Attention aux temps.

Chère Laure,

Nous avons passer encore deux jours super en Bourgogne. Nous sommes bien rentrer à Mayence. Quelle voyage! Plus de 15 heures de route! Dans le car, tout le monde dormait, quand, tout à coup, Florian* criait: «Mon sac de voyage avec toutes mes notes pour le journal de bord! Il est encore à l'auberge!» Comme toujours, il avait arrivé en retard. Dans la panique du départ, personne n'a fait attention. C'est la raison pourquoi nous avions devoir faire demi-tour. Tout le monde avait été en colère. Avant à partir, nous avons déjà téléphoné à nos parents pour dire quand nous pensions arriver!
Je t'envoie aussi un petit souvenir avec ce mail. Le 12 octobre, j'avais prendu cette photo devant la musée de Chalon. Elle est ..., enfin, c'est belle, non?

Bises et à très bientôt! :-) Thomas

FAUX!

10 Einen Reisebericht schreiben (écrire un journal de bord)

Stratégie

Wenn ihr eine Klassenfahrt nach Frankreich unternehmt, könnt ihr euch Notizen zu euren Eindrücken machen. Später wird daraus ein Reisebericht. Eure Reise kann auch «virtuell» stattfinden, z. B. mit einem Buch oder im Internet. Bei der Erstellung eines *Journal de bord* müsst ihr folgende Punkte berücksichtigen:

1. Eure Darstellung soll informativ, aber auch anschaulich und unterhaltsam sein. Verwendet verschiedene Textsorten (Fragebogen, Interviews, Prospekte). Beschreibt möglichst auch ein besonderes Erlebnis. Es lässt euren Bericht lebendiger wirken.
2. Überprüft die zeitliche Abfolge.
3. Schreibt in der Ich- oder Wir-Form.
4. Ein *Journal de bord* sollte auch optisch ansprechend sein: Schreibt sauber und gut lesbar, fügt Bilder hinzu und präsentiert alles möglichst übersichtlich.
5. Korrigiert eure Reisetagebücher sorgfältig und bittet eure Lehrer um Rat (→ L4, ex. 11.)
6. Bei einem mündlichen Vortrag eures Tagebuchs: → www.klett.de: stratégie SB 2 / L4.
7. Über das Internet und in Reisebüros könnt ihr euch umfassend Informationen zu eurer Reise beschaffen (→ www.klett.de: stratégie SB2 / L7).

A vous.

a *Formez des groupes et écrivez un journal de bord sur un voyage virtuel dans une région française. Présentez-le.*

Groupe 1: visite des ruines* romaines* à Autun*.
Groupe 2: Midi-Pyrénées – visite de Toulouse.

b *Ecrivez un journal de bord sur votre dernière excursion.*

L'Archéodrome vous propose surtout des activités pour les jeunes: Dessiner des animaux sur des pierres, faire du feu, jouer à l'archéologue, construire sur ordinateur une maison romaine, etc. On peut aussi faire la cuisine comme des galettes préhistoriques ou du pain.

Archéodrome de Bourgogne
Aire de Beaune Tailly 21190
MERCEUIL Tél. 03 80 26 87 00
Fax 03 80 21 40 95
www.archeodrome-bourgogne.com

Recette de la galette[1] au sarrasin[2]:

Ingrédients[3]: 250 g de farine de sarrasin, 2 œufs, 1 cuillère[4] à soupe d'huile, ½ cuillère à café de sel, 50 cl d'eau, 40 g de beurre

Préparation[5] de la pâte[6]:
Mettre la farine dans un saladier.
Faire un trou au centre.
Ajouter l'huile[7], les œufs battus[8] et le sel.
Mélanger[9] le tout avec de l'eau.
Battre la pâte pendant 3 minutes.
Laisser reposer[10] la pâte pendant 2 heures.
Verser la pâte dans une poêle[11].

A vous.

Quelle activité est-ce que vous aimeriez faire à l'Archéodrome? Pourquoi?

■ Savoir faire

→ Stratégie, page 28.

a *Visitez le site Internet de l'Archéodrome de Beaune.*
b *Faites un dépliant (Werbeprospekt) sur l'Archéodrome pour votre collège.*
c *Cherchez des informations sur une région française de votre choix et faites un dépliant.*

---

1 **une galette** [yngalɛt] ein Pfannkuchen – 2 **le sarrasin** [ləsaʀazɛ̃] Buchweizen – 3 **les ingrédients** [lezɛ̃gʀedjɑ̃] die Zutaten – 4 **une cuillère** [ynkɥijɛʀ] ein Löffel – 5 **la préparation** → préparer – 6 **la pâte** [lapat] der Teig – 7 **l'huile** [lɥil] das Öl – 8 **battu** → **battu,e** [baty] schlagen – 9 **mélanger** [melɑ̃ʒe] mischen – 10 **reposer** [ʀəpoze] ruhen – 11 **une poêle** [ynpwal] eine Pfanne

LEÇON 3

Un clown au collège

1. Une classe à Lyon en 1950 …

2. La classe de Nathan aujourd'hui …

1. Décrivez les différences entre les deux photos: les vêtements, les élèves, la salle de classe …
2. Comparez la photo numéro 2 avec votre classe.

Quel cirque!

Nathan, 14 ans, est un enfant du cirque et il est heureux. Il fait beaucoup de voyages dans toute l'Europe. Quelle chance! Il travaille comme clown au cirque Franconi qui est à Lyon cet hiver. Mais Nathan est aussi un garçon un peu seul car il n'est pas comme les autres.

Le matin, il doit se lever à 6 h 30 pour aller au collège. L'après-midi et le soir, il travaille au cirque. Heureusement, ses copains du collège sont là pour l'aider. Pour faire ses devoirs, il a seulement une heure le soir après son numéro de cirque. C'est difficile pour lui d'avoir des bonnes notes. Au printemps, il va **sûrement** aller à l'école dans une autre ville. Nathan peut difficilement avoir des amis. La vie au cirque est plus drôle, c'est **sûr**, mais le collège, quel cirque!

A vous. *Comment trouvez-vous la vie de Nathan?*

1. In diesem Text findet ihr Wörter, die sich ähneln wie z. B. «sûr» und «sûrement». «Sûr» ist ein Adjektiv und «sûrement» eine neue Wortart. Wisst ihr, wie sie heißt?
2. Aus welchen Teilen setzt sich «sûrement» zusammen? Von welcher Wortart wird es abgeleitet? Welche Endungen benutzt man, um die neue Wortart regelmäßig zu bilden?
3. Was beschreiben Adjektive im Satz näher, was Adverbien? Vergleicht auch das Deutsche mit dem Englischen und Französischen.
4. Ergänzt die Tabelle in eurem Heft und findet zwei weitere Beispiele.

seul	seule	seulement
sûr	...	sûrement
...	difficile	...

A vous. *Formez les adverbes.*
Complétez les formes dans le tableau.

Nathan rentre du collège à 16 h 30, mais il n'a pas encore fini la journée! Maintenant, il doit encore travailler **(long)** son numéro de cirque. Après, il y a les devoirs qu'il faut faire très **(correct)** pour plaire aux profs. Mais les profs et les autres élèves parlent toujours **(cordial)** à Nathan. Lui, il rigole **(drôle)** au cirque mais pas à l'école! Là, il pleure **(facile)**! Ses copains vont **(sûr)** l'aider à faire ses devoirs mais Nathan sait qu'il va quitter **(prochain)** Lyon.

1. longement
2. correctement
3. cordialement
4. drolement
5. facilement
6. sûrement
7. prochainement

24 S

Rebelle N°10

1. L'équipe de *Rebelle*, le journal du collège St-Exupéry de Lyon, vous présente trois élèves de la classe 3ᵉ A: Nathan, Nouria et Babaka, notre copain du Sénégal qui a vécu une aventure pas drôle du tout …

2. Nathan, enfant du voyage, 3ᵉ A

Rebelle: Nathan, tu viens du monde du cirque. Comment vois-tu la vie dans notre collège?

Nathan: Et ben moi, j'aime mieux mon travail de clown que la vie au collège. En plus, au cirque, on a vraiment besoin de moi. Je dois m'occuper des animaux. Pendant mon temps libre, je m'entraîne avec mon singe Bodo pour notre numéro du soir: Il vole les sacs et les parapluies des gens. Malheureusement, depuis la rentrée, je n'ai plus assez de temps pour moi et je ne sais pas encore si je vais m'habituer à cette nouvelle vie.

Rebelle: Pourquoi?

Nathan: Ecoute, je ne suis pas seulement au collège toute la journée mais aussi le samedi matin! En plus, il faut courir partout, changer de salle toutes les heures! Il y a beaucoup de matières: l'SVT, l'histoire-géo et je ne sais pas quoi encore. Je suis entre deux chaises.

Rebelle: Alors, tu ne peux vraiment rien nous raconter de sympa sur la vie à l'école?

Nathan: Ah, ah! Si, bien sûr! L'autre jour, en cours, je me suis endormi. Tout à coup, la prof m'a réveillé et elle m'a dit: «Nathan, il y a des lits à l'infirmerie. Normalement, c'est pour les malades mais tu peux aussi bien dormir là-bas qu'ici …» Toute la classe a rigolé. Moi, j'étais tout rouge …

Rebelle: Merci beaucoup, Nathan, et bonne chance!

3. Nouria, jeune beur, 3ᵉ A

Rebelle: Nouria, peux-tu nous expliquer ce que c'est un «beur» pour toi? Pourquoi vous appelle-t-on les «beurs»?

Nouria: Bon, alors, le mot «beur», c'est du verlan et ça veut dire «a-ra-be». Mes grands-parents, par exemple, ils sont nés en Algérie et ils sont venus en France pour travailler il y a très longtemps. Mais mes parents, eux, sont nés ici. Moi et mes frères aussi. Alors, on est tous français comme le beurre de Normandie! Nous, on n'est pas des étrangers!

Rebelle: Mais, te sens-tu complètement française?

Nouria: Complètement, à moitié ou un quart ou un dixième? Moi, je m'en fous! A la maison, on parle moins souvent l'arabe que le français. Et en plus, moi je parle vraiment mal l'arabe. Alors, tu vois, je me suis habituée à 100 % à la France.

Rebelle: Alors, merci Nouria!

4. Babaka raconte pour *Rebelle* …

Babaka: Voilà, j'étais dans le bus mercredi après-midi. Je voulais aller me promener. A un arrêt, un contrôleur est monté mais il n'a même pas regardé mon ticket. Il m'a seulement regardé d'un air bizarre. Quand je suis arrivé au centre-ville, il m'a interdit de descendre et il m'a demandé mon ticket, mais seulement à moi. C'est vraiment bizarre, non?

Rebelle: Qu'est-ce qu'il t'a demandé exactement?

Babaka: Il m'a dit: «Eh, toi, fais voir ton ticket!» Je l'ai montré, il l'a bien regardé et j'ai pu partir!

Rebelle: A ton avis, pourquoi a-t-il regardé seulement ton ticket? Pourquoi pas les autres?

Babaka: Ben, c'est parce que je suis noir! Et puis, les gens se sont regardés mais personne n'a rien dit. Depuis que je vis à Lyon, on m'a déjà contrôlé dans le bus un million de fois sans problème. Ou bien on contrôle tout le monde, ou bien personne!

Rebelle: C'est vraiment pas cool. Mais voyons la suite de ton histoire …

5. La suite par Babaka

Trois semaines plus tard, j'étais dans le bus avec Nouria, Nathan et son singe Bodo. Nathan avait expliqué à Bodo qu'il devait rester le plus tranquillement possible à sa place parce que ce n'est pas tous les jours qu'on se promène avec un singe dans le bus. On avait même acheté un ticket pour Bodo. Tout à coup, Nathan m'a montré un homme. Il n'a pas eu besoin de me dire qui c'était, je l'ai reconnu tout de suite: C'était «mon» contrôleur! Nathan a dit quelque chose à l'oreille de Bodo et lui a montré le contrôleur. Quand il est arrivé pour me contrôler, Bodo a volé son bloc de tickets. Le contrôleur m'a demandé mon ticket. Alors, Nathan lui a dit calmement: «Excusez-moi, Monsieur, mais vous savez, nous, les étrangers, on voyage toujours au noir!» Le contrôleur était rouge de colère. Alors, il a cherché son bloc pour me donner un P.-V., puis il a vu Bodo et il a rapidement compris. Après, je lui ai montré mon ticket avec un grand sourire. C'était une bonne leçon pour tout le monde! Et Bodo s'est bien entraîné pour son numéro du soir!

1 A propos du texte

a *Dites tout ce que vous savez sur les trois élèves. Utilisez les mots-clés.*

1. Nathan	2. Nouria	3. Babaka
voyage cirque collège …	beur famille étrangère / française …	famille aventure contrôleur …

b *Répondez aux questions sur la suite de l'histoire de Babaka.*

1. Qui est dans le bus?
2. Qui est l'homme que Babaka reconnaît?
3. Que dit Nathan à Bodo de faire?
4. L'homme est en colère. Pourquoi?

c *Quelles sont les différences entre le «Gymnasium» en Allemagne et le collège en France? (l'emploi du temps*, les matières, les salles, les professeurs, le CDI, …)*

2 Communiquer: Plus intéressant ou moins bête? (§ 1)

+ plus … que
– moins … que
= aussi … que

a *Posez des questions et comparez.*

Exemple:

la musique rock / la musique pop (+ intéressant)
– Est-ce que la musique rock est **plus** intéressante **que** la musique pop?
– Oui, à mon avis … / Non, à mon avis …

1. la cuisine française / la cuisine allemande (– bon)
2. Carla Bruni / Audrey Tautou (= beau)
3. les vacances à la mer / les vacances à la montagne (+ sympa)
4. la musique anglaise* / la chanson française (+ branché)
5. les bonnes notes à l'école / les copains de classe (– important)

b *Vous faites un sondage* en classe.*

Exemple:

– Quelles sont les chaînes de télévision **les plus** intéressant**es**?
– A mon avis, ce sont …

1. le chanteur de rock / ++ bon
2. le film / ++ bête
3. le sport / ++ difficile
4. les problèmes des jeunes / ++ important
5. les villes d'Europe / ++ joli

…

3 Scènes de la vie (§ 9–12)

a *Regardez et décrivez les six images. Faites des phrases et formez les adverbes (Adverbien). Faites attention à la place de l'adverbe dans la phrase.*

1. Nathan

dormir *(présent)* / tranquille

2. Nouria

comprendre *(présent)* / facile

3. Babaka

saluer *(p. c.)* / froid

4. Le prof de maths

expliquer qc à qn *(prés.)* / calme

5. Les enfants

rire *(p. c.)* / drôle

6. Bodo

marcher *(p. c.)* / bizarre

b *Chaque élève invente deux phrases avec d'autres adverbes, d'autres situations et d'autres personnages. Utilisez aussi le comparatif et le superlatif de l'adverbe.*

Exemples: 1. Les conducteurs de bus conduisent plus rapidement à Paris qu'à Lyon.
2. Notre prof de français parle moins bien l'anglais* que notre prof d'anglais.

4 L'interview de Babaka (§ 14)

Mettez les verbes à la bonne forme.

Rebelle: Est-ce que tu (s'habituer, *p. c.*) à la France?

Babaka: Non, je (ne…pas s'habituer, *p. c.*) à la vie française. Pas encore. Mais ça va venir.

Rebelle: Pourquoi as-tu quitté le Sénégal avec ta famille? Qu'est-ce qui (se passer, *p. c.*)?

Babaka: Il y a deux ans, ma mère (s'occuper, *imp.*) d'un groupe de jazz à Dakar.
Un jour, elle a lu une annonce dans un journal français: A Lyon, on cherchait une chanteuse dans un groupe de jazz. Elle (s'entraîner, *p. c.*) pour avoir ce travail. Ça lui plaît toujours.

Rebelle: Mais toi, tu (s'éloigner, *p. c.*) de ton pays. C'est dur, non? Et maintenant, tu (s'habituer, *p. c.*) à l'école en France?

Babaka: Il y a des jours où je (se réveiller, *p. c.*) à 6 heures du matin et je (s'endormir, *p. c.*) après minuit. Mes frères et moi, nous (se sentir, *imp.*) souvent fatigués.

Rebelle: Nous pensons que tu (s'amuser, *futur*) bientôt mieux en France. Merci beaucoup, Babaka, pour cette interview. Bonne chance!

5 Ecrire: Une aventure (§ 14)

Ecrivez une petite histoire sur une aventure à l'école ou pendant une excursion. Utilisez les verbes suivants:

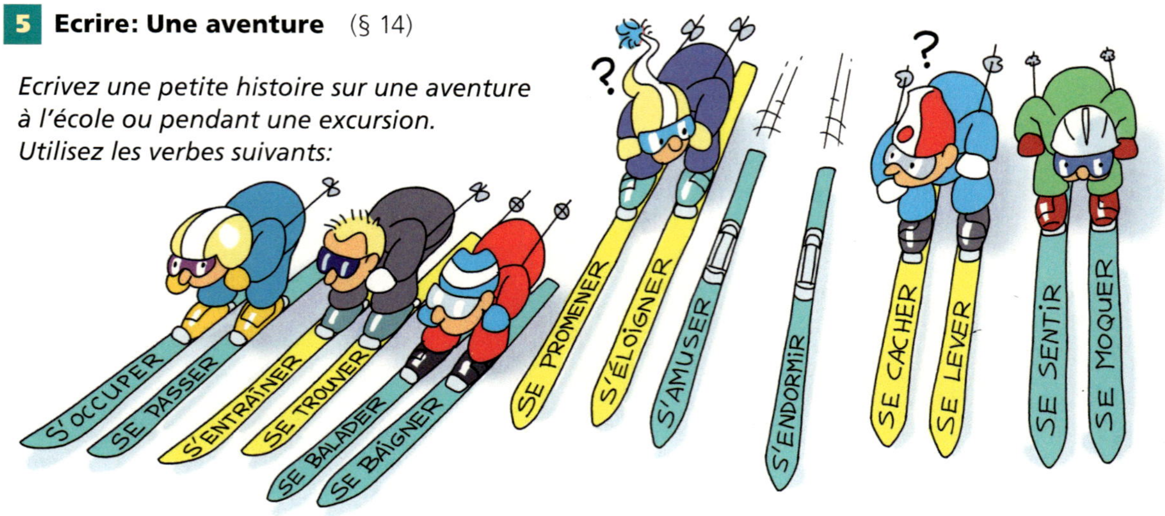

6 L'emploi du temps de Nathan en 3ᵉ A (§ 13)

	Lundi	Mardi	Mercredi	Jeudi	Vendredi	Samedi
08h15 09h10	sport *Gymnase*	musique *108*	histoire-géo *207*	anglais *205*	espagnol *114*	permanence
09h15 10h10	sport *Gymnase*	maths *113*	technologie *208*	maths *113*	maths *113*	SVT *109*
10h20 11h15	français *105*	espagnol *114*	permanence	maths *113*	maths *113*	permanence
11h20 12h15	français *105*	SVT *laboratoire**	dessin *111*	espagnol *114*	anglais *205*	SVT *laboratoire*
Cantine						
14h00 14h55	histoire-géo *207*	anglais *205*		permanence	musique *108*	
15h05 16h00	maths *113*	français *105*		technologie *208*	français *105*	
16h05 17h00	anglais *205*	technologie* *208*		sport *Gymnase*	français *105*	

a *Posez six questions sur l'emploi du temps de Nathan et ses copains. Utilisez l'inversion. Votre voisin(e) donne la réponse.*

combien de … / de quelle heure à quelle heure … / dans quelle salle …

Exemples:
- Combien d'heures de sport a-t-il par semaine? – Nathan a trois heures de sport.
- De quelle heure à quelle heure mange-t-il à la cantine? – Il mange à la cantine de 12h15 à 14h.
- Dans quelle salle vont-ils pour le cours d'espagnol? – Ils vont dans la salle 114.

b *Comparez l'emploi du temps de Nathan avec votre emploi du temps. Décrivez les différences (les horaires, combien de cours par semaine, les cours de l'après-midi, …)*

7 Prendre position*

on dit …

Ablehnung (pas cool!)	Zustimmung (cool!)	Unsicherheit und Zweifel
Je ne suis pas d'accord!	Je suis d'accord!	Il n'y a vraiment rien à faire?
Ça ne m'intéresse pas!	Ça m'intéresse!	Je ne sais plus quoi faire.
C'est complètement bête!	Je suis de ton avis.	Je ne sais pas si …
Je suis vraiment en colère!	Tu as / Vous avez raison.	Je ne suis pas sûr(e).
Plus jamais ça!	Je propose de …	Normalement oui mais là, …
Je m'en fous!		C'est dommage, mais …

A vous. *Choisissez une des deux situations et prenez position.*

1. Vous êtes dans le bus avec un(e) ami(e) noir(e). Le contrôleur ne contrôle que lui / qu'elle. Jouez la scène entre le contrôleur et vous. Prenez position pour votre ami(e).
2. Vous êtes dans un magasin avec un(e) ami(e) noir(e). Quand vous sortez, la police interdit à votre ami(e) de passer. Jouez la scène. Prenez position pour votre ami(e).

8 Projet: Un sondage dans la classe (§ 15)

a *Faites un sondage en classe sur* ***la vie à l'école****. Formez 4 groupes et posez une question par groupe. Utilisez l'inversion avec des questions dont la réponse est «oui» ou «non».*

1. Faut-il interdire les portables à l'école?
2. Etes-vous contents des activités qu'on propose à l'école?
3. A votre avis, avez-vous trop de cours?
4. Voulez-vous une cantine dans votre école?

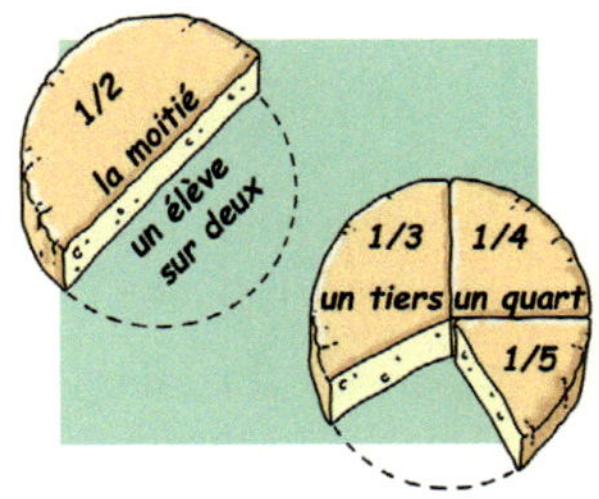

Exemple: La moitié de la classe / un élève sur deux* pense que …

b *Présentez les résultats sur des transparents (Folien) et utilisez les fractions (Bruchzahlen).*

9 Ecouter: Un jeune clown au collège

05

a *Après la première écoute, choisissez* ***la*** *ou* ***les*** *bonne(s) réponse(s):*

1. Nathan et sa famille vivent dans un camping-car / un appartement.
2. Ils vivent dans deux / cinq pièces.
3. Nathan travaille avec sa mère / son père.
4. Il fait un numéro avec des assiettes / des animaux / des livres / des ballons / des vélos.
5. Le cirque, c'est tous les mercredis / tous les jours sauf le mercredi.

b *A la deuxième écoute, répondez aux questions suivantes:*

1. Est-ce que c'est un problème pour Nathan de voyager beaucoup?
2. Qu'est-ce qui est dur pour lui?
3. Comment se passe la journée de Nathan?
4. Qu'est-ce qu'il veut faire plus tard comme métier?

10 Nouria écrit une lettre à Amélie. (§§ 9–12, 14)

Conjuguez les verbes entre parenthèses et transformez les adjectifs en adverbes. Attention aux temps.

Chère Amélie, Lyon, le 1er novembre 2006

Je suis super en colère, voilà pourquoi …
1. Hier, Wahid* et moi, nous (se disputer) parce que je (se balader) avec Nathan en ville.
2. Là, on (voir) mon frère Wahid. Alors, Nathan et moi, on (se cacher).
3. On (se sentir) mal. (Normal), Wahid n'est pas (vrai) gentil avec moi.
4. (Malheureux), le soir, mon frère (raconter) tout ce qui (se passer) à mes parents.
5. (Heureux), papa et maman (se moquer) un peu de tout ça.
6. Dans d'autres familles arabes, c'est (sûr) plus difficile.
7. Mais moi, je veux pouvoir sortir (tranquille) sans problème.
8. Mon frère est (complet) fou! Il vit (exact) comme mes grands-parents en Algérie.
9. Depuis la rentrée, je (s'habituer) à Nathan et je comprends (facile) ses problèmes!

Grosses bises Nouria

11 Ein Resümee schreiben (faire un résumé)

Stratégie

Einen Text zusammenzufassen hat den Vorteil, sich die wichtigsten Argumente bewusst zu machen und sie in Kurzform vorliegen zu haben. Dabei sind folgende Schritte zu beachten:

1. Findet den Hauptgedanken heraus, benennt den Autor und leitet damit euer Resümee ein.
2. Schreibt in der 3. Person, benutzt nur das Präsens und vermeidet die direkte Rede.
3. Schreibt einfache Sätze mit euren eigenen Worten in einem neutralen Stil.
4. Verbindet eure Sätze mit „*d'abord, puis, c'est pourquoi, car, mais, en plus, …*“.
5. Sucht in jedem Textabschnitt die wesentlichen Informationen heraus und bringt eure Notizen in eine bestimmte Reihenfolge. Folgende Leitfragen helfen euch dabei:

§	Quoi?	Qui?	Où?	Quand?	Pourquoi?
1.	3 interviews avec 3 élèves de la 3e A	Journal Rebelle	au collège St-Exupéry à Lyon	aujourd'hui	pour présenter 3 élèves de la 3e A
2. a 2. b	la vie au cirque / la vie à l'école	Nathan: cirque	à Lyon / chez Franconi / au collège St-Exupéry	depuis la rentrée	pour passer l'hiver à Lyon
3.	les beurs	Nouria: beur	à Lyon / en France	aujourd'hui	beurs = étrangers?
4.	l'aventure dans le bus	Babaka: Sénégal	dans un bus à Lyon	mercredi après-midi	un contrôleur bizarre
5.	la suite: l'idée géniale	Babaka / les amis	dans un bus à Lyon	3 semaines plus tard	une bonne leçon

A vous. *Erstellt ein Resümee des 4. und 5. Abschnitts des Lektionstextes.*

Quand on n'aime pas l'école

Grégoire n'aime pas du tout l'école. Il parle de ses problèmes au collège. «Maintenant, j'ai treize ans et je suis en sixième. Oui, je sais, il y a quelque chose qui ne va pas. Je vous explique tout de suite, ce n'est pas la peine[1] de compter sur vos doigts[2]. J'ai redoublé[3] deux fois: le CE2[4] et la sixième. L'école, c'est toujours le drame à la maison, vous pouvez imaginer … Ma mère pleure et mon père me dispute ou alors, c'est le contraire mais là, mon père ne dit rien. Moi, je suis très malheureux de les voir comme ça, mais qu'est-ce que je peux faire? Rien. Je ne peux rien dire parce que si j'ouvre la bouche[5], c'est encore pire[6]. Mes parents, ils répètent tout le temps: «Travaille!» «Travaille!» «Travaille!» «Travaille!» «Travaille!»

D'abord, j'ai compris. Je ne suis pas complètement bête, quand même[7]. Je voudrais bien travailler; mais le problème, c'est que je n'y arrive pas. Tout ce qui se passe à l'école, c'est comme si c'était du chinois pour moi. J'écoute mais j'oublie tout tout de suite. J'ai été voir presque[8] mille docteurs, pour les yeux, pour les oreilles et même pour la tête. Et le résultat de tout ce temps perdu, c'est que j'ai un problème de concentration. Tu parles! Moi je sais très bien ce que j'ai. Je n'ai pas de problème. C'est juste que l'école, ça ne m'intéresse pas.

Ça ne m'intéresse pas. C'est simple.

J'ai été une seule année heureux à l'école, c'était en maternelle[9] avec une maîtresse[10] qui s'appelait Marie. Je ne l'oublierai jamais. (…)

Le matin, j'ouvre les yeux une heure avant l'école. Et pendant une heure, je sens mon ventre qui gonfle[11], qui gonfle … Et après, j'ai mal au cœur. Je ne peux rien manger pour le petit-déjeuner mais comme j'ai ma mère qui m'énerve, je mange quand même une biscotte[12]. Dans le bus, je commence à avoir mal au ventre. Si je rencontre des copains et qu'on parle de *Zelda*[13], par exemple, ça va un peu mieux, mais si je suis seul, je me sens très mal. Mais ce qui est fou, c'est quand j'arrive dans la cour. C'est l'odeur[14] de la cour qui me rend malade[15]. Une odeur de craie[16] et de vieilles baskets[17].»

D'après *Anna Gavalda*, 35 kilos d'espoir, © Bayard Editions jeunesse, Paris, 2002, p. 11–19

■ **Savoir faire**

→ Stratégie, page 38.

a *Ecrivez un résumé du texte.*
b *Discutez en classe: Cherchez des solutions aux problèmes de Grégoire.*

---

1 la peine [lapɛn] die Mühe – **2 le doigt** [lədwa] der Finger – **3 redoubler** [rəduble] sitzenbleiben – **4 CE2** [seədø] cycle élémentaire 2ème année 3. Schuljahr in der Grundschule – **5 la bouche** [labuʃ] der Mund – **6 pire** [piʀ] schlimmer – **7 quand même** [kɑ̃mɛm] trotzdem – **8 presque** [pʀɛskə] fast – **9 la maternelle** [lamatɛʀnɛl] der Kindergarten – **10 une maîtresse** [ynmɛtʀɛs] eine Erzieherin – **11 gonfler** [gɔ̃fle] aufblähen – **12 une biscotte** [ynbiskɔt] ein Zwieback – **13 Zelda** [zɛlda] *Nintendo-Spiel* – **14 l'odeur** *(f.)* [lodœʀ] der Geruch – **15 rendre malade** [ʀɑ̃dʀəmalad] krank machen – **16 la craie** [lakʀɛ] die Kreide – **17 des baskets** *(f.)* [debaskɛt] Sportschuhe

Ma sœur en noir et blanc

Depuis que Marie-Lys sort avec Vincent, elle porte des vêtements noirs et ne parle plus à personne. Sa petite sœur Aurore découvre alors que Vincent et ses copains obligent[1] Marie-Lys à voler dans le supermarché et qu'elle doit aujourd'hui faire quelque chose de très grave. Aurore sait que sa sœur aime Vincent et qu'elle va faire tout ce qu'il lui demande. Pour la sauver[2], Aurore décide[3] de téléphoner à la police …

– Allô? La police? Ecoutez, ma grande sœur a des ennuis[4]. Des jeunes veulent lui faire faire[5] une bêtise et à cause d'eux[6], elle va se retrouver en prison[7]! …

Le policier s'est énervé.

– Hé, les gamins[8], vous arrêtez un peu? Les blagues téléphoniques, faites-les ailleurs[9]! *Bip … bip … bip … bip …*

Mes parents travaillaient. Marie-Lys était dans la nature. La police ne me croyait pas. J'étais complètement seule dans l'univers.

Aurore décide alors de voler un CD pour se faire arrêter par la police.

Le CD dépassait[10] un peu de ma poche. C'était voulu. J'ai fait cinq mètres et deux surveillants[11] m'ont barré le chemin:

– Ne te sauve[12] pas comme ça, on a deux mots à te dire …

Je ne voulais surtout pas m'échapper[13].

– Je ne t'ai jamais vue, toi. Les petits voleurs d'ici, on les connaît tous.
– Et tu voles à ton âge … Bon, est-ce que tu as de quoi payer?

Non. Je n'avais pas envie de tout leur expliquer. Je n'attendais qu'une chose.

– Alors, tes parents iront te chercher au commissariat. Ça te fera une leçon.

Ils n'ont pas compris pourquoi j'ai souri.

Au commissariat, le policier écoute enfin Aurore …

– Ils sont trois, il y en a un qui s'appelle Vincent et un autre a un tatouage d'araignée.
– Vincent, tu dis? Attends … ce ne serait pas[14] Vincent Martinez? Et le type à l'araignée, Frédéric Horsain?
– Pour leurs noms, je ne sais pas.
– On les connaît bien, mais on n'a aucune preuve[15] contre eux. Alors, fais attention à ce que tu dis, si tu me racontes n'importe quoi[16], c'est très grave, tu comprends?
– Et pour ma sœur, c'est *encore plus* grave! Ils vont peut-être l'obliger à tuer[17] quelqu'un. Il faut la trouver, elle, d'abord!

Stéphane Méliade, Ma sœur en noir et blanc,

A vous.

a *Lisez le texte.*

b *Que fait Aurore pour aider sa sœur? Trouvez d'autres moyens pour l'aider.*

c *Imaginez la fin de cette histoire.*

---

1 obliger à … zwingen zu … – **2 sauver** retten – **3 décider** beschließen – **4 avoir des ennuis** *(m.)* Schwierigkeiten haben – **5 faire faire qc à qn** jdn etwas machen lassen – **6 à cause d'eux** ihretwegen – **7 une prison** ein Gefängnis – 8 **un gamin** *(fam.)* Lausbub – **9 ailleurs** anderswo – **10 dépasser** herausragen – **11 un surveillant** *hier:* ein Kaufhausdetektiv – **12 Ne te sauve pas.** *hier:* Bleib stehen. – **13 s'échapper** fliehen – **14 ce ne serait pas** könnte es nicht sein – **15 une preuve** ein Beweis – **16 n'importe quoi** *hier:* Quatsch – **17 tuer** töten

1 Souvenirs de Fécamp (§§ 2–5)

Mettez les verbes entre parenthèses au présent, passé composé, plus-que-parfait, à l'imparfait ou au futur composé.

1. Le lendemain de l'anniversaire de David, Charlotte (rester) à la maison avec ses parents. 2. Les histoires de garçons , elle (en avoir) marre! 3. A onze heures, elle (prendre) un verre sur la terrasse puis elle (aller) à la cuisine où sa mère (préparer) le poisson qu'elle (acheter) le matin sur le port. 4. A midi, quand son père (voir) le poisson, il (raconter) une histoire drôle de son grand-père: 5. «Quand grand-père (aller) à la pêche, il (dormir) très mal et nous aussi. 6. A quatre heures du matin, il (préparer) son petit-déjeuner, (chercher) ses affaires et (écouter) la radio. 7. A cinq heures, il (être) enfin prêt. 8. Il nous (embrasser) puis il (quitter) la maison. 9. Normalement, il ne (prendre) jamais rien. 10. Mais un jour, il (dire) : 11. «Aujourd'hui, c'est le grand jour. 12. Je (prendre) le poisson de mes rêves». 13. Ensuite il (monter) sur son vélo et il (partir) . 14. A midi, il (rentrer) . 15. Il (être) très content parce qu'il (prendre) un très gros poisson. 16. Il (me demander) de le prendre en photo avec son poisson parce qu'il (vouloir) le montrer à ses copains. 17. Alors, je (demander) à mon grand-père: 18. «Où est-ce que tu (le prendre), ce beau poisson?» 19. Il (ne pas avoir) le temps de trouver une réponse à ma question parce que ma grand-mère (répondre) tout de suite: 20. «Moi, je sais très bien où il (aller) . 21. Ce matin, quand je (faire) les courses, je (voir) son vélo à côté du marchand de poissons.» 22. Charlotte (beaucoup rire) à la fin de l'histoire. 23. Pendant quelques minutes, elle (oublier) son problème avec David et Elodie.

2 En français: Dans le chat

Complétez le texte. Remplacez ? par la traduction des expressions allemandes.

! de

Miriam: Salut à tous, vous avez combien d'argent de poche? Moi, ? , j'ai 3€ ? . Je trouve que ce n'est pas assez. ? , je voudrais me promener ? ville avec mes copains, aller ? … Mais ? , je n'ai plus d'argent. Qu'en pensez-vous? P.S. J'ai 14 ans.

Sylvie: Il faut parler ? . ? un an encore, je n'avais pas d'argent de poche. Je devais toujours en demander ? quand j'en avais besoin. Souvent, elle disait non. Alors, mes copines sortaient ? . ? une grande dispute ? mon anniversaire, elle a été d'accord ? me donner 25€ ? .

Patrick: Salut! J'ai encore une idée ? : il faut travailler! Moi, j'habite ? . Comme mes parents n'ont pas beaucoup d'argent, je n'ai que 15€ ? pour mes CD et mon portable. Ce n'est rien. Mais, ? , j'ai réussi ? trouver du travail: mon oncle est cuisinier. Il a un petit restaurant. Le samedi, ? , je vais l'aider dans la cuisine.

zum Beispiel; in der Woche; am nächsten Samstag; in; ins Kino; seit gestern;

mit deinen Eltern; vor; meine Mutter; ohne mich; nach; vor; um; im Monat;

genialer; auf dem Land; im Monat; vor zwei Tagen; zu; von 10 bis 14 Uhr

A vous. *Racontez pourquoi vous êtes contents ou pas de votre argent de poche (→ p: 17, ex. 9).*

⟨Plateau 1⟩

31

3 Ecouter, lire et jouer: J'suis pas un imbécile!

1 J'en ai ras le bol! Je m'en vais!

2 On ne mange plus de pain!

3 Fous le camp!

4 Je ne suis pas un imbécile! Je suis douanier!

a *Ecoutez le texte deux fois et mettez les images dans le bon ordre.*

b *Que signifient en allemand les mots ou les phrases qui se trouvent en bas des images? Réfléchissez à deux puis comparez vos résultats avec d'autres groupes.*

c *Lisez le sketch à la page 137. Comment est-ce que le douanier et les autres habitants du village montrent aux étrangers qu'ils ne les aiment pas?*

d *Expliquez la chute (die Pointe) de ce sketch en quelques phrases.*

e *Jouez le sketch en classe.*

4 En français: Qu'est-ce qu'il y a, Thomas? (§§ 6, 13)

Thomas est triste. Ses copains lui posent des questions. Traduisez.

que — qu'est-ce que — ce qui — ce que — qu'est-ce qui — à qui — quelque chose — de quoi — à quoi — quoi

1. Was ist passiert?
2. Willst du uns nicht sagen, was passiert ist?
3. An was denkst du?
4. Mit wem hast du telefoniert?
5. Was willst du machen?
6. Was brauchst du?
7. Weißt du nicht, was Laure macht?
8. Was? Sie ist umgezogen?
9. Was schreibt sie?
10. Schreibst du ihr was?

A vous. *Mettez-vous à la place de Thomas, inventez une situation et répondez aux questions.*

32

Le plus beau du quartier

Regardez-moi
Je suis le plus beau du quartier
J'suis l'bien aimé
Dès qu'[1] on me voit
On se sent tout comme envoûté[2]
Comme charmé, hum
Lorsque j'arrive
Les femmes elles me frôlent[3] de leurs
Regards penchés[4]
Bien malgré moi[5], hé
Je suis le plus beau du quartier, hum, hum, hum
Est-ce mon visage[6]
Ma peau[7] si finement grainée[8]
Mon air suave[9]
Est-ce mon allure
Est-ce la grâce[10] anglo-saxonne
De ma cambrure[11]
Est-ce mon sourire
Ou bien l'élégance distinguée
De mes cachemires
Quoi qu'il en soit[12]
C'est moi le plus beau du quartier, hum, mais

Mais prenez garde à ma beauté
A mon exquise ambiguïté[13]
Je suis le roi
Du désirable
Et je suis l'indéshabillable[14]
Observez-moi, hum, hum, hum
Observez-moi de haut en bas
Vous n'en verrez pas deux comme ça
J'suis l'favori
Le bel ami
De toutes ces dames
Et d'leurs maris
Regardez-moi
Regardez-moi, hum, hum
Je suis le plus beau du quartier
J'suis l'préféré
Mes belles victimes[15]
Voudraient se pendre à mes lacets[16]
Ça les abîme[17]
Les bons messieurs, eux
Voudraient tellement m'déshabiller
Ça les obstine[18]
Bien malgré moi, oui bien malgré moi
Je suis le plus beau du quartier, mais
Mais prenez garde à ma beauté
A mon exquise ambiguïté
Je suis le roi
Du désirable
Et je suis l'indéshabillable
Observez-moi, hum, hum, hum
Observez-moi de haut en bas
Vous n'en verrez pas deux comme ça
J'suis l'favori
Le p'tit chéri
De toutes ces dames
Et d'leurs maris
Aussi, oui

Le plus du quartier Text: Carla Bruni Tedeschi © Editions et productions free de Peermusic (Germany) GmbH, Hamburg

A vous. *Décrivez le plus beau / la plus belle de votre quartier. Utilisez les mots de la chanson.*

1 dès que [dɛkə] sobald – **2 envoûté(e)** [ɑ̃vute] verzaubert – **3 frôler** [fʀole] leicht berühren – **4 penché(e)** [pɑ̃ʃe] geneigt – **5 malgré moi** [malgʀemwa] ohne es zu wollen – **6 le visage** [ləvizaʒ] das Gesicht – **7 la peau** [lapo] die Haut – **8 finement grainé(e)** [finmɑ̃gʀɛne] feinporig – **9 suave** [syav] sanft – **10 la grâce** [lagʀas] die Anmut, die Schönheit – **11 la cambrure** [lakɑ̃bʀyʀ] der wohlgeformte Rücken – **12 quoi qu'il en soit** [kwakilɑ̃swa] wie auch immer – **13 l'exquise ambiguïté** [lɛkskizɑ̃bigɥite] die ausgesuchte Mehrdeutigkeit – **14 → habiller** [abije] anziehen – **15 une victime** [ynviktim] ein Opfer – **16 un lacet** [ɛ̃lasɛ] ein Schnürsenkel – **17 abîmer** [abime] ruinieren – **18 obstiner** [obstine] hartnäckig machen

LEÇON 4

33 Etre ado à Nice

1. Regardez sur la carte de France. Où se trouve Nice? Que peut-on faire à Nice et dans la région?
2. Décrivez les personnes sur la photo. Complétez et utilisez le filet à mots.
3. Et vous? Jouez-vous d'un instrument? Dans un groupe?

34

«Les Nice & Forts»

Victor a découvert sur Internet un groupe génial. Est-ce qu'ils ont déjà fait un CD?

J'ai 15 ans et je suis en 3e dans un collège de Nice. Je joue du saxophone dans un groupe. On m'appelle «Saxo» mais en fait, je suis Samira. Je m'occupe aussi de la page Internet des «Nice & Forts». Vous ne devinerez jamais quel est mon métier de rêve: jouer dans un groupe de jazz! Dans trois ans, je passerai mon bac! Après, je prendrai des cours dans une école de jazz.

Moi, je m'appelle Elodie et j'ai 17 ans. J'ai toujours aimé chanter. Aujourd'hui, je suis la chanteuse des «Nice & Forts». Quand j'aurai mon bac, l'année prochaine, j'arrêterai l'école et j'entrerai à la «Star-Académie». Un jour, je chanterai le premier rôle dans une comédie musicale!

J'ai connu Elo à l'école de musique où j'ai appris la guitare. Je m'appelle Bruno. J'ai 18 ans. Cet été, nous commencerons notre premier CD qui sortira dans un an. Vous l'aimerez sûrement! … Enfin peut-être. Moi, j'y crois! J'attendrai d'avoir assez d'argent pour m'occuper des affaires de notre groupe.

Moi, c'est Jérémie. J'ai 16 ans. Je suis le batteur du groupe «Nice & Forts». Vous vous demandez peut-être: Pourquoi ce nom? Eh bien, c'est parce que nous habitons tous à Nice et parce que nous sommes très forts! Un jour, je serai aussi fort dans mon sport préféré. Je ne jouerai pas seulement dans les «Nice & Forts» mais aussi dans l'équipe de «Nice-Rugby»!

1. Die vier Bandmitglieder verwenden Verbformen, die ihr noch nicht kennt. Sucht sie heraus und überlegt mithilfe der Zeitangaben im Text, um welche Zeit es sich handelt.
2. Übertragt die folgende Tabelle in euer Heft und ergänzt sie mithilfe der Beispiele im Text.

Infinitiv		-er	-re	-ir	avoir	être
	je / j'					
	tu	chanter**as**				
	…					
	ils / elles	chanter**ont**				

3. Wie wird diese Zeitform gebildet?

A vous. *Ecrivez un e-mail à votre correspondant(e) français(e) et racontez-lui vos projets pour l'avenir. Utilisez 5 verbes au futur simple: «Après le bac, je/j' …».*

35 Une histoire de «oufs»!

1.

nice-matin

LE PREMIER QUOTIDIEN D'INFORMATIONS DU SUD-EST ET DE LA CORSE

Ils sont quatre: Elodie, Bruno, Jérémie et Samira. Quatre fous de musique. L'histoire des «Nice & Forts» a commencé au lycée. Elodie et Bruno ont souvent joué ensemble quand il y avait des fêtes au lycée ou chez les copains. Et ils ont toujours eu beaucoup de succès. Puis, un jour, ils ont eu envie de former un groupe. Alors, ils ont cherché un batteur et un saxophoniste. Et c'est Jérémie et Samira qui sont venus nous voir et qui nous ont suivis … Ils nous ont plu et voilà l'histoire de notre groupe.

Notre journal a fait une interview avec Samira, la plus jeune du groupe:

nice-matin: Pourquoi ce nom?

Samira: C'est un jeu de mots. En plus, nous sommes nés à Nice et comme ça, le nom du groupe restera plus facilement dans les têtes!

nice-matin: Vous passerez bientôt à la télé, je crois?

Samira: Oui. C'est une histoire de oufs! … enfin, je veux dire de fous. J'ai écrit un e-mail au directeur de «France 3» pour lui expliquer notre projet. Quelques jours plus tard, il a envoyé une équipe qui a filmé une répète, euh … une répétition. Ça passera mercredi prochain.

nice-matin: A 14 h 00.

Samira: Oui, ce sera notre première télé et j'aurai sûrement le trac.

A vous. *Et vous, vous voulez aussi passer à la télé? Pourquoi?*

2.

de

Bonjour Samira,

J'ai bien reçu la vidéo du reportage sur France 3. J'ai regardé. J'ai écouté. Bravo! Les «Nice & Forts» sont vraiment forts, c'est vrai, mais moi, je pense que vous n'avez pas encore le niveau. Mais j'espère que vous l'aurez bientôt … Qui sait? Samira, si j'ai bien compris, c'est toi, la plus jeune des «Nice & Forts», qui as eu l'idée de m'envoyer ce petit paquet. Tu as eu raison! Je ne peux pas encore vous proposer un contrat mais je viendrai vous écouter à la plage à Nice le 14 juillet.

Bien cordialement,

Marc Carrère
Directeur de Nice Music

3.

Jérémie: Salut, Saxo, ça va?
Samira: Ecoute, Jérémie, assieds-toi d'abord! Je viens de recevoir un e-mail de Marc Carrère.
Jérémie: De Nice Music?
Samira: Ouais. Le type à qui on avait envoyé la vidéo du reportage.
Jérémie: Et il a répondu?
Samira: Ouais. Il trouve notre musique hyper cool. Il veut nous voir. C'est trop!
Jérémie: C'est complètement ouf!
Samira: Faut en parler aux potes et aux parents! Et on appelle tout de suite Elo et Bruno pour leur raconter ça.
Jérémie: Tu parles! Ils vont halluciner! Tu imagines, on pourra bientôt vivre de notre zique.
Samira: D'acc, mais il y a un blème: on n'a pas encore de studio pour enregistrer!
Jérémie: Ça viendra! J'ai quelque chose à te montrer: pendant le cours d'anglais, j'ai écrit le texte d'une chanson …

A vous. *Vous devez écrire une chanson pour un chanteur français. Quel sujet est-ce que vous choisissez?*

4.

Nice & Forts

Ils disent qu'à Nice tout est zarbi
Y'a des gens riches, le soleil rit
Y'a des gens pauvres près des poubelles
Moi, j'ai pas de fric, je suis rebelle!
Et c'est pour ça que nous chantons,
Que nous t'offrons cette chanson
Toi qui meurs de faim près de la plage
Pour te donner notre courage

Entre la montagne et la mer
Je suis né là, merci ma mère
Entre le rap et le rock fort
Il y a nous, les «Nice & Forts»

Ils disent qu'à Nice tout est zarbi
Y'a des nanas en bikini
Y'a des mecs en voiture de sport
J'ai pas d'belles fringues, souvent j'dors dehors
Et c'est pour ça que nous chantons,
Que nous t'offrons cette chanson
Toi qui meurs de froid dans un garage
Pour te donner notre courage

Entre la montagne et la mer
Je suis né là, merci ma mère
Entre le rap et le rock fort
Il y a nous, les «Nice & Forts»

A vous. *Vos parents veulent déménager à Nice. Qu'est-ce que vous leur dites sur cette ville?*

5. Quelques mois plus tard …

LES NICE & FORTS

- Accueil
- Histoire
- Groupe
- Photos
- Forum de discussion
- Vidéos
- E-mail

Grâce à vous, chers fans, les «Nice & Forts» ont eu beaucoup de succès ces derniers mois. Merci d'aimer nos chansons: des textes engagés sur une musique rebelle.

Après le pop, il y a maintenant la musique «Nice & Forts». Ensemble, nous construirons un Nice meilleur.

Après notre première télé, il y en a eu une deuxième et une troisième. C'est Bruno qui a le plus de travail, car il s'occupe de nos concerts, de nos rendez-vous au studio, de nos CD, etc. Bref, c'est devenu son métier.

Mais pour Elo, Jérémie et Samira, les choses sont plus difficiles: Les «Nice & Forts» sont moins forts à l'école et la vie d'artiste, c'est dur, dur!

Nous vous envoyons mille et un «Je t'aime»!

6.

Découvrez les «Nice & Forts» en direct!
Et suivez-nous!
Cet été, nous donnerons des concerts sur la plage:

- le 14 juillet à Nice,
- le 17 juillet à Antibes,
- le 20 juillet à Cannes.

- Le 25 juillet, nous jouerons devant les enfants malades à l'hôpital de Nice!

1 A propos du texte

Remplacez chaque pronom par le mot ou l'expression qui correspond.

1. Elo et Bruno ont eu l'envie de **le** former.
2. *nice-matin* a fait une interview avec **elle**.
3. Samira **l'**a envoyée à Marc Carrère.
4. Marc Carrère **en** est le directeur.
5. Jérémie et Samira veulent tout de suite **leur** parler du projet.
6. Jérémie **l'**a écrit pendant le cours d'anglais.
7. Les «Nice & Forts» veulent en construire **un**.
8. Sur la page Internet des «Nice & Forts», on **en** apprend les dates.

2 Futuroscope* (§ 16)

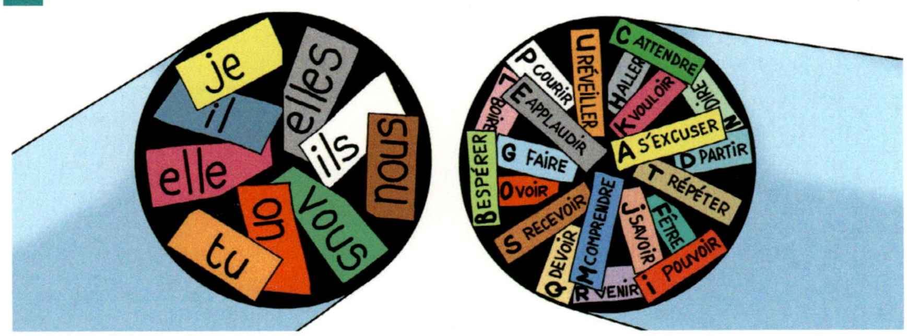

Travaillez à deux: L'élève A annonce la couleur, l'élève B dit une lettre de A à U.*
L'élève A forme ***le futur simple*** *et invente une phrase avec cette forme. Changez de rôle.*

Exemple: Elève A: – jaune Elève B: – la lettre A → Elève A: Je m'excuserai pour le retard.

3 L'e-mail de Julien (§§ 16, 17)

Complétez l'e-mail avec les verbes au présent ou au futur simple. Utilisez tous les verbes.

avoir (2x) recevoir trouver prendre être (2x) espérer
envoyer découvrir habiter pouvoir (2x) sortir faire voir

Bonjour, les «Nice & Forts»,

1. Je ? maintenant votre page Internet et je la ? géniale! 2. Dites-moi: Quand est-ce qu'on ? acheter votre CD? 3. J' ? qu'il ? bientôt et qu'il ne ? pas trop cher. 4. Car je ne ? pas beaucoup d'argent! 5. Le 20 juillet, je ? bien sûr à votre concert sur la plage de Cannes. 6. Vous ? , vous ? sûrement du succès! 7. Comme je n' ? pas très loin de la plage, je ? une fête. 8. Après votre concert, vous ? aussi venir chez moi. Je pense qu'il y ? beaucoup de monde!
A bientôt! Julien (un VRAI fan!)

PS: Le 20 juillet, je ? une photo du concert et je vous l' ? par e-mail.

4 Jeu de rôle: J'sais pas, moi! (§ 18)

a *Lisez encore une fois les textes de la leçon. Imaginez les réponses et choisissez:* ***«moi, toi, lui, elle, nous, vous, eux, elles».***

b A vous. Tu es à un concert de rock avec un copain. Vous parlez de musique.

Utilisez ***«c'(ce n')est (pas) … qui/que …».***

Exemple: – Tu aimes cette chanteuse?
– Oui, **c'est** elle **qui** passe souvent à la radio.
– Non, **ce n'est pas** elle **que** je préfère. C'est Carla Bruni.

1. Tu aimes quelle musique? Le rock?
2. Tu adores la guitare électrique, toi?
3. Tu connais ce groupe de rock?
4. Tu regardes le musicien avec le jean branché?

5 Situations (§§ 19–21)

Complétez les dialogues avec ***«mourir, (s')asseoir, suivre»*** *et trouvez des titres aux situations.*

Jérémie: J'ai le trac! Pas toi?
Samira: Si, moi aussi, je ~ de peur!

Journaliste: ~ -toi!
Samira: Non merci, je ne veux pas ~ . Au collège, je suis toujours ~ .

Bruno: C'est à ~ de rire!
Jérémie: Quoi?! Je ne te ~ pas! Explique.

Marc Carrère: A partir de demain, je ~ votre vie d'artiste!
Elo: Génial! Merci, monsieur.

6 Comme disent les jeunes …

on dit …

N'utilisez ces expressions qu'avec les jeunes!

Begeisterung / Gefallen ausdrücken
- C' / Il / Elle est super / cool / génial(e) / canon / dingue / fou (ouf) / folle!
- C'est trop beau / bien / cool …!
- C' / Il / Elle est hyper / super / ultra / archi / méga/giga branché(e)!
- J'hallucine!

Verärgerung / Erregung ausdrücken
- C' / Il/Elle est nul / nulle / pas sympa!
- Quelle nouille!
- Quel baratineur! / Quelle baratineuse!
- Je m'en fous! / J'en ai rien à foutre!
- J'en ai marre!
- Là, on a vraiment un blème!
- Ça (ne) te regarde pas!

A vous. *Choisissez une situation et écrivez un petit dialogue. Après, présentez-le.*

1. Tu vas au concert avec un copain/une copine que tu aimes vraiment bien …
2. Tu veux passer une soirée avec des amis. Mais chacun* propose quelque chose d'autre …

7 Jeu de mots: C'est zarbi!

Regardez la scène: Qui dit quoi? Comment dit-on en français standard?

06

8 Ecouter: J'aime pas les interviews!

a *Qu'est-ce que c'est, la télé-réalité*? Qu'est-ce qui (ne) vous plaît (pas) dans ces reportages?*

b *Ecoutez le dialogue et répondez aux questions.*

1. Qui parle?
2. Pourquoi est-ce que le jeune homme déteste passer à la télévision?
3. Et sa copine, est-ce qu'elle aime la télévision?
4. Que pensent les deux jeunes des interviews?
5. Pourquoi est-ce que la fille regarde la télé-réalité?

c *Ecoutez encore deux fois le texte. Puis, cherchez les expressions des jeunes qui correspondent aux phrases en français standard.*

1. Ils sont venus filmer la répétition.
2. Il y a souvent des beaux garçons.
3. Cette histoire est complètement folle.
4. Ne cherche pas de problèmes.
5. On veut faire passer un message avec notre musique.
6. Quand j'y pense, je rêve!

9 Communiquer: Le SMS de Jérémie

a *Lisez le SMS d'abord à haute voix (laut). Après, traduisez-le en français standard et écrivez-le dans votre cahier.*

b **A vous.** *Ecrivez un SMS à un copain / une copine et utilisez le plus d'expressions SMS possibles (→ Dico SMS, p. 138).*

> Elo, T ou??? Carrère È dak -
> il a MÉ la vidéo et il veut nous
> voir!!!! KestuX? C super, non?
> Je le saV!! Mais now, G1 pb avec
> mÉ parents
> et avec l'école! :-(
> RVSTP A+ Biz Jérémie

10 Un 14 juillet vraiment «nice» à Nice! (§§ 16–18)

Mettez les mots soulignés en relief et les verbes aux temps corrects.

Hier, le jour du 14 juillet, <u>les «Nice & Forts»</u> (donner) un concert à la plage de Nice à partir de 19 heures. Depuis quelques mois, ce groupe de quatre musiciens (ne pas arrêter) de faire les titres des journaux! Donc, <u>dans quelques semaines</u>, vous (pouvoir) les découvrir en direct. Le groupe vous (présenter) sa musique. «Nous (rêver) <u>d'un Nice meilleur</u>», souligne Samira, 15 ans, la saxophoniste, «et <u>avec nos textes engagés et notre musique rebelle</u> nous (vouloir) y arriver. A l'avenir, il (falloir) construire <u>tous ensemble</u> un Nice meilleur. Un jour, vous (comprendre) ce message et nous (passer) tous une soirée ultra cool ensemble»! (Suivre) nos informations sur le 14 juillet!

11 Fehlervermeidung in eigenen Texten (La chasse aux fautes) → S. 138/139

Stratégie

Gewöhnt euch an, eure eigenen Texte immer auf folgende Fehler zu überprüfen:

- **Rechtschreibung:** un ex~~a~~mple / ~~Gi~~tarre
- **Wortstellung:** Je ~~te~~ veux dire merci / Nous n'avons ~~personne~~ vu.
- **Vokabular:** un ~~film~~ pour ma ~~caméra~~, s. v. p.!
- **Flüchtigkeitsfehler:** Elle habite ~~a~~ Paris.
- **Grammatik:**
  1. Stimmen Numerus und Genus? → *Ils av~~ait~~ dansé / des ~~bons~~ notes*
  2. Stimmt die Mengenangabe mit *de*? → *beaucoup ~~des~~ fans*
  3. Sind die Verben richtig konjugiert? → *Elle ~~est~~ ~~étée~~ / Il ~~est~~ 15 ans.* → *Elle s'~~a~~ couch~~é~~*
  4. Stimmen die Objekt- und Relativpronomen? → *Je ~~la~~ demande ~~pour~~ un bonbon.*
  5. Stimmen die Possessivbegleiter? → *Vous prenez ~~son~~ voiture?*
  6. Hast du die richtige Zeitform angewendet? → *Tout à coup, il ~~quittait~~ la maison.*

Legt ein Fehlerprotokoll an und wertet aus, welche Fehler ihr am häufigsten macht. → S. 138/139

A vous. *Laura, une jeune Allemande, a écrit un article pour le journal du collège. Il y a encore des fautes. Cherchez-les (25) et décrivez-les. Puis écrivez le texte correct.*

Un success fou!

Au 14e juillet, les «Nice & Forts» ont donner un concert à le plage de Nice. Plus des 2000 jeunes étaient veni pour rencontrer cette groupe nouvelle. Ils ont chantés et faits la fête avec les quatres musicien jusque à une heure de le matin. Une soirée qui personne n'oublieront. Une bonne nouvelle pour tout ses Fans: Les «Nice & Forts» donnerons encore deux autre concerts et leurs premiére CD sortira dans le septembre, le 15e!

FAUX!

Vous le saviez?

Salut Okapi et ses lecteurs[1]: j'adore écouter la musique hyper fort, car on ressent[2] mieux le son[3]. Mais mes amis disent que cela rend sourd[4]. Est-ce vrai?

Une lectrice

Oui, oui, oui, et encore oui! La musique hyper forte est très dangereuse et elle rend sourd car elle abîme[5] les oreilles. Si tu pousses[6] sur les décibels[7], ton oreille ne pourra plus «traduire» certains[8] sons – surtout les sons aigus[9].
Le problème est que c'est pour toujours mais que tu ne verras ça que dans 10 ou 20 ans. Pas de risque avec un baladeur[10]: Si tu l'as acheté en France, il est bridé[11]. Les casques[12] pour chaîne stéréo[13], eux, ne le sont pas. Alors là, il faut faire très attention! Sans parler[14] des méga enceintes[15] de concerts ou de discothèques!

Claude-Henri Chouard,
professeur et auteur de l'oreille musicienne
© Editions Gallimard

1. *Quel problème est-ce que la lectrice décrit dans sa lettre?*
2. *Quelle musique est-ce que vous écoutez? Comment l'écoutez-vous? Discutez en classe.*

■ **Savoir faire**

→ Stratégie, page 52.

1. Tu écoutes la musique trop fort et les voisins sonnent à la porte.	2. Après un concert, tu n'entends plus très bien et tu vas chez le médecin.	3. Ton copain / Ta copine t'a offert pour ton anniversaire un CD que tu n'aimes pas. Quelle est ta réaction?

a *Choisissez une situation et préparez un dialogue. Jouez-le.*

b *Prenez la situation 3. Le groupe A écrit une lettre à un magazine pour jeunes (Jugendzeitschrift), le groupe B la réponse.*
Corrigez vos textes en groupe.
Utilisez les stratégies pour éviter les fautes.
Présentez vos textes dans la classe.

---

1 **un lecteur / une lectrice** ein Leser / eine Leserin – 2 **ressentir** spüren – 3 **un son** ein Laut, ein Ton – 4 **rendre sourd** taub machen – 5 **abîmer** schädigen – 6 **pousser** *hier:* laut aufdrehen – 7 **un décibel** *Messeinheit von Lautstärke* – 8 **certain(e)** bestimmte(r/s) – 9 **aigu(ë)** *hier:* hoch – 10 **le baladeur** der Walkman – 11 **bridé** *hier:* gedrosselt – 12 **le casque** *hier:* Kopfhörer – 13 **la chaîne** *hier:* Anlage – 14 **sans parler de** ganz zu schweigen von – 15 **une enceinte** ein Lautsprecher

LEÇON 5

Au pays des livres

«Je t'ai consolée. Comme j'ai pu.
Avec mes mots d'enfant. Mon monde d'enfant.»

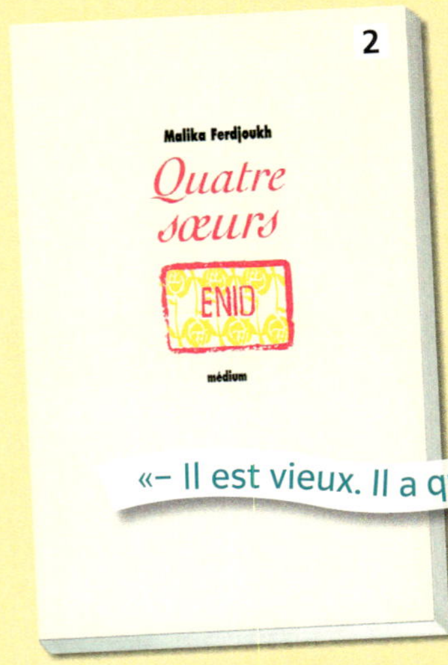

«– Il est vieux. Il a quinze ans.»

«Elle m'a regardé droit dans les yeux puis elle
a ouvert le tiroir de son bureau. La photo et
le pistolet. Ils étaient là,
sur la table. »

«Voyons, Valérian, il y a peut-être
des choses à apprendre d'eux, tu sais.»

1. *Imaginez que vous trouvez ces livres dans une librairie. Quels livres vous plaisent?*
2. *Vous lisez les citations (Zitate). De quoi parlent-elles?*
3. *Pourquoi (n') avez-vous (pas) envie de lire ces livres?*

42 **Super nouvelle!**

Mme Bonin: Papa et moi, nous avons une bonne nouvelle pour toi.
M. Bonin: Oui, Antonin, demain, nous voulons fermer notre magasin à midi. On va partir tous les trois pour le week-end.
…
Antonin: **Comment?** Où est-ce qu'on va?
Mme Bonin: Je ne peux pas le dire. C'est une surprise. Tu es content?
Antonin: Bof. Je voulais jouer au foot avec Nicolas. Il a déjà tout organisé.

Info F

Mme Bonin: Ecoutez ça. C'est très intéressant ce qu'on écrit sur la Bretagne: A Carnac, près de la côte, on peut visiter les menhirs. A Lorient, on peut prendre un bateau pour aller sur l'île de Groix. On peut y passer des vacances au calme toute l'année dans les petits hôtels de l'île. On peut ramasser des coquillages sur le sable de la plage de Locmaria ou bien regarder les bateaux de pêche pleins de thons qui rentrent dans les petits ports de l'île.

A vous. *Qu'est-ce que vous apprenez sur la Bretagne? Faites une affiche sur cette région.*

43

L'île aux lutins

1. Antonin roulait depuis longtemps sur son vélo. Dans le vent et sous la pluie, il ne voyait plus rien derrière ses lunettes. Il oubliait tout, il était enfin libre, pour une fois sans ses parents! Ce week-end avec eux, c'était l'horreur! Evidemment, ses parents avaient choisi l'île de Groix, une petite île de Bretagne, un petit point dans l'Atlantique avec une crêperie, trois cafés et une librairie! Ils appelaient ça «découvrir le monde». Heureusement, Antonin avait pris son vélo avec lui!

2. Tout à coup, après un virage, Antonin a vu un gros livre qui était là, sur la route, près de la plage, mais c'était trop tard. Antonin a roulé sur le livre, a quitté la route et est tombé par terre. Il avait très mal à la tête. Il se demandait vraiment ce qui lui était arrivé, pourquoi il était tombé et ce que ce livre faisait là.

3. Alors, des voix sont sorties du livre …
– C'est lui! C'est le garçon! La fée nous avait toujours parlé de lui!
– Hé, toi, fais attention! Regarde où tu vas! Nous sommes plus petits que toi, voyons!

Bizarre, bizarre … Antonin a regardé à droite et à gauche. Il cherchait ces gens qui parlaient bas avec un drôle d'accent. Pourtant, il ne les trouvait pas. Alors, il a ouvert le gros livre. Il y avait deux lutins devant lui. Ils avaient l'air un peu méchants avec leurs grandes oreilles. Antonin voulait partir mais il ne pouvait pas. Il avait peur, il voulait crier mais, impossible! Les lutins lui ont dit: – Ne pars pas! Pour nous, c'est une question de vie ou de mort! Aide-nous! Antonin avait mal partout, il ne pouvait pas ouvrir les yeux, il n'était plus vraiment là, peut-être dans un autre monde …

4. D'une seconde à l'autre, Antonin s'est trouvé dans une pièce sans fenêtre. Quelqu'un avait éteint la lampe. Tout était noir et calme. Il craignait énormément ce silence. Tout à coup, une lumière blanche est entrée. C'était une fée.

– Où suis-je? Je ne vois plus rien!
– Bonjour, je suis Morgane, la fée de l'île. N'aie pas peur! Reste ici. Nous t'attendions. Nous avons besoin de toi parce que le Grand Thon de la mer nous attaque. Il a déclaré la guerre à notre île.
– D'abord, j'ai soif, moi! Et en plus, qui es-tu et de quelle guerre est-ce que tu parles?
– D'abord, sur cette île, on ne se plaint pas surtout quand on est le chevalier Antonin. Puis …
– Quoi?

5. Au début, Antonin n'avait rien compris à cette histoire de la jolie fée. Mais Morgane lui a expliqué que le Grand Thon voulait avoir toute l'île seulement pour lui et ses petits thons. Alors la guerre a commencé sur la plage de Locmaria.
A gauche, le chevalier Antonin avait un air sérieux sur son cheval. La fée avait peint son visage en rouge. Les lutins étaient à côté de lui, prêts à mourir pour leur île. A droite, dans la mer, le Grand Thon avec son casque bleu et derrière lui, ses petits thons blancs regardaient méchamment les lutins en face.
Sous une pluie noire et sous les éclairs, le chevalier Antonin a finalement battu tous les petits thons blancs.
Après six heures de guerre, il a crié ces mots magiques sans réfléchir:
EXTHONANTUR GROIXI!
Comme par magie, le Grand Thon a laissé son casque sur la plage et est reparti dans la mer avec la marée. Les lutins et la fée Morgane ont applaudi. Le chevalier Antonin était très fatigué. Il s'est couché sur le sable …

A vous. *D'après vous, comment est-ce que le Grand Thon a pris la place du coq?*

6. Antonin s'est réveillé au bord de la route avec son vélo. Il avait mal … L'air de la mer sentait bon. Comme pour la première fois, Antonin avait dans ses mains le gros livre, il l'a ouvert et il a lu une histoire de guerre sur une île … Une demi-heure plus tard, il est arrivé à la maison. Sa mère était en train de lire un livre sur la Bretagne: «La pêche est très importante sur l'île de Groix. Aujourd'hui encore, c'est un thon qui se trouve en haut de l'église à la place du coq!» Antonin a beaucoup ri. Il a pensé que le Grand Thon avait peut-être pris la place du coq sur le toit de l'église …

1 A propos du texte

Regardez les dessins. Mettez-vous à la place d'Antonin et racontez l'histoire au passé (passé composé ou imparfait).

L'île de Groix – rouler longtemps – être libre

Tout à coup – virage – livre – rouler sur – tomber

Alors – voix – chercher – ne pas trouver – ouvrir – livre – deux lutins – vouloir partir

D'une seconde à l'autre – pièce – noire – craindre – lumière – fée – guerre

Au début – fée – expliquer – Grand Thon – vouloir – île – chevalier – battre – thons

se réveiller – vélo – ouvrir – livre – maison – mère – lire – histoire – Antonin – rire

2 Savoir éteindre (§ 22)

Ecrivez le texte dans votre cahier et complétez-le avec la bonne forme des verbes ***«éteindre, craindre, se plaindre, peindre»****.*

Fabien ~ souvent. Il n'aime pas quand sa sœur fume.
– Alors tu ~ ta cigarette, Cécile!
– Je ne ~ rien et je fume quand je veux, Fabien!
– Regarde, Cécile, hier, j'ai ~ cette affiche.
– D'accord. Bon, alors j'~ ma cigarette …
– Tu l'~ aujourd'hui, mais pas demain, je ~!

3 Une interview

Yan* prépare un reportage pour le journal du collège …

poser la question, trouver, demander, dire, penser, raconter, proposer, avouer, vouloir, savoir, expliquer, répondre, ajouter

1. *Yan:* Qu'est-ce que tu aimes lire?
Arnaud: Mes livres préférés sont des romans d'aventure et des BD. L'année dernière, j'étais en Bretagne avec mes parents et j'ai découvert le pays des lutins et des fées. C'était génial!

2. *Yan:* Est-ce que tu passes beaucoup de temps à lire?
Louise: Moi, je n'aime pas lire du tout. Ça ne me plaît pas. Je préfère aller au cinéma ou regarder des DVD. On perd trop de temps avec un livre.

3. *Yan:* Tu aimes lire?
Samira: Je lis beaucoup et je lis tout. Je savais déjà lire avant d'aller à l'école parce que mon grand frère m'avait appris à lire. Les romans policiers* m'intéressent beaucoup. Mais j'ai horreur des romans d'amour!

Au club du journal, Yan raconte: «Je demande à Arnaud … Il me répond …»

Continuez. Utilisez les verbes (voir plus haut).

4 Jeu de mots: Dis-moi le contraire!

Pour apprendre des mots nouveaux, il y a des stratégies comme par exemple apprendre un mot et son contraire (antonyme*).

Exemple: 1. **un homme** ≠ une femme (nom = ♥)
2. **chercher** ≠ trouver (verbe = ■)
3. **grand** ≠ petit (adjectif = ▲)

a *Trouvez à tour de rôle (abwechselnd) les expressions et leurs antonymes:*

b *Chacun choisit une image (avec l'expression et son antonyme) et fait une phrase. Changez de rôle.*

Exemple: *Je suis né **en ville** mais je préfère vivre **à la campagne**.*

5 S'il te plaît, raconte-moi une histoire …

on dit …

Ça commence comme ça:	Ça continue comme ça:	Ça finit comme ça:
Il était une fois … C'était … Un jour, … Il y a très longtemps, …	Au début, … D'abord, … Ensuite, puis, alors, avant, après, pendant, maintenant	A la fin, … Finalement, … Pour finir, …
L'histoire commence par* … C'est l'histoire de … L'histoire se passe …	car, parce que, mais, pourtant, quand, comme	L'histoire finit par* … C'est la fin de l'histoire.

a A vous. *Chaque groupe choisit un des personnages suivants et raconte son histoire. Utilisez les mots du tableau. Le premier élève commence l'histoire en deux phrases. Le deuxième raconte la suite, etc. Cherchez ensemble un titre et écrivez une fin.*

b A vous. *Inventez un conte de fée (Märchen) sur l'origine* de votre ville/votre village.*

6 Ecouter: Un livre, un jour

a *Ecoutez. Vrai ou faux? Répondez et corrigez.*

07

1. A la radio, on parle des jeux des jeunes.
2. 5 % des adolescents détestent les livres.
3. Aujourd'hui, Amélie a quatorze ans.
4. C'est sa mère qui lui a demandé de lire.
5. Dans «l'Absente», Anne est la grand-mère de Léa.

b *Ecoutez encore une fois et répondez:*

1. Amélie n'aimait pas les livres. Pourquoi?
2. Est-ce qu'Amélie était la seule de sa classe à détester les livres?
3. De qui parle «l'Absente»?
4. Que demande Mathilde à ses élèves?
5. Pourquoi est-ce qu'Amélie a aimé «l'Absente»?

c A vous.
Vous aimez lire, oui ou non? Pourquoi?
Si oui, quel est votre livre préféré?
Présentez-le en quelques phrases à votre classe.

7 Lire: Petit-Pierre

Pierre est petit et bizarre. Il a toujours des mauvaises notes. Tout le monde se moque de «Petit-Pierre». Un jour, il arrive au collège avec des bleus partout. Les autres veulent savoir qui l'a frappé, mais il ne dit rien. Julien et Frédéric* décident de l'aider …
A la sortie, Petit-Pierre a fait une drôle de tête. Frédé et moi, nous voulions l'accompagner à la maison et travailler avec lui.
– Tu sais, on va t'aider. Tu vas avoir des bonnes notes, et les autres vont être jaloux …
Mais on avait presque fini de parler que Petit-Pierre s'est mis à courir et avant de piger la situation, il avait bien trente mètres d'avance.
On hurlait:
– Mais qu'est-ce qui te prend? On est tes copains.
Mais il ne voulait rien entendre.
Tous les dix mètres, il se retournait pour voir si on était encore derrière lui. Je ne savais pas que pour ne pas bosser on pouvait courir si vite. Il était déjà arrivé dans sa cité. Vite, vite, il fallait le rattraper*. Je suis arrivé devant sa porte au moment où Petit-Pierre allait la refermer. – Allez, Petit-Pierre, qu'est-ce qui t'a pris? – Laisse-moi. Tu n'as rien à faire ici. C'est chez moi. Tu n'as pas le droit d'entrer. Personne n'a le droit d'entrer.

Petit-Pierre devenait de plus en plus mystérieux. Ce n'étaient pas les devoirs qui lui faisaient peur. C'était notre arrivée chez lui. Finalement, Petit-Pierre a cédé:
– D'accord, mais pas Frédé. J'ai confiance seulement en toi.

D'après *Claude Gutman*, Pistolet-souvenir, © Pocket jeunesse, 1995, p. 45–50

a *Qu'est-ce qu'on apprend sur Petit-Pierre?*

b *Cherchez le sens (den Sinn) des mots en bleu sans utiliser le dictionnaire.*

c *Cherchez la bonne traduction des mots en jaune dans le dictionnaire français-allemand.*

d *Cherchez dans le dictionnaire les mots en gris et remplacez-les par des synonymes*.*

e *Prenez le rôle de Julien. Racontez la suite de l'histoire.*

8 Quel charabia*! (§§ 9–12, 24)

Lisa n'a pas encore appris qu'en français, il y a des adjectifs et des adverbes.

a *Corrigez-la.*

Salut Cécile! Ecoute, je suis complet fatiguée. Nous sommes rentrés hier soir de Bretagne. Heureux, il n'y a pas d'école aujourd'hui. J'ai pu dormir plus long ce matin. Pendant les vacances, je suis tombée total* amoureuse d'un garçon. Hm, il est beau et il sent bon. Il s'appelle Yan. Il est un peu fou, mais final, il est bien sympa. Il parle parfait* français et breton*, mais quand il parle, il parle très fort!

b *La conversation (Gespräch) continue …*

Ses parents m'ont reçue gentil chez eux. Evident, je n'ai pas tout compris. Ils parlent français différent. Ils m'ont montré énorme de choses. Mais pourquoi tu me regardes méchant, Cécile? Il vient de Rennes* comme toi. Tu le connais peut-être? Il est aussi dans ton école?

9 Regeln zur Wortbildung

Stratégie

Mit diesen Wortbildungsregeln könnt ihr unbekanntes Vokabular leichter erschließen:

1. Präfixe (Vorsilben)

- **«re- / r-»** bei Verben

→ Sie drücken die Wiederholung aus.

Exemple: **re**faire – **re**lire – **r**attraper

- **«im- / in-»** bei Adjektiven

→ Sie drücken Wiederholung und Umkehrung aus.

Exemple: **im**possible – **in**correct – **in**juste

2. Suffixe (Wortendungen und Nachsilben)

Die folgenden Wortendungen deuten auf Nomen hin, die von Verben abgeleitet sind:

- **«-(t)ion»** = Diese Nomen werden meistens von Verben abgeleitet. Sie sind weiblich!

Exemple: réparer – la répara**tion**/réagir – la réac**tion**/discuter – la discus**sion**

- **«-ment»** = Diese Nomen sind immer männlich!

Exemple: accompagner – un accompagne**ment**/amuser – un amuse**ment**

3. Zusammengesetzte Wörter

Bei zusammengesetzten Nomen gibt es verschiedene Möglichkeiten:

Nomen +	de/ d'	+ Nomen
une salle	de	classe

Nomen +	à/au aux	+ Nomen/ + Verb
une tarte	aux	pommes
machine	à	écrire

Nomen (-) Nomen: un centre-ville
Verb (-) Nomen: un porte-monnaie
Präp. (-) Nomen: un sous-marin
Adj. (-) Nomen: un petit-déjeuner

A vous.

a *Formez ces verbes avec le préfixe «re-/r-» et traduisez-les:* «venir, voir, appeler, entrer».

b *Traduisez en allemand:* «incompréhensible – inoubliable – inégal – inattaquable».

c *Voilà des noms en «-tion» et en «-ment». Indiquez le verbe de la même famille et essayez (versucht) de trouvez une bonne traduction pour ces noms:*

nom français		verbe français	nom allemand
1. une arrestation 2. un applaudissement 3. une indication 4. une construction 5. une explication	6. une description 7. un changement 8. une réception 9. une salutation 10. un sentiment	?	?

d *Essayez de comprendre les mots suivants et traduisez-les en allemand:*
un ouvre-bouteille – une agence de voyages – un petit pain – un croissant au chocolat – un sous-titre – un cinéclub – un café-restaurant – un coucher de soleil – une machine à laver

Une belle histoire

Depuis la mort de sa mère, Anne a beaucoup changé. Léa, sa fille de 17 ans, cherche une explication dans ses souvenirs d'enfance. Elle connaît pourtant le secret de sa mère.

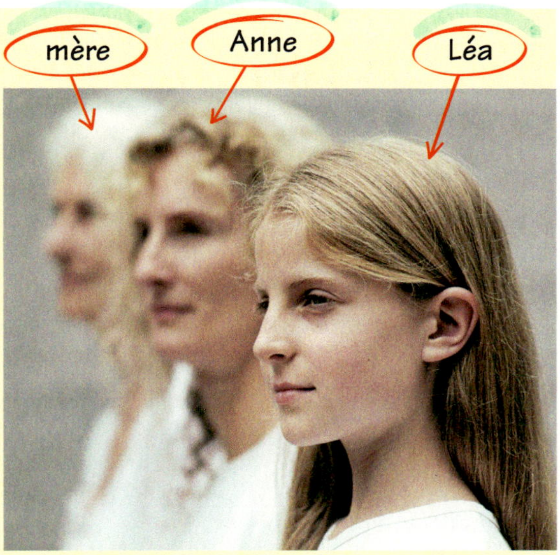

Je me souviens, ce jour-là, quand j'avais six ans, de son regard triste. *«Aucune ressemblance!»*[1] avais-je dit avec surprise. Elle m'avait prise sur ses genoux[2], elle m'avait parlé doucement[3], si doucement.

– *Tu sais, Léa, je vais te dire quelque chose, tu es ma fille que j'adore et je ne veux rien te cacher.*

Moi, j'écoutais avec attention. Elle a continué:

– *Grany et Papy m'ont adoptée.*

– *Adoptée, Maman, cela veut dire quoi …? Qu'ils ne sont pas tes vrais parents?*

– *Oui, ils ne sont pas mes vrais parents mais ils m'aiment.*

– *Et tes vrais parents … ils … sont morts?*

Je me souviens, Maman, ce jour-là, tu m'as serrée[4] dans tes bras. Très fort. Et tu as pleuré. Je t'ai consolée. Comme j'ai pu. Avec mes mots d'enfant. Mon monde d'enfant.

– *Je suis là, moi, Maman, et puis, être adoptée, en fait*[5]*, c'est une belle histoire.*

Tu m'as souri à travers[6] tes larmes[7].

– *Oui, ma chérie, c'est une belle histoire.*

Je t'ai fait plein de bisous puis, soudain[8] inquiète[9], je me suis écriée[10]:

– *Toi, Maman, tu es ma vraie maman, au moins*[11]. […]

Je voudrais lire, je n'y arrive pas, perdue dans mes souvenirs d'enfance […].

Et si les vrais parents de Maman n'étaient pas morts? Elle ne m'a jamais dit: «Ils sont morts.» S'ils étaient vivants? Mes grands-parents.

Claire Mazard, *L'absente*

A vous. *Choisissez un personnage: Anne ou Léa. Faites son portrait. Puis, racontez:*

- *Le début de l'histoire: Anne est différente depuis la mort de sa mère. Pourquoi?*
- *La suite de l'histoire: Qu'est-ce que Léa va faire?*

Savoir faire

→ Stratégie, page 62.

a *Vous ne connaissez pas les mots suivants mais vous les comprenez. Dites pourquoi.*
un secret – une enfance – se souvenir de – un regard – adopter – sourire – être vivant

b *Comment dit-on si on répète ces actions? Cherchez les verbes:* trouver – faire – lire

c *Trouvez le contraire des mots suivants:* pleurer – adorer – la vie – perdre

1 **aucune ressemblance** *(f.)* keine Ähnlichkeit – 2 **sur ses genoux** *(m. pl.)* auf ihren Schoß – 3 **doucement** *(adv.)* sanft – 4 **serrer** drücken – 5 **en fait** ehrlich gesagt – 6 **à travers** durch … hindurch – 7 **une larme** eine Träne – 8 **soudain** plötzlich – 9 **inquiet / inquiète** besorgt – 10 **s'écrier** aufschreien – 11 **au moins** wenigstens

50

A la rencontre de Molière

1. Les élèves jouent «A la rencontre de Molière». Abdel, un jeune acteur, joue le rôle principal[1] … Molière, scène 1:

Molière: Je vous salue, ô honorable[2] classe. *(rires)*

Sophie: Monsieur Molière, vous êtes né quand?

Molière: Je suis né le 13 ou le 14 janvier 1622, ce n'est hélas[3] pas très clair[4] …

Marc: Vous avez écrit combien de pièces de théâtre[5]?

Molière: Dieu, quelle question! Je ne sais y répondre. Laissez-moi réfléchir: 22, 23 … Vraiment, je ne sais.

Marie: Vous écrivez des pièces drôles, non?

Molière: Oui, comme *Le Malade imaginaire*[6], …

Marie: On raconte que vous avez bien connu le roi Louis XIV. C'était un type sympa?

Molière: Un «type sympa»? Qu'est-ce[7]?

Marie: Bon, ben … un homme gentil, quoi!

Molière: Ah! Le roi-soleil était fort[8] beau et il adorait danser. Il y avait des fêtes magnifiques[9] au château de Versailles[10]. J'avais l'honneur[11] d'écrire pour lui des comédies-ballets parce qu'il aimait danser. Mais nous avons eu des disputes. J'ai critiqué le roi dans mes pièces et il n'a pas vraiment aimé …

Julien: Dites-moi, monsieur Molière, une comédie-ballet, c'est comme une comédie musicale[12]! C'est plus à la mode, ces trucs-là!

Molière: Point[13] du tout! Regardez … *(Il danse.)*

Emilie: Ben, nous, on préfère le rap!

Olivier: Moi, je trouve ça canon, les comédies musicales!

Molière: Un canon[14]? Où ça? Il y a la guerre?

Sarah: Mais non, «canon», ça veut dire … euh … super, magnifique. Mais, dites-moi, monsieur Molière, vous avez même joué dans vos pièces?

Molière: Je suis aussi acteur de théâtre, ma fille. Ecrire, c'est bien mais jouer, c'est mieux! Avec ma troupe[15], «l'Illustre Théâtre», on est allé partout. Ma foi[16], je jouais tous les personnages: *Dom Juan, Tartuffe, l'Avare, le Malade imaginaire* … Où êtes-vous, mes amis?

Le roi-soleil Louis XIV

Jean-Baptiste Poquelin alias Molière

2. Molière, scène 2

Benjamin: Pardon, monsieur Molière, mais quand je vous regarde, avec vos fringues[17] et votre perruque, c'est pas génial!
Molière: Mes … «fringues»? Qu'est-ce?
Benjamin (tout bas): Ben, dis donc, c'est grave! *(Tout fort)* Ben, vos vêtements, quoi!
Molière: Mais, ma garde-robe[18] est plus belle que ce que vous portez, vous … Mon Dieu, on voit vos bras! Et cette chose que vous portez, cela n'a pas de forme, et ces couleurs, quelle horreur!

3. Molière, scène 3

Benjamin: Quoi? J'hallucine, c'est ouf de se balader avec ce truc sur la tête. C'est nul, moi, je voudrais pas porter ça! C'est la honte[19]! En plus, on a trop chaud!
Sophie: Mais il n'y avait pas de télé au XVIIe siècle, qu'est-ce qu'ils faisaient, les gens, le soir?
Molière: Les gens allaient au théâtre. Ils entraient, sortaient, parlaient pendant le spectacle. Ça bougeait! Ce n'était pas toujours très drôle, mais le théâtre, c'était ma vie. Pardon, … vous avez dit «télé». Qu'est-ce?
Myriam: C'est du théâtre, mais dans une boîte[20].
Molière: Mon Dieu, mais on est mort quand on vous met dans une boîte! Moi, je suis mort sur scène: Je jouais ma dernière pièce «Le Malade imaginaire» quand je suis tombé, comme ça! Paf! … *(Il meurt.)*
La prof: Et voilà, c'était le 17 février 1673. C'est bon pour aujourd'hui. Bravo, Abdel! Tu as vraiment bien interprété le style, les gestes et la langue de ton personnage. Tu es vraiment devenu Molière! Et nous, on a appris beaucoup de choses sur lui.

A vous.

a *Qu'est-ce que vous avez appris sur Molière? Notez toutes les informations.*

b *Un élève imite un personnage célèbre. La classe lui pose des questions dont la réponse est «oui» ou «non». Le premier qui trouve le personnage a gagné.*

---

1 le rôle principal die Hauptrolle – **2 ô honorable** O ehrenvolle – **3 hélas** leider – **4 clair(e)** klar – **5 une pièce de théâtre** ein Theaterstück – **6 Le malade imaginaire** *Der eingebildete Kranke* – **7 Qu'est-ce?** Was ist das? – **8 fort** sehr *(alt)* – **9 magnifique** glanzvoll – **10 le château de Versailles** *Schloss in der Nähe von Paris* – **11 avoir l'honneur de faire qc** *(m.)* die Ehre haben, etw. zu tun – **12 une comédie musicale** ein Musical – **13 point** nicht *(alt)* – **14 un canon** eine Kanone – **15 une troupe** ein Ensemble – **16 ma foi** *(alt)* aber ja – **17 les fringues** *(ugs., f. pl.)* die Klamotten – **18 la garde-robe** die Kleider – **19 C'est la honte!** Das ist peinlich! – **20 une boîte** eine Kiste

⟨Plateau 2⟩

1 Lire: Je n'oublierai jamais ces moments-là! (§§ 16, 17)

«J'ai grandi. Je me sens vieille. Je jure[1] que je n'oublierai jamais mes quinze ans. Je resterai toujours pareille[2], toujours. Jamais je ne me trahirai[3]. (…) Je ne ferai pas comme ces adultes qui ne savent plus qu'un jour, ils ont été comme moi. Je serai triste, parfois[4]. Révoltée[5], toujours. (…) Je serai heureuse. Très. Même si je continue à me réfugier[6] sous ma couette[7] … Je pleurerai encore, et c'est tant mieux. Je serai très heureuse. Je jure que je ne ferai pas comme eux.»

a *Faites une liste avec les verbes au futur simple, avec l'infinitif et la traduction allemande.*

b *Ecrivez ensuite un petit texte sur vos 13/14 ans et utilisez des verbes au futur simple.*

2 Jeu de rôle: Le club de théâtre

Jérémie et Stéphanie jouent «La Cantatrice chauve»[8]. Finissez les phrases et jouez le sketch.

La prof: Alors, vous avez compris la scène? M. et Mme Martin sont assis l'un en face de l'autre. Ils découvrent qu'ils sont mari et femme. C'est un jeu de rôle.
Jérémie: Mais ce n'est pas drôle comme situation!
La prof: Je n'ai pas dit «drôle», j'ai dit «de rôle»!
Jérémie: Mais madame, je pense que je ne vous ai jamais rencontrée …
La prof: Mais, Jérémie! Pourquoi est-ce que tu dis que […]
Jérémie: Mais c'est dans le texte, madame !
La prof: Bon, continuez. A toi, Stéphanie.
Stéphanie: Moi, je suis née à Rochester.
La prof: Oh, là, là! Mais non! Tu dois dire que […] à «Man-ches-ter»! Pas «Rochester»!
Stéphanie: Oh, Rochester ou Manchester, c'est la même chose! Bon, continue Jérémie.
Jérémie: Tiens? Moi aussi je suis né à Manchester. J'ai quitté la ville il y a trois semaines.
La prof: Non! Cinq semaines, Jérémie, cinq semaines! Pourquoi tu dis que […] ?
Jérémie: Ah, zut! Je continue: J'ai pris le train de dix heures du matin qui arrive à Londres à cinq heures.
La prof: Non, non et encore non! Pas dix, mais huit! Tu dois dire que […] ! Stéphanie, à toi.
Stéphanie: Bizarre, monsieur, moi aussi. Je voyageais en première classe.
Jérémie: Mais non Stéphanie pas première, mais deuxième! Tu dois dire que […] !
La prof: Bon, on arrête. Je m'arrache* les cheveux avec vous. (Elle sort.)
Jérémie: Mais qu'est-ce qu'elle a? Qu'est-ce qu'elle dit? Je ne comprends rien!
Stephanie: Ben alors, aujourd'hui, t'es sourd! Elle dit qu' […]
Jérémie: S'arracher[9] les cheveux, c'est pas bon pour la cantatrice chauve!

---

1 jurer schwören – **2 pareil(le)** gleich – **3 se trahir** sich verraten – **4 parfois** manchmal – **5 être révolté(e)** aufgelehnt sein – **6 se réfugier** sich zu jdm/etw. flüchten – **7 la couette** die Bettdecke
8 la cantatrice chauve die kahle Sängerin (von Eugène Ionesco) – **9 s'arracher qc** sich etw. herausreißen

3 Le plus fort et le plus beau (§ 1)

Voici trois personnages que vous connaissez bien. Comparez-les. Utilisez les adjectifs «beau, grand, gros, fort, bête, fou, joli, sportif, drôle, intéressant, malheureux, méchant, ...».

4 On s'amusait avec Molière (§§ 9–12, 24)

Transformez les adjectifs entre parenthèses en adverbes. Utilisez aussi le comparatif (+ plus ... que, = aussi ... que, – moins ...que) ou le superlatif (++) de l'adverbe.

Au temps de Molière, les gens vivaient (+ difficile) qu'aujourd'hui. Le roi-soleil dépensait[1] beaucoup d'argent pour les fêtes mais la foule avait (sûr) très faim car il n'y avait pas beaucoup à manger. Les gens pauvres étaient (+ grave) malades que les gens riches. Les gens qui avaient de l'argent allaient au théâtre. Ils faisaient (+ facile) les fous et jetaient des objets sur la scène quand la pièce ne leur plaisait (vrai) pas. On croit qu'on s'amuse (– bien) aujourd'hui avec la télé qu'avec les pièces de Molière. Mais ce n'est pas vrai. C'est au théâtre qu'on s'amuse (++ bien) parce que l'acteur communique avec la salle. Mais moi, je pense que le théâtre, c'est (= bien) que la télé!

5 Ecrire et écouter: Les sentiments d'une fille

Une fille résume ses sentiments avec les verbes suivants:
«grandir – réussir – comprendre – communiquer – rêver – désirer – sentir – éprouver – vibrer – échanger – rire – comprendre – se comprendre – se taire – ne rien dire – regarder – détester – jurer – boire – manger – sentir – toucher – entendre – partir – aller»

© Syros Jeunesse d'après Danièle Laufer, «Je n'oublierai jamais ces moments-là», 2000, p. 37

a *Lisez les verbes. Cherchez dans le dictionnaire les verbes que vous ne connaissez pas.*

b *Ecrivez un texte sur vos sentiments dans l'ordre des verbes.*

08 **c** *Ecoutez la chanson trois ou quatre fois et notez les verbes que vous entendez. Celui qui a trouvé le plus de verbes a gagné.*

d *Ecrivez un petit texte sur vos «dernières vacances» (60 mots au maximum) avec les verbes que vous avez notés.*

1 dépenser ausgeben

[Module 1]

01 35 degrés dans le Midi

Nous sommes fin juin et il fait plus de 35 degrés dans les salles de classe du collège de Brignoles. Les élèves n'ont plus envie de travailler. Ils aimeraient rentrer à la maison …

Jonathan: Pff! Il fait chaud! Je voudrais bien être sur la plage en ce moment. Pas toi?

Adeline: Si! On serait mieux qu'ici. On écouterait de la musique, on regarderait les bateaux.

Jonathan: Nous pourrions nous baigner aussi.

Adeline: Et chez *Gino*, tu pourrais peut-être m'offrir une glace …

Jonathan: D'accord, tu l'auras, ta glace, mais avant, on a encore une heure de SVT.

Adeline: Ah, oui, avec le pompier que la prof a invité.

Le prof: Jonathan, Adeline! Vous ne pourriez pas arrêter de discuter? S'il vous plaît! A votre place, je ferais attention en cours!

A vous. *Il fait très chaud. Tu n'as plus envie de travailler. On te donne des conseils:*

A ta place, je **reste~** dans le jardin et je **li~** un livre ou je me **baigne~** à la piscine. Imagine, nous **mange~** une glace ensemble. Ou bien, tes amis et toi, vous **fe~** une excursion dans la forêt. Mais **tu pour~** aussi dormir tout l'après-midi …

Mais quelle surprise! Le pompier s'appelle Delphine …

→ Si vous êtes d'accord, je vais vous donner quelques conseils sur les feux de forêts.
→ Si vous voyez un feu, vous devez quitter la forêt et faire le 18 pour appeler les pompiers.
→ Et si le vent est fort, il faut même courir.
→ Si les gens respectaient nos conseils, on pourrait éviter ces feux.
→ Et si les gens ne fumaient pas, nous aurions moins de travail.
→ Si cela vous intéresse, vous pourrez devenir «jeunes pompiers».

Jonathan trouve Delphine très sympa. Il oublie la plage, la glace …

1. Was drückt die neue Verbform aus?
2. Welche Konjunktion ist typisch für Bedingungssätze?
3. In welchen Zeitformen stehen die Verben im Haupt- und Nebensatz?
4. Übersetzt ins Dt. und Engl. Was stellt ihr fest?

- Si vous voulez devenir pompier, Delphine vous donnera des informations.
- Si Delphine avait le temps, elle continuerait à parler de son métier.

A vous. *Regardez la 1ère photo et imaginez une petite histoire (5 phrases).*

02

Un camping en flammes

Var-matin

nice-matin

Brignoles - Le Luc

1. Brignoles, samedi 23 juin

Les pompiers ont réussi hier dans la soirée à arrêter l'incendie[1] qui a détruit en trois jours 10 000 hectares de forêt dans le Var, près de Brignoles. Plus de 1 500 pompiers s'y sont battus contre les flammes pendant toute la nuit de mercredi à jeudi. Le vent qui était déjà très fort mercredi s'est calmé hier matin et la pluie a commencé enfin à tomber en début d'après-midi. L'incendie a fait plus de trente blessés[2], dont cinq pompiers. Quinze maisons ont brûlé, mais aussi beaucoup de voitures et de camping-cars. Les flammes ont détruit complètement le terrain de camping de Brignoles. Grâce au courage d'un jeune homme, les pompiers ont pu sauver les touristes au dernier moment, dont deux enfants. La gendarmerie a aussi découvert deux autres feux à Besse et à La Celle.

2. Geneviève Bricault, touriste, 42 ans:

«L'incendie a commencé à côté du terrain de camping de Brignoles. J'y passais mes vacances avec mes enfants. Mercredi, vers minuit, tout le monde dormait quand, tout à coup, quelqu'un a crié «au feu!». Je me suis levée. Quand j'ai ouvert la porte, j'ai vu que tous les arbres au bord du terrain de camping étaient en flammes. Dans un camping-car, deux jeunes enfants criaient. Les parents étaient sortis et avaient donc fermé la porte à clé. Quand j'y repense, ils ont eu beaucoup de chance. Un garçon qui passait par là a cassé la fenêtre du camping-car et leur a sauvé la vie. Si les pompiers nous donnent son adresse, nous lui ferons un cadeau. Maintenant, nous espérons beaucoup que la gendarmerie trouvera les fous qui ont mis le feu[3] à la forêt.»

1 un incendie [ɛ̃nɛ̃sɑ̃di] ein Brand – **2 un(e) blessé(e)** [ɛ̃blese/ynblese] ein(e) Verletzter(Verletzte) – **3 mettre le feu à qc** [mɛtʀ(ə)ləfø] etw. in Brand stecken

3. Bruno Ferri, agriculteur, 50 ans:

«Chaque année, c'est la même chose. L'été, il ne pleut pas beaucoup ici. L'herbe, les arbres, tout est sec. Malheureusement, les touristes ne font pas attention. Ils font du feu[1] dans la forêt ou ils jettent leurs cigarettes par la fenêtre de leur voiture. Si les gens ne changent pas, ce sera tous les ans la même catastrophe! Je ne sais pas ce que vous en pensez, mais moi, si j'attrapais la personne qui a fumé dans la forêt, je la mettrais en prison! Les gens devraient comprendre qu'un arbre qui meurt, c'est une vie qui s'en va.»

4. Delphine Mercier, pompier, 23 ans:

«Brignoles, c'était terrible. J'en reviens. Les flammes faisaient 20 mètres de haut et le feu avançait à plus de 3 km/h. C'était vraiment dangereux. Les flammes ont blessé plusieurs pompiers et un de nos camions a brûlé. Si seulement il pleuvait plus dans la région! Notre problème, c'est de trouver de l'eau. Quand nous sommes près d'un village, nous prenons l'eau des piscines. Pour les grands incendies, comme l'incendie de Brignoles, nous avons cinq avions Canadairs[2] qui prennent l'eau directement dans la mer.»

06 **5. Jonathan Carnot au journal de France 2** Voici l'interview avec Jonathan …

1 faire du feu [fɛʀdyfø] Feuer machen – **2 un Canadair** [ɛ̃kanadɛʀ] ein Löschflugzeug – **3 l'arrivée** *(f.)* [laʀive] die Ankunft – **4 se reconnaître** [səʀəkɔnɛtʀə] sich wieder erkennen

1 A propos du texte

a *Faites cinq groupes. Chaque groupe choisit un des thèmes suivants. Relisez le texte et notez toutes les informations que vous y trouvez sur votre sujet.*

1. L'incendie (le lieu*, le jour, la hauteur des flammes, le début, la fin, qui a vu quoi?, …)
2. Le temps qu'il fait dans cette région en été.
3. Les blessés et ce que le feu a détruit.
4. Les pompiers (leur travail, leur matériel)
5. Les raisons de ces incendies (les acteurs, le temps, la nature, …)

b *Présentez vos résultats devant la classe.*

2 Qu'est-ce que tu feras si … (§§ 16, 17)

Répondez aux questions en deux phrases. Utilisez le futur.

1. … ton copain/ta copine ne veut plus aller à l'école?	2. … tu prépares un pique-nique et il pleut?
3. … tu veux être seul(e) dans ta chambre mais un(e) ami(e) sonne à la porte?	4. … ton meilleur copain/ta meilleure copine fume, ce que tu détestes?
5. … tes parents oublient ton anniversaire?	6. … tes amis t'invitent à un concert d'un groupe que tu n'aimes pas?

3 Quitter le village? (§§ 25–28)

Les enfants de Bruno rêvent d'une nouvelle vie. Ils réfléchissent au pour et au contre.

a *Faites des phrases avec «si».*

Exemple:

quitter – village/commencer – nouvelle vie
→ Si on quittait le village,
on commencerait une nouvelle vie.

1. parents – trouver – meilleur travail/vivre mieux
2. nous – habiter à Paris/sortir – tous les soirs
3. maison – être au bord de la mer/se baigner – souvent
4. famille – déménager/ne plus avoir – amis

b **A vous.**
Choisissez un sujet et écrivez un dialogue. Utilisez «si» et faites cinq phrases pour et cinq phrases contre.

- vivre à la campagne
- gagner un million d'euros
- être pompier
- être une star
- quitter le collège/le lycée

4 L'homme qui dit non. (§ 29)

a *La gendarmerie a arrêté l'homme qui a mis le feu. Mais il répond «non» à toutes les questions. Ecrivez le dialogue et remplacez les parties soulignées par* **«y»** *ou* **«en»**.

Exemple:

– Vous alliez à Brignoles ce matin-là?
– Non, je n'y allais pas.

1. Vous reveniez de votre travail?
2. Vous êtes passé par la route nationale 7?
3. Vous êtes descendu de votre voiture?
4. Vous avez acheté des cigarettes?
5. Vous avez pensé à éteindre votre cigarette?

b *Voici encore d'autres réponses de cet homme. Quelles sont les questions de la gendarmerie? Utilisez les mots entre parenthèses.*

1. Non, je n'y suis pas entré. (camping)
2. Non, je n'y ai pas mis le feu. (poubelles)
3. Non, je ne m'y suis pas arrêté. (station-service)
4. Non, j'en suis revenu plus tard. (Nice)
5. Non, je ne voulais pas en parler à mes copains. (incendie)

5 Ecouter: Les recherches de la gendarmerie

09

a *Ecoutez plusieurs fois. Prenez des notes:* Qu'apprend-on sur l'homme qui a mis le feu?

b *Faites un résumé de l'émission* en allemand.*

6 Lire: Les petites annonces

H. 40 ans ch. travaux de jardin + range caves et garages, aide au déménagement. Tél. 04.94.69.84.09 ap. 20 h.

JF. 25 ans ch. emploi marché pr WE. Tél. 06.68.77.88.54

H.45 ans ch. travail ds boulangerie merc. ou sam., jour ou nuit. Tél. 06.77.77.99.00

H. 58 ans avec voit. ch. activité mécanicien ou autre. Tél. 04.94.69.05.77

F. 30 ans, bac, angl./all. écrit et parlé, ch. travail secrétariat à Nice. Libre tout de suite. Tél. 06.26.54.31.23

H. CUISINIER ch. travail rest. ital., dpt. Var. Tél. 04.94.69.62.13

JEUNE FAMILLE, Brignoles centre-ville, ch. baby-sitter, le sam. soir, 8 €/h Tél.06.09.66.22.33

JH. 23 ans installe cuisines/salles de bains ds rég. Cannes. Tél. 04.94.69.45.47

a *Regardez les annonces et trouvez le sens (Sinn) des abréviations* (Abkürzungen) suivantes.*

tél.	h.	ch.	ap.	angl.	all.	ds	merc.	WE	sam.	voit.	rest.	ital.	dpt.	rég.

b *Choisissez deux annonces et écrivez-les en français correct.*

7 Jeu de mots: Les métiers

a *Faites une affiche d'après le modèle avec les métiers que vous connaissez déjà. Utilisez la liste des mots.*

-ien/-ienne	-eur/-euse	-teur/-trice

un mécanicien/ une mécanicienne	un vendeur/une vendeuse*	un acteur/une actrice

-ier / -ière	=	Ø

un cuisinier/une cuisinière	un journaliste/ une journaliste	un pompier/une femme pompier

b *L'élève A choisit un métier et joue le dialogue avec l'élève B. Après, changez de rôle.*

A: – Est-ce que tu aimerais être …?
B: – Oui, ça me plairait parce que … / Non, ça ne me plairait pas parce que …

c *Faites un sondage en classe. Posez la question:* Quel est ton métier de rêve? *Faites deux listes:* filles/garçons. *Comparez les réponses et présentez vos résultats en classe.*

8 Désirer et proposer qc

on dit …

Désirer:
Si seulement … (+ Imparfait)
Je rêve de … (+ Infinitiv)
J'aimerais … (+ Infinitiv)
Je voudrais …(+ Infinitiv)

Proposer:
Je te/vous propose de … (+ Infinitiv)
J'ai une idée: … On pourrait …
Tu es/Vous êtes d'accord pour …?
Tu as/Vous avez envie de …?
Si on allait …?

A vous. *Tu proposes à ta copine/ton copain des activités pour le week-end prochain. Faites un dialogue de cinq ou six phrases.*

9 Adeline est triste.

*Complétez le texte. Remplacez ? par **«si»** ou **«quand»**. Faites attention aux temps.*

Hier, ? Adeline (rencontrer) sa copine Elodie au café, elle (commencer à) se plaindre de Jonathan.

Adeline: Depuis une semaine, Jonathan a beaucoup changé: ? il me (voir), il (ne pas arrêter) de parler d'incendies. Quelle barbe! ? il (continuer) comme ça, je (ne plus sortir) avec lui. La dernière fois, ? je lui (proposer) de regarder un film, il (préférer) aller chez les pompiers.
Elodie: Et il ne t'a pas dit pourquoi?
Adeline: Non! Il n'a rien dit. ?, un jour, il me (expliquer) pourquoi il veut devenir pompier, je (pouvoir) peut-être le comprendre.
Elodie: Ah, c'est grave. ? il t'(aimer) vraiment, il (revenir) bientôt! Mais je me demande ? il (ne pas être) amoureux de Delphine.

10 En français: Au feu, les pompiers!

Tu es en vacances avec ta mère dans le sud de la France. Elle a vu un incendie à deux kilomètres de la maison. Tu es la seule personne à parler français, alors tu traduis.

Ta mère: Ruf bitte die Auskunft an und frag nach der Nummer der Feuerwehr.
Toi: Allô, je voudrais …
La dame: Oui, bonjour, le numéro de téléphone des pompiers, c'est le 18.
Toi: Mama, die Nummer …
Ta mère: Und nun rufst du die Feuerwehr an und sagst, dass es zwei Kilometer von unserem Haus entfernt brennt. Frag auch, was wir tun sollen.
Toi: Allô …
Les pompiers: Alors, si vous avez une voiture, prenez votre argent et vos papiers et allez à l'hôtel de ville de Brignoles. Est-ce que vous avez une piscine à côté de votre maison?
Toi: Also, der Feuerwehrmann sagt: Wenn wir … Er fragt, ob wir …
Ta mère: Sag, dass wir ein Schwimmbecken haben und frag doch mal, was wir machen, wenn das Feuer nicht aufhört. Und frag auch, wann wir zurückkehren dürfen.
Toi: Ma mère dit … et elle demande … Elle demande aussi …
Les pompiers: Si le vent restait comme ça, on aurait moins de problèmes. Si nous arrêtons le feu avant la nuit, vous pourrez revenir sans problème dans votre maison.
Toi: Der Feuerwehrmann sagt: Wenn … Und wenn …

07

11 Hörsehverstehen – Film und Fernsehen

Stratégie

Was könnt ihr tun, um französische Fernsehsendungen und Filme besser zu verstehen?

1. Beachtet die Tipps, die ihr zum Hörverstehen schon bekommen habt. (www.klett.de: stratégies: SB1/L9 + SB2/L6)
2. Setzt euch vor dem ersten Anschauen allgemeine «Hörsehziele».
3. Legt wie unten eine Tabelle an und notiert stichwortartig die wichtigsten Punkte.
4. Schaut euch die **5. Episode des Films *«Me voilà»*** auf der **S-CD 3 zunächst ganz** an: Schon im Vorspann (le générique) erfahrt ihr meist viel über Thema, Ort, Zeit und Personen.
5. Schaut euch den Film **ein zweites Mal** an. Um bei der Fülle an Informationen nicht den Überblick zu verlieren, solltet ihr nun nach jeder Sequenz auf „Pause" schalten.
6. Findet zu jeder Sequenz eine kurze Überschrift und tragt nach und nach die wichtigsten Stichpunkte in die Tabelle ein.
7. Achtet **beim wiederholten Anschauen** immer mehr auf wichtige Details. Besonders in Dialogen helfen euch dabei Gestik, Mimik und Situationskomik.
8. Vergleicht eure Ergebnisse.

Scène	Titre	Qui?	Où?	Quand?	Quoi?
Générique					
Scène 1					
Scène 2					
...					

A vous.

1. *Choisissez une émission de télé (Fernsehsendung) en français, par exemple sur TV5* (www.tv5.org; voir aussi: www.klett.de).*
2. *Enregistrez l'émission sur un magnétoscope (Videorecorder) ou sur votre ordinateur.*
3. *Formez 5 ou 6 groupes.*
4. *Avant de regarder l'émission, chaque groupe prépare un tableau d'après le modèle.*
5. *Coupez l'émission en séquences (Sequenzen). Chaque groupe s'occupe d'une séquence.*

6. *Complétez votre tableau.*
7. *Présentez votre séquence à votre classe.*

Lautzeichen

Vokale

[a] m**a**d**a**me; wie das deutsche *a*.
[e] caf**é**, mang**er**, regard**ez**; geschlossenes *e*, etwa wie in *geben*.
[ɛ] il f**ai**t, il **es**t, m**e**rci; offenes *ä*, etwa wie in *Ärger*.
[i] **i**l, dess**i**ner; geschlossener als das deutsche *i*, Lippen stark spreizen; etwa wie in *Liebe*.
[o] phot**o**, all**ô**, **au**ssi; geschlossenes *o*, wie in *Rose*.
[ɔ] l'éc**o**le, al**o**rs, c**o**llège; offenes *o*, offener als in *Loch*.
[ø] d**eu**x, monsi**eu**r; geschlossenes *ö*, etwa wie in *böse*.
[œ] s**œu**r, n**eu**f, h**eu**re; offenes *ö*, bei kurzem Vokal etwa wie in *Röcke*.
[ə] l**e**, d**e**main; der Laut liegt zwischen [œ] und [ø], näher bei [œ], etwa wie in *Farbe*.
[u] **où**, bonj**ou**r; geschlossenes *u*, etwa wie in *Ufer*.
[y] t**u**, r**u**e, sal**u**t; geschlossenes *ü*, etwa wie in *Tüte*.

Nasalvokale

[ɛ̃] **un**, chi**en**, l**un**di, cop**ain**; nasales [ɛ]
[õ] **on**, s**on**t, n**om**; nasales [o]
[ɑ̃] d**an**s, ch**am**bre, je pr**en**ds; nasales [ɑ]

Die Nasalvokale haben im Deutschen keine Entsprechung.
Beachte: *un, lundi:* Neben [ɛ̃] hört man in Frankreich auch [œ̃] = nasales [œ].

Konsonanten

[f] **f**rère, **ph**oto; wie das deutsche *f* in *falsch*.
[v] de**v**ant, il arri**v**e; wie das deutsche *w* in *werden*.
[s] **s**œur, **c**'est, **ç**a, re**s**ter, atten**t**ion; stimmloses *s*, wie in *Los*; als Anlaut vor Vokal ist *s* immer stimmlos.
[z] phra**s**e, mai**s**on, il**s**‿arrivent, **z**éro; stimmhaftes *s*, wie in *Esel*; zwischen zwei Vokalen ist *s* stimmhaft.
[ʃ] je **ch**erche; stimmloses *sch*, wie in *schön*.
[ʒ] **j**e, bon**j**our, éta**g**e; stimmhaft wie *j* in *Journalist*.
[ɲ] campa**gn**e; klingt *nj* wie das *gn* in *Kognak*.
[ŋ] in Wörtern aus dem Englischen, z. B. camping.
[ʀ] **r**ega**r**de**r**; Zäpfchen-Reibelaut; wird auch am Wortende und vor Konsonant deutlich ausgesprochen.

Die nicht erwähnten Konsonanten sind den deutschen sehr ähnlich. Bei [p], [b], [t], [d], [k], [g] ist jedoch darauf zu achten, dass sie ohne „Hauchlaut“ gesprochen werden.

Halbkonsonanten

[j] quart**i**er; weicher als das deutsche *j* in *ja*.
[w] **ou**i, t**o**i; flüchtiger [u]-Laut, gehört zum folgenden Vokal.
[ɥ] c**u**isine, je s**u**is, h**u**it; flüchtiger [y]-Laut, gehört zum folgenden Vokal.

Symbole und Abkürzungen

D	Deutsch	→	Vergleiche mit …
F	Französisch	↔	Achte auf den Unterschied zwischen
E	Englisch	=	bedeutet
I	Italienisch	≠	ist das Gegenteil von
SP	Spanisch	*inv.*	unveränderlich
	Vokabelnetz	*m.*	*masculin* (= maskulin)
	Wortfamilie	*f.*	*féminin* (= feminin)
	Schreibung	*pl.*	*pluriel* (= Plural)
	Aussprache	*sg.*	*singulier* (= Singular)
!	Achtung!	qc	*quelque chose* (= etwas)
	leicht zu merken	qn	*quelqu'un* (= jemand)
fam.	*familier* (= umgangssprachlich)	jd.	jemand
ugs.	umgangssprachlich	jdn.	jemanden
		jdm.	jemandem

Zu Beginn jeder *Leçon* steht ein **Tipp zum Vokabellernen**. Probiere ihn aus: Hilft er dir beim Lernen und Behalten der Wörter?

Die neuen Wörter in den ⟨**Album**⟩- und ⟨**Plateau**⟩-Teilen werden in den folgenden Lektionen nicht als bekannt vorausgesetzt. Sie werden auf den Seiten selbst in **Fußnoten** erklärt, sofern ihre Bedeutung nicht leicht erschließbar ist.

In der Übersicht ***Pour faire les exercices de ce livre*** findest du die Vokabeln der Arbeitsanweisungen.

LEÇON 1

TIPP Präge dir Wörter mit einem kleinen Satz oder mit einem Reim ein, den du immer wieder vor dich hin sprichst, z. B. *Il est jaloux, c'est fou.* (Er ist eifersüchtig, das ist verrückt.)

Entrée Un été en Normandie

la **Normandie** [lanɔʀmɑ̃di]		die Normandie *(Region im Norden Frankreichs)*
Elodie [elɔdi]	→ Abk. Elo [elo]	Elodie *(weibl. Vorname)*
un **œil**/des **yeux** [ɛ̃nœj/dezjø]	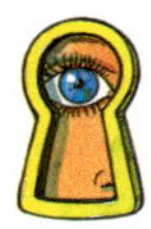	ein Auge/Augen

avoir les yeux bleus: blaue Augen haben

Laurent [lɔʀɑ̃]		Laurent *(männl. Vorname)*
Fécamp [fekɑ̃]		Fécamp *(frz. Stadt am Ärmelkanal)*
Charlotte [ʃaʀlɔt]		Charlotte *(weibl. Vorname)*
une **plage** [ynplaʒ]	SP → la playa	ein Strand
sur la plage [syʀlaplaʒ]	= à la plage	am Strand
le **volley** [ləvɔlɛ]	~ est un sport qu'on joue sur la plage.	der Volleyball
un **mec** *(fam.)* [ɛ̃mɛk]		ein Kerl *(ugs.)*
fort/forte [fɔʀ/fɔʀt]	C'est un mec très ~.	stark
canon *(fam.) (inv.)* [kanõ]		abgefahren *(ugs.)*
un **t-shirt** [ɛ̃tiʃœʀt]	F ⟷ E T-shirt	ein T-Shirt
des **lunettes de soleil** *(f., pl.)* [delynɛtdəsɔlɛj]	 + de + 	eine Sonnenbrille
branché/branchée *(fam.)* [bʀɑ̃ʃe/bʀɑ̃ʃe]	Laurent porte un t-shirt ~.	„in", „up to date" *(ugs.)*
moins beau que [mwɛ̃bokə]		weniger schön als
aussi sportif que [osispɔʀtifkə]		ebenso sportlich wie
l'**air** *(m.)* [lɛʀ]	Tu as ~ fatigué. Tu n'as pas dormi?	die Luft; *(hier)* das Aussehen
gentil/gentille [ʒɑ̃ti/ʒɑ̃tij]	On aime toujours les gens ~[1]. 	nett
un **cheveu**/des **cheveux** [ɛ̃ʃ(ə)vø/deʃ(ə)vø]		ein Haar/Haare

avoir les cheveux noirs: schwarze Haare haben

[1] gentils

	court/courte [kuʀ/kuʀt]	≠ long	kurz
	un **short** [ɛ̃ʃɔʀt]	F ⟷ E shorts	Shorts *(pl.)*
	timide/timide [timid/timid]	Luc a peur de parler. Il est ~.	schüchtern
	baraqué/baraquée *(fam.)* [baʀake/baʀake]	Il est ~, grand et fort.	kräftig, breitschultrig *(ugs.)*
	plus [ply(s)]	Il travaille ~ que son frère.	mehr
	le plus cool [ləplykul]		der coolste *(ugs.)*

Texte Une bonne leçon

1	une **leçon** [ynləsõ]	F ⟷ E lesson	eine Lektion
	retrouver qn [ʀətʀuve]	trouver	jdn. wieder finden; *(hier)* jdn. treffen
	se baigner [səbeɲe]	la salle de bains	baden
	dingue/dingue *(fam.)* [dɛ̃g/dɛ̃g]	On fait du camping? – En hiver? Tu es ~?	bekloppt *(ugs.)*
2	un **port** [ɛ̃pɔʀ]	Dans ~, il y a beaucoup de bateaux.	ein Hafen
	David [david]		David *(männl. Vorname)*
	un **stage** [ɛ̃staʒ]	! F ⟷ E the stage = die Bühne	ein Praktikum
	un **stage de voile** [ɛ̃staʒdəvwal]		ein Segelkurs
	proposer à qn de faire qc [pʀɔpoze]	Tu as un problème? Je ~[1] de t'aider.	jdm. vorschlagen, etw. zu tun
	ouais *(fam.)* [wɛ]	= oui	mhm *(ugs.)*
3	**pourtant** [puʀtɑ̃]	Je n'ai pas gagné. ~, je suis content.	dennoch, trotzdem
	avouer qc [avwe]	Qui a fait ça? Personne ne veut l'~.	etw. zugeben, etw. gestehen
4	un **jean** [ɛ̃dʒin]	F ⟷ E jeans	eine Jeans, ein Paar Jeans
5	une **soirée** [ynswaʀe]	un soir	ein Abend
	flasher sur qn/qc *(fam.)* [flaʃe]	= avoir le coup de foudre pour qn	auf jdn./etw. abfahren *(ugs.)*
6	**donc** [dõk]	La prof est là. ~, le cours commence.	also
8	**pendant que** *(Konjunktion)* [pɑ̃dɑ̃kə]	→ pendant *(Präposition)*	während
	s'allonger [salõʒe]	long	sich hinlegen, sich ausstrecken

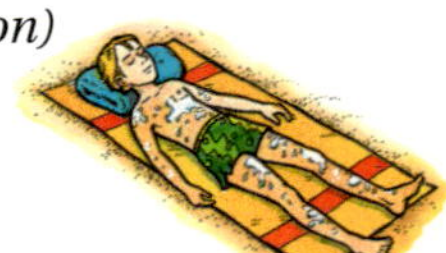

s'allonger: je m'allonge, nous nous allongeons; je me suis allongé(e)

	Dommage! [dɔmaʒ]		Schade!
	se moquer de qn [səmɔke]	Il y a des élèves qui ~[2] des profs.	sich über jdn. lustig machen
9	**hyper** [ipɛʀ]	hyper cool *(fam.)* = mega-cool *(ugs.)*	hyper-, über-
	depuis que *(Konjunktion)* [dəpɥikə]	→ depuis *(Präposition)*	seit
	se balader *(fam.)* [səbalade]	= se promener	spazieren gehen

[1] propose – [2] se moquent

un **baratineur**/une **baratineuse** *(fam.)* [ɛ̃baʀatinœʀ/ynbaʀatinøz]	Quelqu'un qui parle trop est ~.	ein Schwätzer, eine Quasselstrippe *(ugs.)*
10 **draguer** qn *(fam.)* [dʀage]	Ce mec voulait me ~, mais j'ai dit «non»!	jdn. anbaggern, jdn. anmachen *(ugs.)*
12 une **nouille** *(fam.)* [ynuj]	Elodie ne sort jamais. – Quelle ~!	eine Nudel; *(hier)* eine Tranfunzel *(ugs.)*
ou bien … ou bien [ubjɛ̃ … ubjɛ̃]		entweder … oder
13 **meilleur/meilleure** [mɛjœʀ/mɛjœʀ]	Ton idée est nulle! – Tu as une ~[1] idée?	besser *(Steigerungsform von «bon»)*
18 **Arrête ton cinéma!** *(fam.)* [aʀɛtõsinema]	F  ⟷ D 	Hör auf mit dem Theater! *(ugs.)*
c'est pourquoi [sɛpuʀkwa]	→ pourquoi; E that's why	deshalb
ne … plus jamais [nə … plyʒamɛ]	Je ~ veux ~ te voir!	nie mehr
19 **demander pardon** à qn [dəmɑ̃depaʀdõ]	Je n'ai pas été gentille avec toi. Je te ~[2].	sich bei jdm. entschuldigen
à partir de [apaʀtiʀdə]	Nous sommes en vacances ~[3] 1er juin.	von … an
un **adolescent**/une **adolescente** [ɛ̃nadɔlesɑ̃/ynadɔlesɑ̃t]	~ est un garçon ou une fille entre 12 et 20 ans. → Abk. un ado/une ado [ɛ̃nado/ynado]	ein Jugendlicher/eine Jugendliche
Radio Ados [ʀadjoado]		Radio Ados *(Name eines Radiosenders für Jugendliche)*

Pratique

1 **résumer** qc [ʀezyme]	un résumé	etw. zusammenfassen
une **dispute** [yndispyt]	se disputer	ein Streit
3 **Loïc** [loik]		Loïc *(männl. Vorname)*
Arnaud [aʀno]		Arnaud *(männl. Vorname)*
souligner qc [suliɲe]	une ligne; → un mot souligné	etw. unterstreichen
5 un **sujet** [ɛ̃syʒɛ]	le ~ de la phrase ⟷ le ~ du texte	ein Subjekt; *(hier)* ein Thema
un **filet à mots** [ɛ̃filɛamo]		ein Vokabelnetz
7 un **sketch** [ɛ̃skɛtʃ]	F des sketchs ⟷ E sketches	ein Sketch
une **poche** [ynpɔʃ]	Il sort son porte-monnaie de sa ~ et paie.	eine Tasche; eine Hosentasche
l'**argent de poche** *(m.)* [laʀʒɑ̃dəpɔʃ]	 + de + 	das Taschengeld
8 un **conseil** [ɛ̃kõsɛj]	Arrête de lui donner des ~[4], il a 20 ans.	ein Rat, ein Ratschlag
9 une **explication** [ynɛksplikasjõ]	expliquer qc à qn	eine Erklärung
interdire à qn de faire qc [ɛ̃tɛʀdiʀ]	Le docteur lui ~[5] de boire du café.	jdm. verbieten, etw. zu tun

interdire wird konjugiert wie **dire:** j'interdis, nous interdisons; j'ai interdit ! vous interdi**sez**

[1] meilleure – [2] demande pardon – [3] à partir du
[4] conseils – [5] a interdit

s'excuser [sɛkskyze]	Loïc a bousculé ce monsieur. Il faut ~.	sich entschuldigen
10 le **français standard** [ləfʀɑ̃sɛstɑ̃daʀ]		das Standardfranzösisch *(frz. Hochsprache)*

Im **français standard** sagt man: «Oui» [wi]. In der Umgangssprache, dem **français familier**, hört man häufig: «Ouais» [wɛ].

11 le **sable** [ləsabl]	Sur la plage, les enfants jouent dans ~.	der Sand
un **coquillage** [ɛ̃kɔkijaʒ]	Dans le sable, on trouve souvent des ~[1].	eine Muschel
une **oreille** [ynɔʀɛj]	F = E	ein Ohr
12 une **cigarette** [ynsigaʀɛt]		eine Zigarette
fumer [fyme]		rauchen

En France

La Normandie

Die **Normandie** ist eine Region im Nordwesten Frankreichs. Ihr Name geht zurück auf die Normannen, ein nordgermanisches Seefahrervolk, das im 9. Jahrhundert zahlreiche Eroberungszüge unternahm.
Die Normandie teilt sich in die *Basse-Normandie* mit der Hauptstadt *Caen* [kɑ̃] und die industriereiche *Haute-Normandie* mit der Hauptstadt *Rouen* [ʀwɑ̃] und der Hafenstadt *Le Havre* [ləavʀ].
Die Landschaft ist vor allem in der *Basse-Normandie* geprägt von Feldern, Obstwiesen und den *bocages*, einer Wiesenlandschaft mit kleinen bewaldeten Hügeln. Von hier kommt eine der berühmtesten frz. Käsesorten, der *Camembert*.
Das Wetter in der Normandie ist mild und es regnet oft. Trotzdem sind die weiten Strände der Normandie mit Ihren vielen Ferienorten wie *Deauville* [dovil] oder *Fécamp* [fekɑ̃] sehr beliebte Reiseziele. Bekannt sind auch die weißen Kreideklippen von *Etretat* [etʀəta].

Révisions

Parler de quelqu'un – Über jemanden sprechen

avoir l'air	Il a l'air sportif.	Er sieht sportlich aus.
avoir les yeux …	Il a les yeux verts.	Er hat grüne Augen.
avoir les cheveux …	Il a les cheveux noirs.	Er hat schwarze Haare.
faire … mètres*	Il fait un mètre soixante-quinze.	Er ist 1,75 m groß.
être moins … que	Il est moins grand que Victor.	Er ist kleiner als Victor.
être aussi … que	Il est aussi sympa que Luc.	Er ist genauso nett wie Luc.
être plus … que	Il est plus intéressant que Marc.	Er ist interessanter als Marc.
être le … le plus … de	Il est le garçon le plus drôle de la classe.	Er ist der lustigste Junge der Klasse

*Wörter, die hier zur Vervollständigung zusätzlich erwähnt werden.

[1] coquillages

Révisions

Un soir – une soirée?

Im Französischen unterscheidet man zwischen einem Abend als Zeitpunkt *(un soir)* und einem Abend im Verlauf *(une soirée)*.
So ist es auch bei *un jour/une journée* und *un an/une année:*

Hier **soir**, Luc et Zoé sont sortis. Ils ont dansé pendant **toute la soirée**.	Gestern Abend sind Luc und Zoé ausgegangen. Sie haben den ganzen Abend getanzt.
C'était **un beau jour** de vacances. On a passé **toute la journée** à la plage.	Es war ein schöner Ferientag. Wir waren den ganzen Tag am Strand.
Charlotte a **14 ans**. **Cette année**, elle va avoir 15 ans.	Charlotte ist 14 Jahre alt. Dieses Jahr wird sie 15.

LEÇON 2

TIPP Kannst du dir ein Wort nicht merken? Versuche, eine Eselsbrücke zu bauen, z. B. *avouer* (zugeben): „*Auweh, auweh:* zugeben tut so weh."

Entrée Découvrir la Bourgogne

la **Bourgogne** [labuʀgɔɲ]		das Burgund *(Region im Zentrum Frankreichs)*
l'**Yonne** *(f.)* [ljɔn]		die Yonne *(Name eines Flusses und eines Departements in der Bourgogne)*
la **Côte-d'Or** [lakot(ə)dɔʀ]		die Côte-d'Or *(Name eines Departements in der Bourgogne)*
le **cassis** [ləkasis]		die schwarze Johannisbeere
la **moutarde** [lamutaʀd]	F ⟷ E mustard 	der Senf
la **Nièvre** [lanjɛvʀ]		Nièvre *(Name eines Flusses und eines Departements in der Bourgogne)*
la **Saône-et-Loire** [lasonelwaʀ]		das Saône-et-Loire *(Dep. in der Bourgogne)*
un **escargot** [ɛ̃nɛskaʀgo]		eine Schnecke
une **église** [ynegliz]		eine Kirche
Chapaize [ʃapɛz]		Chapaize *(Dorf in der Bourgogne)*
le **nord** [lənɔʀ]		der Norden
l'**ouest** *(m.)* [lwɛst]		der Westen
l'**est** *(m.)* [lɛst]		der Osten

au nord de: nördlich von; **au sud de**: südlich von;
à l'est de: östlich von; **à l'ouest de**: westlich von

quatre-vingt-un

un **journal de bord** [ɛ̃ʒuʀnaldəbɔʀ]	→ un journal	ein Logbuch; *(hier)* ein Reisebericht
Barbara [baʀbaʀa]		Barbara *(weibl. Vorname)*
Fritz [fʀits]		Fritz *(Familienname)*
un **lycée** [ɛ̃lise]	Après quatre ans au collège, les élèves vont au ~ pour trois ans.	ein Gymnasium

Das **lycée** in Frankreich dauert drei Jahre und entspricht der deutschen Sekundarstufe II. 

Gutenberg [gytɛ̃bɛʀ]		Gutenberg *(Johannes Gutenberg, Erfinder des Buchdrucks)*
Mayence [majɑ̃s]		Mainz *(Landeshauptstadt von Rheinland-Pfalz)*
un **voyage** [ɛ̃vwajaʒ]	Nous faisons ~ en train.	eine Reise
un **car** [ɛ̃kaʀ]	! F  ⟷ E 	ein Reisebus
Dijon [diʒɔ̃]		Dijon *(Stadt im Osten Frankreichs)*

Texte Les surprises du voyage

1 une **excursion** [ynɛkskyʀsjɔ̃]	 F ⟷ E	ein Ausflug
un **centre-ville** [ɛ̃sɑ̃tʀəvil]	Où est l'hôtel de ville? – Au ~.	ein Stadtzentrum
la **place Darcy** [laplasdaʀsi]		die Place Darcy *(Platz im Zentrum von Dijon)*
à pied [apje]	**en** bus/**en** métro/**en** avion ⟷ **à** pied	zu Fuß
le **Palais des Ducs** [ləpalɛdedyk]		der Palais des Ducs *(ehemaliger Palast der Herzöge der Bourgogne)*
un **toit** [ɛ̃twa]	De la tour, on voit les ~[1] des maisons.	ein Dach
avant de faire qc [avɑ̃də]	Réfléchis ~ répondre.	bevor man etw. tut
caresser qn/qc [kaʀese]	Mon chien est gentil. Tu peux le ~.	jdn./etw. streicheln
une **chouette** [ynʃwɛt]		eine Eule
ce que [səkə]	Dis-moi ~ tu veux.	was *(Relativpronomen, Objekt)*
chouette/chouette [ʃwɛt/ʃwɛt]	Faire des excursions, c'est ~.	nett, toll
2 un **porte-bonheur** [ɛ̃pɔʀt(ə)bɔnœʀ]	(ap)porter qc 	ein Glücksbringer
un **nez** [ɛ̃ne]	E nose; I naso; SP nariz	eine Nase
un **siècle** [ɛ̃sjɛkl]	100 ans, c'est ~. SP siglo	ein Jahrhundert
ce qui [səki]	Dis-moi ~ t'intéresse.	was *(Relativpronomen, Subjekt)*
un **symbole** [ɛ̃sɛ̃bɔl]	La tour Eiffel est le ~ de Paris.	ein Symbol; ein Wahrzeichen

[1] toits

3 **Beaune** [bon]		Beaune *(Stadt in der Region Bourgogne)*
après avoir fait qc [apʀɛzavwaʀ]	Elle est allée au lit ~ fait ses devoirs.	nachdem man etw. getan hat
une **autoroute** [ynotoʀut]	Il y a trop de voitures sur l'~.	eine Autobahn
s'arrêter [saʀete]	un arrêt; arrêter qn	anhalten
le **péage** [ləpeaʒ]	→ payer	die Mautstelle

Le **péage**: Seit den 1950er Jahren muss man auf französischen Autobahnen eine Maut (Gebühr) bezahlen.

un **ticket** [ɛ̃tikɛ]	= un billet	ein Fahrschein; *(hier)* ein (Kassen)Beleg
une **demi-heure** [ynd(ə)mijœʀ]	30 minutes, c'est ~.	eine halbe Stunde
une **station-service** [ynstasjɔ̃sɛʀvis]		eine Tankstelle
lequel/laquelle/lesquels/lesquelles [ləkɛl/lakɛl/lekɛl/lekɛl]	Voilà l'ordinateur avec ~[1] je travaille le plus souvent.	welcher/welche/welches *(Relativpronomen)*
une **carte postale** [ynkaʀt(ə)pɔstal]	Ecrivez-moi ~ pendant les vacances.	eine Postkarte
un **pain d'épice** [ɛ̃pɛ̃depis]		ein Gewürzbrot *(Lebkuchenspezialität aus Dijon)*
un **bonbon** [ɛ̃bɔ̃bɔ̃]	☺	ein Bonbon
un **jambon** [ɛ̃ʒɑ̃bɔ̃]	Un sandwich au ~, s'il vous plaît.	ein Schinken
4 le **Moyen Age** [ləmwajɛnaʒ]	Les années entre 476 et 1453, c'est ~.	das Mittelalter
l'**Hôtel-Dieu** [lɔtɛldjø]	= un hôpital	das Hospiz *(in Beaune)*
dont [dɔ̃]	Voilà la BD ~ nous avons parlé.	dessen/deren, von dem/von der/von denen *(Relativpronomen)*
Laure [lɔʀ]		Laure *(weibl. Vorname)*
une **nuit blanche** [ynnɥiblɑ̃ʃ]	= une nuit où on ne dort pas	eine schlaflose Nacht
une **sieste** [ynsjɛst]	SP la siesta	ein Mittagsschlaf
une **pharmacie** [ynfaʀmasi]	F ⟷ D 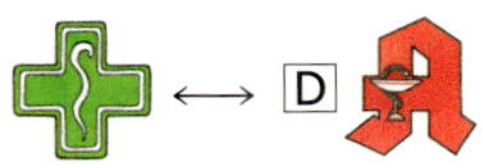	eine Apotheke; ein Medizinschrank, eine Hausapotheke
plein de/**pleine** de [plɛ̃/plɛn]	Votre lettre est ~[2] fautes.	voll mit
l'**herbe** *(f.)* [lɛʀb]	→ les herbes de Provence	das Gras; *(hier)* das Kraut
5 un **chancelier**/une **chancelière** [ɛ̃ʃɑ̃səlje/ynʃɑ̃səljɛʀ]	F ⟷ E chance**llor**	ein Kanzler/eine Kanzlerin
soigner qn/qc [swaɲe]	Il faut ~ votre jambe cassée.	jdn./etw. pflegen
faire envie à qn [fɛʀɑ̃vi]		jdn. neidisch machen
6 **lourd/lourde** [luʀ/luʀd]	Je ne peux pas porter ça; c'est trop ~.	schwer; *(hier)* umfangreich
Chalon-sur-Saône [ʃalɔ̃syʀson]		Chalon-sur-Saône *(Stadt in der Region Bourgogne)*
par contre [paʀkɔ̃tʀ]	Pierre travaille. Paul, ~, ne travaille pas.	hingegen, dagegen
une **photographie** [ynfɔtɔgʀafi]	F ⟷ E photography	eine Fotografie

[1] lequel – [2] pleine de

2 VOCABULAIRE

C'est le pied! *(fam.)* [sɛlәpje]	= C'est génial!	Das ist der Hammer! *(ugs.)*
Nicéphore Niepce [nisefɔʀnjɛps]		Nicéphore Niepce *(einer der Erfinder der Fotografie)*
le **monde** [lәmõd]	→ tout le monde	die Welt

le **monde**: die Welt – la **terre**: die Erde

une **raison** [ynʀɛsõ]	Tu est tombée? Mais ce n'est pas ~ pour pleurer!	ein Grund
numérique/numérique [nymeʀik/nymeʀik]	un numéro	digital
Louhans [luɑ̃]		Louhans *(Kleinstadt in der Region Bourgogne)*
un **poulet** [ɛ̃pulɛ]		ein Huhn, ein Hühnchen
cocorico [kɔkɔʀiko]	F ⟷ E cock-a-doodle-doo	kikeriki
Coco [kɔko]		Coco *(weibl. Vorname)*

Pratique

2 **Marsannay** [maʀsanɛ]		Marsannay *(Weinort in der Region Bourgogne)*
une **route** [ynʀut]	→ une autoroute; E road	eine (Land)Straße

Das Wort „la **route**" bezieht sich auf Landstraßen.
In geschlossenen Ortschaften wird von „la **rue**" gesprochen.

3 **malheureusement** [maløʀøzmɑ̃]		unglücklicherweise, leider *(Adv.)*
4 un **kir** [ɛ̃kiʀ]		ein Kir *(Weißwein mit Johannisbeerlikör)*
5 un **département** [ɛ̃depaʀtәmɑ̃]	La Côte-d'Or est ~ français.	ein Departement

Ein **Departement** ist eine französische Verwaltungseinheit. Frankreich gliedert sich in 26 Regionen (régions), diese in 100 Departements (davon 96 in Europa und 4 in Übersee), diese wieder in 342 Verwaltungsbezirke (arrondissements) und diese schließlich in 36.679 Kommunen (communes). Alle Departements sind nach dem Alphabet durchnummeriert, wobei diese Nummern gleichzeitig die ersten Stellen der Postleitzahl bilden.

6 une **expression** [ynɛkspʀesjõ]	Que veut dire l'~ «C'est le pied!»?	ein Ausdruck
une **définition** [yndefinisjõ]	Dans un dictionnaire, on trouve la ~ des mots qu'on ne connaît pas.	eine Definition, eine Beschreibung
7 **Sophie** [sɔfi]		Sophie *(weibl. Vorname)*
inventer qc [ɛ̃vɑ̃te]	Nicéphore Niepce ~[1] la photographie.	etw. erfinden
être mort(e) [ɛtʀәmɔʀ(t)]	≠ être né(e)	gestorben sein, tot sein

[1] a inventé

8 **possible/possible** [pɔsibl/ pɔsibl]	F ⟷ E possible	möglich
9 **Florian** [flɔʀjɑ̃]		Florian *(männl. Vorname)*
10 **Autun** [otɛ̃]		Autun *(Stadt im Departement Saône-et-Loire)*
une **ruine** [ynʀɥin]		eine Ruine
romain/romaine [ʀɔmɛ̃/ ʀɔmɛn]	F ⟷ E Roman	römisch

Révisions

Les repas – die Mahlzeiten

Au petit-déjeuner, on mange …	Zum Frühstück isst man …
du **pain**	Brot
des **croissants*** *(m.)*	Croissants
avec du **beurre**	mit Butter
des **céréales*** *(f.)*	Getreide, *hier*: z. B. Corn-flakes
Au déjeuner* ou au dîner*, on mange …	Zum Mittagessen oder zum Abendessen isst man …
de la **viande*** [vjɑ̃d]	Fleisch
du **poisson**	Fisch
des **nouilles** *(f.)*	Nudeln
des **frites** *(f.)*	Pommes frites
des **pommes de terre** *(f.)*	Kartoffeln
des **sandwichs** *(m.)*	Sandwiches
des **baguettes** *(f.)*	Baguettes
un **œuf**/des **œufs** *(m.)* [ɛ̃nœf/dezø]	ein Ei/Eier
du **jambon**	Schinken
du **magret de canard**	Entenbrust
du **poulet**	Hähnchen
des **légumes** *(f.)*	Gemüse
des **tomates** *(f.)*	Tomaten
des **choux de Bruxelles** *(m.)*	Rosenkohl
de la **salade**	Salat

Au dessert, on mange …	Zum Nachtisch isst man …
des **fruits** *(m.)*	Früchte/Obst
des **bananes** *(f.)*	Bananen
des **oranges** *(f.)*	Orangen
des **pommes** *(f.)*	Äpfel
des **crêpes** *(f.)*	Pfannkuchen
de la **crème chantilly**	Schlagsahne
du **chocolat**	Schokolade
de la **tarte aux pommes**	Apfelkuchen
des **glaces** *(f.)*	Eis
du **gâteau**	Kuchen
… ou du **fromage**	… oder Käse
Et on boit …	Und man trinkt …
des **boissons** *(f.)*	Getränke
du **café**	Kaffee
du **thé***	(schwarzer) Tee
du **lait**	Milch
de l'**eau minérale** *(f.)*	Mineralwasser
du **jus d'orange**	Orangensaft
du **jus de pomme**	Apfelsaft
du **coca**	Cola
de la **limonade***	Limonade
du **vin**	Wein
un **kir**	Kir
du **champagne**	Champagner

*Wörter, die hier zur Vervollständigung zusätzlich erwähnt werden.

3 VOCABULAIRE

En France

La Bourgogne

Das **Burgund** ist eine Region im Zentrum Frankreichs. Die Hauptstadt ist *Dijon*. Der germanische Stamm der *Burgunder* drang ab 300 n. Chr. ins damalige Gallien ein und gründete ein Königreich. Im 9. Jahrhundert wurde Burgund ein reiches Herzogtum, im 15. Jahrhundert sogar ein eigener Staat. Das Burgund wird heute wegen des guten Essens, der berühmten Weine und wegen vieler Baudenkmäler von Touristen aus aller Welt besucht. Sehenswürdigkeiten sind z. B. die römischen Ruinen in *Autun*, die großen Klosteranlagen *Cluny* [klyni] und *Cîteaux* [sito] oder das *Hôtel-Dieu* in *Beaune*, ein Krankenhaus aus dem 15. Jahrhundert mit seinem vielfarbigen Dach.

LEÇON 3

TIPP Achte beim Lernen auf Ähnlichkeiten mit anderen Sprachen, z. B. [F] *une raison* → [E] *a reason* ([D] ein Grund).

Entrée — Un clown au collège

un **clown** [ɛ̃klun]	[F] ⟷ [E]	ein Clown
Lyon [ljɔ̃]		Lyon *(Stadt im Osten Frankreichs)*
Nathan [natɑ̃]		Nathan *(männl. Vorname)*
un **cirque** [ɛ̃siʀk]		ein Zirkus
heureux/heureuse [øʀø/øʀøz]	= très content(e)	glücklich
l'**Europe** *(f.)* [løʀɔp]	[F] ⟷ [E]	Europa
Franconi [fʀɑ̃kɔni]		Franconi *(Familienname)*
heureusement [øʀøzmɑ̃]	≠ malheureusement	glücklicherweise *(Adv.)*
seulement [sœlmɑ̃]	Il y a ~ des filles? – Non, aussi des garçons.	nur

Texte — Rebelle N° 10

1 un **rebelle**/une **rebelle** [ɛ̃ʀəbɛl/ynʀəbɛl]	[F] ⟷ [D]	ein Rebell/eine Rebellin; *(hier) (Name einer Schülerzeitung)*
Nouria [nuʀja]		Nouria *(weibl. Vorname)*
Babaka [babaka]		Babaka *(männl. Vorname)*
2 un **enfant du voyage** [ɛ̃nɑ̃fɑ̃dyvwajaʒ]	Un enfant qui travaille dans un cirque.	ein Zirkuskind

Gens du voyage, „fahrende Leute", werden Menschen genannt, die mit ihrer Arbeit von Stadt zu Stadt ziehen, z. B. mit einem Zirkus oder einem Jahrmarktgeschäft.

mieux [mjø]	Komparativ von *bien*	besser *(Adv.)*
aimer mieux qc [ememjø]	Tu aimes Paris? – J'~[1] Lyon.	etw. lieber mögen

[1] aime mieux

vraiment [vʀɛmɑ̃]	C'est difficile? – Oui, c'est ~ difficile.	wirklich
s'occuper de qn/qc [sɔkype]	Quand maman n'est pas là, papa ~[1] de nous.	sich mit jdm./etw. beschäftigen; sich um jdn./etw. kümmen
libre/libre [libʀ/libʀ]	La place est encore ~? – Non, elle est prise.	frei
s'entraîner [sɑ̃tʀene]	Nous ~[2] pour ce match.	trainieren, üben

s'entraîner: je m'entraîne, tu t'entraînes, il s'entraîne, nous nous entraînons, vous vous entraînez, ils s'entraînent; je me suis entraîné(e)

un **singe** [ɛ̃sɛ̃ʒ]		ein Affe
Bodo [bɔdo]		Bodo *(männl. Vorname)*
malheureux/malheureuse [maløʀø/maløʀøz]	≠ heureux/heureuse	unglücklich
la **rentrée** [laʀɑ̃tʀe]	une entrée, rentrer	der Schul(jahres)beginn

Der Tag der **Rentrée (scolaire)**, an dem die Schule nach den Sommerferien wieder anfängt, ist in Frankreich sehr wichtig. In den Tagen davor werden alle Schulbücher gekauft. Viele Schüler werden von ihren Eltern für diesen Tag neu eingekleidet.

s'habituer à qn/qc [sabitɥe]	Je n'aime pas quitter Lyon. Je ~[3] aux gens ici.	sich an jdn./etw. gewöhnen
une **matière** [ynmatjɛʀ]	Les maths, l'allemand: ce sont des ~[4].	ein Unterrichtsfach
l'**histoire-géographie** [listwaʀʒeɔgʀafi]	→ une matière à l'école, → Abk. l'histoire-géo	Geschichte und Erdkunde
une chaise [ynʃɛz]		ein Stuhl
s'endormir [sɑ̃dɔʀmiʀ]	≠ se réveiller	einschlafen

s'endormir wird konjugiert wie **dormir**: je m'endors, nous nous endormons; je me **suis endormi(e)**

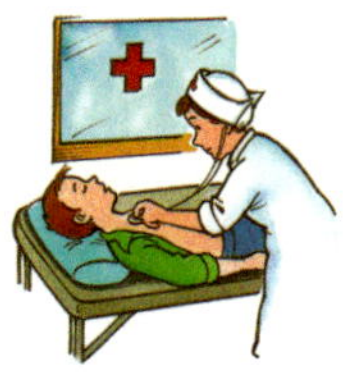

une **infirmerie** [ynɛ̃fiʀməʀi]		eine Krankenstation
normal/normale [nɔʀmal/nɔʀmal]		normal
3 un **beur**/une **beur(ette)** *(fam.)* [ɛ̃bœʀ/ynbœʀ(ɛt)]		ein „Beur"/eine „Beur" *(ugs.) (ein in Frankreich geborenes Kind nordafrikanischer Einwanderer)*
le **verlan** [ləvɛʀlɑ̃]		das Verlan

Das **Verlan** ist eine Art Geheimsprache, in der einzelne Silben und Buchstaben vertauscht werden (*ver-lan* kommt von *à l'envers* = verkehrt herum). Beispiele: ouf = fou; zarbi = bizarre

un **Arabe**/une **Arabe** [ɛ̃naʀab/ynaʀab]		ein Araber/eine Araberin

[1] s'occupe – [2] nous entraînons – [3] me suis habitué(e) – [4] matières

3 VOCABULAIRE

l'**Algérie** *(f.)* [lalʒeʀi]		Algerien

Algerien: Das nordafrikanische Land war früher eine französische Kolonie und wurde 1962 nach einem langen Krieg unabhängig. Französisch ist neben dem Arabischen die wichtigste Sprache. Viele Algerier wanderten nach Frankreich aus und suchten dort Arbeit.

longtemps [lõtɑ̃]	Il a plu ~ ? – Oui, toute la nuit.	lange *(Adv.)*
un **étranger**/une **étrangère** [ɛ̃netʀɑ̃ʒe/ynetʀɑ̃ʒɛʀ]	Un ~ m'a demandé son chemin.	ein Ausländer/eine Ausländerin
se sentir [səsɑ̃tiʀ]	Je ne ~[1] pas bien; je suis malade.	sich fühlen

se sentir: je me sens, tu te sens, il se sent, nous nous sentons, vous vous sentez, ils se sentent; je me **suis senti(e)**

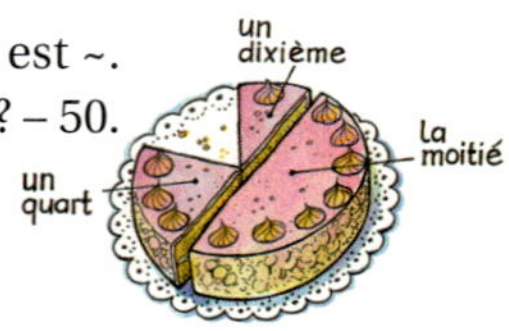

complet/complète [kõplɛ/kõplɛt]	Il y a 32 cartes: le jeu est ~.	vollständig
une **moitié** [ynmwatje]	Quelle est la ~ de 100? – 50.	eine Hälfte
à moitié [amwatje]		zur Hälfte
un **quart** [ɛ̃kaʀ]	→ un quart d'heure	ein Viertel
un **dixième** [ɛ̃dizjɛm]	= $^1/_{10}$	ein Zehntel
Je m'en fous! *(fam.)* [ʒəmɑ̃fu]	On se moque de nous! – ~	Das ist mir schnuppe! *(ugs.)*
l'**arabe** [laʀab]	Pour les Français, l'arabe est difficile à apprendre.	das Arabische
un **pour cent** *(inv.)* [ɛ̃puʀsɑ̃]	= 1 % ⟷ E one **per** cent	ein Prozent
4 un **contrôleur**/une **contrôleuse** [ɛ̃kõtʀolœʀ/ynkõtʀoløz]		ein Kontrolleur/eine Kontrolleurin
exact/exacte [egza(kt)/egzakt]	2 et 2 font 4? – Oui, c'est ~.	genau
contrôler qn/qc [kõtʀole]	Dans le bus, on ~[2] mon billet.	jdn./etw. kontrollieren
un **million** [ɛ̃miljõ]	F **un** ~ ⟷ D **eine** Million	eine Million

Folgt auf **million(s)** ein Nomen, so wird es mit **de/d'** angeschlossen: trois millions d'habitants ⟷ trois mille habitants

5 **le plus … possible** [ləply(z) … pɔsibl]	Il court ~ vite ~.	möglichst, so … wie möglich
tranquille/tranquille [tʀɑ̃kil/tʀɑ̃kil]	Elle n'est pas en colère, elle est ~.	ruhig, brav
avoir besoin de faire qc [avwaʀbəswɛ̃]	J'ai soif. J'~[3] boire quelque chose.	etw. tun müssen
calme/calme [kalm/kalm]		ruhig, still
voyager [vwajaʒe]	un voyage	fahren, reisen

voyager wird konjugiert wie **manger**: je voyage, nous voyageons; j'ai voyagé

[1] me sens – [2] a contrôlé – [3] ai besoin de

	faire qc **au noir** [fɛʀ … onwaʀ]		etw. „schwarz" machen *(ohne Berechtigung)*
	un **procès-verbal** [ɛ̃pʀɔsɛvɛʀbal]	→ Abk. un P. V. [ɛ̃peve]	ein Strafzettel
	rapide/rapide [ʀapid/ʀapid]	Le TGV est très ~.	schnell
	un **sourire** [ɛ̃suʀiʀ]	rire	ein Lächeln

Pratique

1	un **emploi du temps** [ɛ̃nɑ̃plwadytɑ̃]		ein Stundenplan
2	**anglais/anglaise** [ɑ̃glɛ/ɑ̃glɛz]		englisch
	un **sondage** [ɛ̃sõdaʒ]	On fait ~ pour savoir l'avis des gens sur une question.	eine Umfrage
6	la **technologie** [latɛknɔlɔʒi]	F ⟷ D	die Technologie; *(hier)* der technisch-naturwissenschaftliche Unterricht
	un **laboratoire** [ɛ̃labɔʀatwaʀ]	→ Abk. un labo [ɛ̃labo]	ein Labor(atorium)
7	**prendre position** sur qn/qc [pʀɑ̃ndʀəpozisjõ]		zu jdm./etw. Stellung beziehen
8	un **tiers** [ɛ̃tjɛʀ]	= $^1/_3$	ein Drittel
	un élève sur deux [ɛ̃nelɛvsyʀdø]	= la moitié des élèves	jeder zweite Schüler

En France

Lyon

Die Stadt **Lyon** liegt am Zusammenfluss der Flüsse *Rhône* [ʀon] und *Saône* [son] im östlichen Zentralfrankreich. Lyon ist die Hauptstadt der Region *Rhône-Alpes* und mit ca. 445 000 Einwohnern die drittgrößte Stadt Frankreichs (nach Paris und Marseille [maʀsɛj]). Durch die verkehrsgünstige Lage im Rhônetal wurde Lyon schon im Mittelalter zum Handelszentrum. Heute ist Lyon eine moderne Großstadt mit U-Bahn, verschiedenen Universitäten, Forschungseinrichtungen und zahlreichen Wirtschaftunternehmen.
Seit dem 18. Jahrhundert wird in Lyon Seide hergestellt. Und noch heute ist Lyon eine Stadt der Textil- und der Modeindustrie. An der *Université de la Mode* werden Mode-Designer ausgebildet. Lyon ist die Partnerstadt von Frankfurt am Main.

Révisions

Les résultats d'un sondage – Die Ergebnisse einer Umfrage

La moitié de la classe pense que …	Die Hälfte der Klasse denkt, dass …
Un élève sur deux est content d'avoir …	Jeder zweite Schüler ist zufrieden … zu haben.
50 pour cent des élèves sont contre …	50 Prozent der Schüler sind gegen …
Les trois quarts des élèves sont pour …	Drei Viertel der Schüler sind für …
Un tiers des élèves n'est pas d'accord.	Ein Drittel der Schüler ist nicht einverstanden.
Un cinquième des élèves est d'avis que …	Ein Fünftel der Schüler ist der Meinung, dass …
Seulement un sixième des élèves veut …	Nur ein Sechstel der Schüler will …

LEÇON 4

TIPP Lieber kurz, dafür aber öfter: Jeden Tag 10 Minuten lang Wörter lernen bringt mehr als einmal eine Stunde in der Woche.

Entrée Etre ado à Nice

Nice [nis]		Nizza *(Stadt im Südosten Frankreichs)*
un **instrument** [ɛ̃nɛ̃stʀymɑ̃]	La guitare est ~ de musique.	ein Instrument
un **saxophone** [ɛ̃saksɔfɔn]	F ⟷ D	ein Saxofon
deviner qc [dəvine]	une devinette	etw. erraten
un **métier de rêve** [ɛ̃metjedəʀɛv]	Je veux devenir actrice; c'est mon ~!	ein Traumberuf
le **baccalauréat** [ləbakalɔʀea]	~ est l'examen à la fin du lycée. → Abk. le bac [ləbak]	das Abitur

Das französische **baccalauréat** entspricht in etwa dem deutschen Abitur. Das klassische **bac** am Ende des *lycée* kann wie folgt abgelegt werden: 1. *le bac économique et social* (Wirtschaft, Politik, Geografie, Geschichte, Sprachen); 2. *le bac littéraire* (frz. Literatur, Philosophie, Geografie, Geschichte, Sprachen); 3. *le bac scientifique* (Mathematik, Physik, Biologie).

la **Star-Académie** [lastaʀakademi]		Star-Académie *(entspricht der Sendung „Deutschland sucht den Superstar")*
une **comédie musicale** [ynkɔmedimysikal]	la musique	ein Musical, eine Show
un **batteur** [ɛ̃batœʀ]	Samira est le ~ du groupe? – Non, c'est Jérémie.	ein Schlagzeuger/eine Schlagzeugerin

! une batteuse = eine Mähdreschmaschine

Nice-Rugby [nisʀygbi]		Nice-Rugby *(Sportverein in Nizza)*

Texte Une histoire de «ouf»!

1 **nice-matin** [nismatɛ̃]		nice-matin *(Name einer lokalen Tageszeitung)*
un **succès** [ɛ̃syksɛ]	F ⟷ E success	ein Erfolg
former qc [fɔʀme]	Elodie et Bruno ~[1] un groupe.	etw. gründen

[1] ont formé

un **saxophoniste**/une **saxophoniste** [ɛ̃saksɔfɔnist/ ynsaksɔfɔnist]	un saxophone	ein Saxofonspieler/eine Saxofonspielerin
suivre qn/qc [sɥivʀ]		jdm./etw. folgen

suivre: je suis, tu suis, il suit, nous suivons, vous suivez, ils suivent; j'ai **suivi**
! je suis (ich folge) ⟷ je suis (ich bin)!
suivre qc = etw. **ver**folgen: Mes parents suivent les informations à la radio.

passer à la télé [pasealatele]		einen Fernsehauftritt haben
France 3 [fʀɑ̃s(ə)tʀwa]		France 3 *(Name eines französischen Fernsehsenders)*
quelques *(pl.)* [kɛlk(ə)]	Dans le texte, il y a ~ fautes.	einige, wenige
filmer qn/qc [filme]	un film	jdn./etw. filmen
une **répétition** [ynʀepetisjõ]	répéter qc; → Abk. une répète	eine Probe
C'est notre première télé. [sɛnɔtʀəpʀəmjɛʀtele]		Das ist unser erster Fernsehauftritt.
le **trac** [lətʀak]	→ la peur	das Lampenfieber
2 un **niveau** [ɛ̃nivo]		ein Niveau
espérer qc [ɛspeʀe]	J'~[1] que mon père sera d'accord.	etw. hoffen

espérer wird konjugiert wie **préférer**: j'espère, nous espérons; j'ai espéré

un **contrat** [ɛ̃kõtʀa]	F ⟷ E contract	ein Vertrag
Carrère [kaʀɛʀ]		Carrère *(Familienname)*
3 **s'asseoir** [saswaʀ]		sich setzen

s'asseoir: je **m'assois**, tu **t'assois**, il **s'assoit**, nous **nous asseyons**, vous **vous asseyez**, ils **s'assoient**; je **me** suis **assis(e)**

un type [ɛ̃tip]	= un mec	ein Typ
C'est trop! *(fam.)* [sɛtʀo]		Das gibt's ja nicht! *(ugs.)*
un **pote**/une **pote** *(fam.)* [ɛ̃pɔt/ynpɔt]	= un copain/une copine	ein Kumpel *(ugs.)*
halluciner *(fam.)* [alysine]		völlig abdrehen *(ugs.)*
enregistrer qc [ɑ̃ʀəʒistʀe]		etw. aufnehmen, etw. aufzeichnen
4 **riche**/**riche** [ʀiʃ/ʀiʃ]	≠ pauvre	reich
rebelle/**rebelle** [ʀəbɛl/ʀəbɛl]	un rebelle/une rebelle	aufrührerisch
offrir qc à qn [ɔfʀiʀ]	= donner qc à qn	jdm. etw. anbieten, jdm. etw. schenken

offrir wird konjugiert wie **ouvrir**: j'offre, tu offres, il offre, nous offrons, vous offrez, ils offrent; j'ai **offert**

[1] espère

	mourir [muʀiʀ]	Je ~[1] de faim.	sterben

> **mourir**: je m**eurs**, tu m**eurs**, il m**eurt**, nous m**ourons**, vous m**ourez**, ils m**eurent**; il/elle est **mort(e)**

	le **courage** [ləkuʀaʒ]	F ⟷ E 	der Mut
	un **bikini** [ɛ̃bikini]		ein Bikini
	dehors [dəɔʀ]		draußen, im Freien
5	un **accueil** [ɛ̃nakœj]	J'ai reçu un très bon ~.	ein Empfang; *(hier)* eine Auftaktseite
	un **forum de discussion** [ɛ̃fɔʀɔmdədiskysjɔ̃]		ein (Diskussions)Forum *(im Internet)*
	grâce à qn/qc [gʀas]	J'ai réussi ~ ton aide.	durch jdn./etw.
	engagé/engagée [ɑ̃gaʒe/ɑ̃gaʒe]	J'aime les chanteurs ~[2].	engagiert
	le **pop** [ləpɔp]	la musique	der Pop
	bref/brève [bʀɛf/bʀɛv]	≠ long/longue	kurz
	devenir qn/qc [dəvəniʀ]	venir	jd./etw. werden

> **devenir** wird konjugiert wie **venir**: je dev**iens**, nous dev**enons**; je suis **devenu(e)**

	un **artiste**/une **artiste** [ɛ̃naʀtist/ynaʀtist]	F ⟷ E artist	ein Künstler/eine Künstlerin
6	**en direct** [ɑ̃diʀɛkt]		„live“
	Antibes [ɑ̃tib]		Antibes *(Stadt im Departement Alpes-Maritimes)*
	Cannes [kan]		Cannes *(Stadt im Departement Alpes-Maritimes)*

Pratique

2	le **Futuroscope** [ləfytyʀɔskɔp]		das Futuroscope

> Der **Futuroscope** ist der europäische Park des Bildes und der Kommunikation und liegt nördlich der Stadt Poitiers im Departement Vienne.

	une **lettre** [ynlɛtʀ]	littérature ABC	*(hier)* ein Buchstabe
6	**chacun/chacune** [ʃakɛ̃/ʃakyn]	= tout le monde	jeder/jede/jedes
8	la **télé-réalité** [lateleʀealite]		das Reality-Fernsehen
11	**Laura** [lɔʀa]		Laura

[1] meurs – [2] engagés

Révisions

La langue des jeunes

Wenn du mit französischen Jugendlichen zusammen bist, hörst du sicherlich viele umgangssprachliche Wörter, die du gerne verstehen möchtest.
Wenn du selbst Französisch sprichst, hältst du dich als Ausländer aber besser an die „normale" Standardsprache. Vor allem im Gespräch mit Erwachsenen fallen umgangssprachliche Wörter sehr unangenehm auf.

Jugendsprache		**Standardsprache**
un **ado**/une **ado** [ɛ̃nado/ynado]	ein Jugendlicher/eine Jugendliche	un **adolescent**/une **adolescente**
un **mec** [ɛ̃mɛk]	ein Kerl	un **homme**, un **garçon**
un **type** [ɛ̃tip]	ein Typ	un **homme**, un **garçon**
une **nana** [ynana]	eine Tussi	une **femme**, une **fille**
un **pote** *(fam.)* [ɛ̃pɔt]	ein Kumpel	un **copain**
un **baratineur**/une **baratineuse** [ɛ̃baʀatinœʀ/ynbaʀatinøz]	ein Schwätzer/eine Quasselstrippe	qn qui parle trop, un **bavard**/une **bavarde*** [ɛ̃bavaʀ/ynbavaʀd]
une **nouille** [ynnuj]	*(hier)* ein Blödmann, eine Tranfunzel	un **idiot**/une **idiote*** [ɛ̃nidjo/ynidjɔt]
un **blème**	ein Problem	un **problème**
le **fric** [ləfʀik]	die Knete	l'**argent** (m.)
les **fringues** [lefʀɛ̃g]	die Klamotten	les **vêtements**
canon *(inv.)* [kanõ]	spitze; echt geil	**très bien**
branché [bʀɑ̃ʃe]	„in"/„up to date"/„hip"	**à la mode**
baraqué/baraquée [baʀake]	kräftig, breitschultrig	**grand**(e) et **fort**(e)
le/la plus cool du groupe [lə/laplykuldygʀup]	der/die Coolste der Gruppe	qn qui est **agréable, excellent***
dingue [dɛ̃g]	bekloppt; irre	**fou/folle**
ouais [wɛ]	mhm	**oui**
qn flashe sur qn [flaʃ]	bei jdm. funkt es (beim Anblick von jdm.)	qn **a le coup de foudre pour** qn
draguer qn [dʀage]	jdn. anbaggern, anmachen	**faire la cour** à qn*
Je m'en fous!	Das ist mir schnuppe!	Ça m'est **égal**.*
J'en ai rien à foutre!/ J'en ai marre!	Ich habe es satt!	J'en ai **assez**.
C'est trop!	Das gibt's ja gar nicht! *(ugs.)*	C'est **incroyable**.*
halluciner [alysine]	abdrehen *(ugs.)*	être très **étonné**(e)*
une **répète** [ynʀepɛt]	eine (Musik)Probe	une **répétition**
la **zique** [lazik]	die Musik	la **musique**
d'acc [dak]	okay	**d'accord**

*Wörter, die hier zur Vervollständigung zusätzlich erwähnt werden.
Sie werden in den folgenden Lektionen nicht als Lernwortschatz vorausgesetzt.

En France

Nice

Nizza (frz. *Nice*) ist die Hauptstadt des Départements *Alpes-Maritimes* [alpmaʀitim] und liegt direkt am Mittelmeer, an der *Côte d'Azur* [kotdazyʀ]. Im Hinterland, nur 50 km von der Küste entfernt, erheben sich die Alpen.
Mit seinen Uferpromenaden, seinen vielen Hotels, seinem 7,5 km langen Strand und seinem Yachthafen zieht Nizza jährlich Millionen von Besuchern an. Die meisten der 383.000 Einwohner leben vom Tourismus und vom Handel.
Nizza hat aber auch eine große Universität, und das nahe gelegene *Sophia Antipolis* ist ein modernes Ausbildungs- und Forschungszentrum für Hochtechnologie.
Nizza ist die Partnerstadt von Nürnberg.

LEÇON 5

TIPP Lerne Wörter soweit wie möglich mit ihrem Gegenteil, z. B. *le matin ≠ le soir* oder *se lever ≠ se coucher.*

Entrée Au pays des livres

consoler qn [kõsɔle]	Djamel est triste. Il faut le ~.	jdn. trösten
droit *(Adv.)* [dʀwa]	Elle me regarde ~ dans les yeux.	geradewegs; *(hier)* direkt
un **tiroir** [ɛ̃tiʀwaʀ]		eine Schublade
un **bureau** [ɛ̃byʀo]	Tu as un stylo? – Oui, regarde sur mon ~.	ein Arbeitszimmer; *(hier)* ein Schreibtisch
un **pistolet** [ɛ̃pistɔlɛ]		eine Pistole
Valérian [valeʀjɑ̃]		Valérian *(männl. Vorname)*
Bonin [bɔnɛ̃]		Bonin *(Familienname)*
Antonin [ɑ̃tɔnɛ̃]		Antonin *(männl. Vorname)*
fermer qc [fɛʀme]	≠ ouvrir qc	etw. schließen
Carnac [kaʀnak]		Carnac *(Ort in der Bretagne)*
une **côte** [ynkot]	E coast; I + SP costa	eine Küste
un **menhir** [ɛ̃meniʀ]	Obélix, l'ami d'Astérix, fait ~[1].	ein Menhir, ein Hinkelstein
Lorient [lɔʀjɑ̃]		Lorient *(Stadt in der Bretagne)*
une **île** [ynil]	SP isla	eine Insel
l'**île de Groix** [lildəgʀwa]		die Ile de Groix *(Insel vor der Küste der Bretagne)*

Auf der **Ile de Groix** werden seit langer Zeit Thunfische gefangen. Auf der Turmspitze der Eglise de Groix befindet sich sogar ein Thunfisch anstelle des üblichen Wetterhahns.

le **calme** [ləkalm]	calme/calme	die Ruhe, die Gelassenheit
Locmaria [lɔkmaʀja]		Locmaria *(Stadt auf der Ile de Groix)*
la **pêche** [lapɛʃ]	un poisson	die Fischerei
un **thon** [ɛ̃tõ]	un grand poisson de mer	ein Thunfisch

[1] des menhirs

Texte L'île aux lutins

1	un **lutin** [ɛ̃lytɛ̃]		ein Lausejunge; *(hier)* ein Kobold
	rouler [ʀule]	Sur l'autoroute, on peut ~ vite.	fahren
	évident/évidente [evidɑ̃/evidɑ̃t]	Je vais gagnér ce match! – Ce n'est pas ~!	klar, offensichtlich
	la **Bretagne** [labʀətaɲ]		die Bretagne *(Region im Nordwesten Frankreichs)*
	une **crêperie** [ynkʀɛpʀi]	une crêpe	ein Crêpe-Restaurant
2	un **virage** [ɛ̃viʀaʒ]		eine Kurve
3	une **voix** [ynvwa]	Luc chante bien. Il a une belle ~.	eine Stimme
	une **fée** [ynfe]		eine Fee
	hé [e]		he, du da
	méchant/méchante [meʃɑ̃/meʃɑ̃t]	≠ gentil	gemein, böse
	la **mort** [lamɔʀ]	mourir	der Tod
4	une **seconde** [ynsəgɔ̃d]	F seconde ⟷ D Sekunde	eine Sekunde
	une **fenêtre** [ynfənɛtʀ]	Il fait chaud; ouvre la ~.	ein Fenster
	éteindre qc [etɛ̃dʀ]	~[1] les cigarettes et la télé, s'il vous plaît.	etw. ausmachen, etw. ausschalten

éteindre: j'éteins, tu éteins, il éteint, nous étei**gn**ons, vous étei**gn**ez, ils étei**gn**ent; j'ai **éteint**

	une **lampe** [ynlɑ̃p]	F ⟷ D	eine Lampe
	craindre qn/qc [kʀɛ̃dʀ]	= avoir peur de qn/qc	jdn./etw. fürchten

craindre: je crains, tu crains, il craint, nous crai**gn**ons, vous crai**gn**ez, ils crai**gn**ent; j'ai **craint**

	énormément [enɔʀmemɑ̃]	= beaucoup	sehr; unheimlich viel
	une **lumière** [ynlymjɛʀ]	On ne voit rien. Qui a éteint la ~.	ein Licht
	Morgane [mɔʀgan]		Morgane *(weibl. Vorname)*

Morgane oder **Morgana** ist eine Figur aus der keltischen Mythologie. Sie kommt auch in der Sage von König Artus und seiner Tafelrunde vor.

	N'aie pas peur! [nepapœʀ]		Hab keine Angst!
	Grand Thon [gʀɑ̃tɔ̃]		Grand Thon *(Märchenfigur)*
	attaquer qn/qc [atake]	E to attack; I attaccare; SP atacar	jdn./etw. angreifen
	déclarer qc à qn [deklaʀe]	Jules ~[2] qu'il ne voulait plus aller à l'école.	jdm. etw. erklären
	une **guerre** [yngɛʀ]	Dans ~, beaucoup de gens meurent.	ein Krieg

[1] Eteignez – [2] a déclaré

se plaindre de qn/qc [səplɛ̃dʀ]	C'est ta faute! Ne ~[1] pas de moi.	sich über jdn./etw. beschweren, sich über jdn./etw. beklagen

se plaindre wird konjugiert wie **craindre**: je me plains, nous nous plai**gn**ons; je me **suis plaint(e)**

un **chevalier** [ɛ̃ʃəvalje]		ein Ritter

! une chevalière = ein Siegelring

5 **au début** [odeby]	≠ à la fin	zu Anfang
sérieux/sérieuse [sɛʀjø/sɛʀjøz]	F ⟷ E serious	ernst(haft), seriös
un **cheval**/des **chevaux** [ɛ̃ʃ(ə)val/deʃ(ə)vo]	chevalier; I cavallo; SP caballo	ein Pferd/Pferde
peindre qc [pɛ̃dʀ]	la peinture 	etw. anmalen, etw. anstreichen

peindre wird konjugiert wie **éteindre**: je peins, nous pei**gn**ons; j'ai peint

un **visage** [ɛ̃visaʒ]	Les yeux et le nez se trouvent sur le ~.	ein Gesicht
en face de qn/qc [ɑ̃fas]		gegenüber von jdm./etw.
finalement [finalmɑ̃]	la fin, finir, enfin	schließlich, zum Schluss
battre qn [batʀ]	→ un batteur	jdn. schlagen, jdn. besiegen

battre: je **bats**, tu bats, il bat, nous **battons**, vous battez, ils battent; j'ai **battu**

magique/magique [maʒik/maʒik]	F ⟷ E magic(al)	magisch, zauberhaft
la **magie** [lamaʒi]	magique/magique	die Zauberei
laisser qc [lɛse]	Zut! J'~[2] mon cahier à la maison.	etw. (zurück)lassen
repartir [ʀəpaʀtiʀ]	partir 	(wieder) weggehen; *(hier)* wegfahren
la **marée** [lamaʀe]	la mer	die Gezeiten *(pl.)*

Das Wort **marée** bezeichnet allgemein die Gezeiten.
la marée basse = die Ebbe
la marée haute = die Flut

se coucher [səkuʃe]	≠ se lever	sich schlafen legen, sich hinlegen

[1] te plains – [2] ai laissé

6 **sentir** qc [sɑ̃tiʀ]	→ se sentir 	etw. riechen, etw. fühlen
	sentir wird konjugiert wie **partir**: je sens, nous sentons; j'ai **senti**	
une **main** [ynmɛ̃]	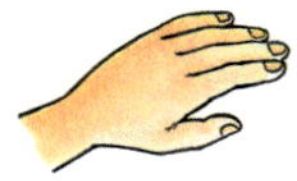	eine Hand

Pratique

3 **Yan** [jan]		Yan *(männl. Vorname)*
un **roman policier** [ɛ̃ʀɔmɑ̃pɔlisje]	Georges Simenon a écrit des ~[1]. → Abk. un polar [ɛ̃pɔlaʀ]	ein Kriminalroman
5 **commencer** par qc [kɔmɑ̃se]	Le mot «histoire» ~[2] la lettre «h».	mit etw. beginnen, mit etw. anfangen
finir par qc [finiʀ]	Le mot «histoire» ~[3] la lettre «e».	mit etw. aufhören
une **origine** [ynɔʀiʒin]	F ⟷ E origin	ein Ursprung; eine Herkunft
6 un **absent**/une **absente** [ɛ̃nabsɑ̃/ynabsɑ̃t]	C'est quelqu'un qui n'est pas là.	ein Abwesender/eine Abwesende
7 **Frédéric** [fʀedeʀik]	→ Abk. Frédé	Frédéric *(männl. Vorname)*
rattraper qn/qc [ʀatʀape]	attraper qn/qc	jdn./etw. (wieder) einholen
un **synonyme** [ɛ̃sinɔnim]	Un mot qui veut dire la même chose qu'un autre, c'est ~.	ein Synonym
8 un **charabia** *(fam.)* [ɛ̃ʃaʀabja]		ein Kauderwelsch *(ugs.)*
total/totale [tɔtal/tɔtal]	= complet/complète	vollständig
parfait/parfaite [paʀfɛ/paʀfɛt]	F ⟷ E perfect	perfekt, tadellos
le **breton** [ləbʀətɔ̃]	Yan parle bien le français et ~.	das Bretonische
Rennes [ʀɛn]		Rennes *(Hauptstadt der Bretagne)*

En France

La Bretagne

Die **Bretagne,** die Heimat von *Asterix und Obelix,* ist eine Region im äußersten Westen Frankreichs. Ihr Name kommt von den Bretonen, einem keltischen Volk, das die Halbinsel im 6. Jahrhundert vom heutigen England aus besiedelte. Die Kelten waren aber schon viel früher da: bereits 500 v.Chr. gab es keltische Stämme in der Bretagne. Auf die Kelten gehen viele Legenden und Bräuche sowie die bretonische Sprache zurück. Die geheimnisvollen Steinreihen, die man z.B. bei *Carnac* besichtigen kann, stammen aus der Steinzeit.

Die Region Bretagne mit der Hauptstadt *Rennes* lebt heute vorwiegend vom Gemüseanbau, von Viehzucht und vom Tourismus. Obwohl der Fischfang wegen der internationalen Konkurrenz und der Fischarmut zurückgeht, ist *Concarneau* [kɔ̃kaʀno] an der Südküste immer noch der wichtigste Thunfischhafen Frankreichs.
Zur Bretagne gehören auch die vielen vorgelagerten Inseln wie die *Ile d'Ouessant* [ildwesɑ̃], *Belle Ile* oder auch die *Ile de Groix*, die beliebte Ferienziele sind.

[1] romans policiers – [2] commence par – [3] finit par

M1 VOCABULAIRE

Révisions

Le jour		≠	la nuit
pendant la journée	am Tag	**dans la nuit**	in der Nacht
éteindre la lumière	das Licht ausschalten	**allumer* la lumière**	das Licht anschalten
ouvrir la fenêtre	das Fenster öffnen	**fermer la fenêtre**	das Fenster schließen
ce matin	heute Morgen	**ce soir**	heute Abend
se réveiller	aufwachen	**s'endormir**	einschlafen
se lever	aufstehen	**se coucher**	sich hinlegen
le soleil	die Sonne	**la lune***	der Mond
à midi	mittags	**à minuit**	um Mitternacht

*Wörter, die hier zur Vervollständigung zusätzlich erwähnt werden.

Révisions

Des petits mots pour raconter une histoire

quand	als *(zeitlich)*	**avant de faire qc**	bevor man etwas tut
souvent	oft	**après avoir fait qc**	nachdem man etw. getan hat
un jour	eines Tages		
alors	nun, jetzt, dann	**pour faire qc**	um etw. zu tun
d'abord	zuerst	**sans avoir fait qc**	ohne etw. getan zu haben
puis	dann		
encore	noch, schon wieder	**comme** *(Satzanfang)*	da, weil
tout à coup	plötzlich	**parce que**	weil
ensuite	dann, danach	**car**	denn
pendant ce temps	währenddessen	**mais**	aber
pendant que	während	**pourtant**	dennoch, trotzdem
enfin	schließlich, endlich	**donc**	also
à la fin	schließlich, am Ende	**c'est pourquoi**	deshalb

MODULE 1

TIPP Sammle das Vokabular zu einem Thema und ordne es in Vokabelnetzen, z. B. zum Thema „Feuer" oder zum Thema "Berufe".

Entrée 35 degrés dans le Midi

le **Midi** [ləmidi]	= le sud (de la France)	der Süden *(Frankreichs)*
Brignoles [bʀiɲɔl]		Brignoles *(Kleinstadt in Südfrankreich)*
Pff! [pf]		Pah!
un **pompier**/une **femme pompier** [ɛ̃pɔ̃pje/ ynfampɔ̃pje]	les métiers	ein Feuerwehrmann/eine Feuerwehrfrau
les **pompiers** *(m., pl.)* [lepɔ̃pje]		die Feuerwehr

Texte Un camping en flammes

1 une **flamme** [ynflam]		eine Flamme
le **Var** [ləvaʀ]		das Var *(Departement im Südosten Frankreichs)*
arrêter qn/qc [aʀete]	un arrêt; s'arrêter	jdn./etw. aufhalten, jdn./etw. stoppen
détruire qc [detʀɥiʀ]	On ~[1] la vieille ville pour construire des nouvelles maisons.	etw. zerstören
dont [dõ]	Trois personnes sont mortes ~ un enfant.	*(hier)* darunter
brûler qc [bʀyle]		etw. verbrennen

se brûler la main: sich die Hand verbrennen

sauver qn/qc [sove]	E to save	jdn./etw. retten
une **gendarmerie** [ynʒɑ̃daʀməʀi]		eine Polizeiwache

Die **Gendarmerie** sorgt in ländlichen Gebieten für Ordnung, die Polizei (la **police**) hingegen übernimmt diese Aufgabe in den Städten.

2 **vers** [vɛʀ]	Cette route va ~ Brignoles? – Oui, c'est ça.	gegen, in Richtung
Au feu! [ofø]		Es brennt!
une **clé** [ynkle]		ein Schlüssel
fermer qc **à clé** [fɛʀme … akle]	Avant de partir, on ~[2] toujours la porte ~[3].	etw. abschließen
casser qc [kase]		etw. kaputt machen
3 un **agriculteur**/une **agricultrice** [ɛ̃nagʀikyltœʀ/ynagʀikyltʀis]		ein Landwirt/eine Landwirtin

Das französische Wort **agriculteur** ebenso wie das deutsche Wort Landwirt sind die heute üblichen Bezeichnungen. Der Begriff **paysan** (Bauer) gilt heute als veraltet bzw. beleidigend.

sec/sèche [sɛk/sɛʃ]	I secco	trocken
jeter qc [ʒəte]	Luc ~[4] le ballon contre le mur.	etw. werfen

jeter wird konjugiert wie **appeler**: je jette, tu jettes, il jette, nous jetons, vous jetez, ils jettent; j'ai jeté

[1] détruit – [2] ferme – [3] à clé – [4] jette

	une **prison** [ypʀizõ]	F ⟷ E prison	ein Gefängnis
4	**faire** [fɛʀ]	Les flammes ~[1] 20 mètres de haut.	*(hier)* messen
	avancer [avɑ̃se]	Ça va, les devoirs? – Non, nous n'~[2] pas du tout.	vorankommen

avancer wird konjugiert wie **commencer**: j'avance, nous avan**ç**ons; j'ai commencé

	blesser qn [blese]		jdn. verletzen
	plusieurs *(inv.)* [plyzjœʀ]	Julie a ~ amies. Jules n'en a pas.	einige
	si seulement … [sisœlmɑ̃]		wenn doch nur …
	direct/directe [diʀɛkt/diʀɛkt]	→ en direct; F ⟷ D dire**k**t	direkt
5	un **journal** [ɛ̃ʒuʀnal]		*(hier)* eine Nachrichtensendung

Pratique

1	un **lieu**/des **lieux** [ɛ̃ljø/deljø]	N'oublie pas de me dire le ~ et l'heure.	ein Ort
5	une **émission** [ynemisjõ]	Qu'est-ce qu'il y a à la télé? – ~ sur le Var.	eine (Fernseh)Sendung
6	un **baby-sitter**/une **baby-sitter** [ɛ̃bebisitœʀ/ynbebisitœʀ]	Aline aimes les enfants. Elle travaille comme ~.	ein Babysitter/eine Babysitterin
	une **abréviation** [ynabʀevjasjõ]	bref/brève	eine Abkürzung
7	un **vendeur**/une **vendeuse** [ɛ̃vɑ̃dœʀ/ynvɑ̃døz]	vendre	ein Verkäufer/eine Verkäuferin
11	**TV5 Monde** [tevesɛ̃kmõd]		TV5 Monde *(Fernsehsender)*

TV5 Monde ist ein internationaler, frankophoner Fernsehsender. Er wird auf allen fünf Kontinenten ausgestrahlt.

En France

Die Provence

Die Region *Provence-Alpes-Côte d'Azur* (abgekürzt *PACA*) ist die bekannteste Ferienregion Frankreichs. Nicht nur die Mittelmeerstrände, sondern auch das Hinterland mit seinen Berglandschaften und Städten wie *Aix-en-Provence* [ɛksɑ̃pʀɔvɑ̃s], *Arles* [aʀl] oder *Avignon* [aviɲõ] sind bei sport- und kulturinteressierten Touristen sehr beliebt.
Der Anbau von Obst, Wein, Blumen und Lavendel sowie der Tourismus sind die wichtigsten Erwerbszweige. Eines der größten Umweltprobleme der Provence sind Waldbrände, die in den trockenen Sommermonaten oft große Flächen des Buschwaldes *(le maquis)* zerstören. Die Ursache für die Brände sind meistens gedankenlose Urlauber, manchmal aber auch schwelende „wilde" Müllkippen oder Brandstifter. Die Waldgebiete sind oft schwer zugänglich, sodass sich die Brände nur mit speziellen Flugzeugen bekämpfen lassen.

[1] font – [2] avançons

Révisions

Proposer qc – einen Vorschlag machen

Je te propose de sortir cet après-midi.	Ich schlage (dir) vor heute Nachmittag auszugehen.
On pourrait faire les magasins. *(fam.)*	Wir könnten die Geschäfte abklappern. *(ugs.)*
Tu as envie d'aller au cinéma?	Hast du Lust ins Kino zu gehen?
Tu es d'accord pour demander à Luc de venir avec nous?	Bist du damit einverstanden Luc zu fragen, ob er mitkommt?
Si on y **allait** en vélo?	Sollen wir mit dem Fahrrad dorthin fahren?
Si on faisait un tour en roller?	Wie wär's, wenn wir eine Runde mit den Rollschuhen drehten?
On va à la piscine! **D'accord?**	Wir gehen ins Schwimmbad, einverstanden?

Révisions

Les métiers

faire un stage	ein Praktikum machen
apprendre un métier	einen Beruf lernen
être professeur/travailler comme professeur	Lehrer(in) sein/als Lehrer(in) arbeiten
un **marchand**/une **marchande**	ein Händler/eine Händlerin
un **principal**/une **principale**	ein Schuldirektor/eine Schuldirektorin
un **acteur**/une **actrice**	ein Schauspieler/eine Schauspielerin
un **agriculteur**/une **agricultrice**	ein Landwirt/eine Landwirtin
un **conducteur**/une **conductrice**	ein Fahrer/eine Fahrerin
un **réalisateur**/une **réalisatrice**	ein Filmregisseur/eine Filmregisseurin
un **dessinateur**/une **dessinatrice**	ein Zeichner/eine Zeichnerin
un **boucher**/une **bouchère***	ein Metzger/eine Metzgerin
un **boulanger**/une **boulangère***	ein Bäcker/eine Bäckerin
un **cuisinier**/une **cuisinière**	ein Koch/eine Köchin
un **policier**/une **policière**	ein Polizist/eine Polizistin
un **chanteur**/une **chanteuse**	ein Sänger/eine Sängerin
un **contrôleur**/une **contrôleuse**	ein Kontrolleur/eine Kontrolleurin
un **déménageur**/une **déménageuse**	ein Möbelpacker/eine Möbelpackerin
un **vendeur**/une **vendeuse**	ein Verkäufer/eine Verkäuferin
un **mécanicien**/une **mécanicienne**	ein Mechaniker/eine Mechanikerin
un **musicien**/une **musicienne**	ein Musiker/eine Musikerin
un **écrivain**/une **femme écrivain***	ein Schriftsteller/eine Schriftstellerin
un **médecin**/une **femme médecin**	ein Arzt/eine Ärztin
un **pompier**/une **femme pompier**	ein Feuerwehrmann/eine Feuerwehrfrau
un **artiste**/une **artiste**	ein Künstler/eine Künstlerin
un **guide**/une **guide**	ein (Fremden)Führer/eine Führerin
un **journaliste**/une **journaliste**	ein Journalist/eine Journalistin
un **pilote**/une **pilote**	ein Pilot/eine Pilotin
un **poète**/une **poète**	ein Dichter/eine Dichterin
un **professeur**/une **professeur**	ein Lehrer/eine Lehrerin

*Wörter, die hier zur Vervollständigung zusätzlich erwähnt werden.

- Die *Liste des mots* führt die Wörter aus *Découvertes* Band 1–3 auf. Nicht enthalten ist der Wortschatz aus den ⟨*Album*⟩ und den ⟨*Plateau*⟩-*Teilen.*
- *Die Zahlen verweisen auf das erstmalige Vorkommen der Wörter, z. B.*
  une **forme I 3B,** 3 eine Form = Band 1, Leçon 3, Lektionsteil **B**, Übung 3.
  A = Lektionsteil A; **B** = Lektionsteil B; **E** = Lektionsteil *Entrée;* **M** = Module
  Steht hinter der Lektionszahl kein Buchstabe, so wird das betreffende Wort im Textteil der Lektion eingeführt, z. B. **facile I 4** leicht = Band 1, Leçon 4, Text.
- Das Zeichen ⟨ ⟩ bedeutet, dass das Wort in den folgenden Lektionen nicht als bekannt vorausgesetzt wird.
- Grammatische Basiswörter wie z. B. die Subjektpronomen *je, tu, ...* usw. sowie die auf den Seiten selbst erklärten Wörter werden in der folgenden Liste nicht aufgeführt.

A

à [a] in **I 1**
au club de dessin [oklœbdədesɛ̃] in der Zeichen-AG **I 4E**
à deux [adø] zu zweit **I 4, 6**
de ... à von ... bis **I 5E**
une **abréviation** [ynabʀevjasjõ] eine Abkürzung ⟨**III M1, 6**⟩
un **absent**/une **absente** [ɛ̃nabsɑ̃/ynabsɑ̃t] ein Abwesender/eine Abwesende **III 5, 6**
un **accent** [ɛ̃naksɑ̃] ein Akzent, ein Tonfall **II 2**
un **accident** [ɛ̃naksidɑ̃] ein Unfall **II 7B**
accompagner qn [akõpaɲe] jdn. begleiten **I 8E**
un **accueil** [ɛ̃nakœj] ein Empfang; *(hier)* eine Auftaktseite **III 4**
acheter qc [aʃte] etw. kaufen **I 8**
un **acteur**/une **actrice** [ɛ̃naktœʀ/ynaktʀis] ein Schauspieler/eine Schauspielerin **I 5, 14**
une **action** [ynaksjõ] eine Handlung ⟨**II 8B, 5**⟩
une **activité** [ynaktivite] eine Tätigkeit; *(hier)* eine Freizeitbeschäftigung **I 4E**
un **adolescent**/une **adolescente** [ɛ̃nadɔlɛsɑ̃/ynadɔlɛsɑ̃t] ein Jugendlicher/eine Jugendliche ⟨**II 8B**⟩; **III 1**
adorer qc [adɔʀe] etw. sehr gerne mögen **II 1;** ⟨**I 9A**⟩
adorer faire qc [adɔʀe] etw. sehr gern tun **II 4, 12**
une **adresse** [ynadʀɛs] eine Adresse **I 3A**
une **affaire** [ynafɛʀ] eine Sache, eine Angelegenheit **I 8**
une **affiche** [ynafiʃ] ein Plakat, ein Poster **I 2**
l'**âge** *(m.)* [laʒ] das Alter **I 4**
Tu as quel âge? [tyakɛlaʒ] Wie alt bist du? **I 4**
un **agriculteur**/une **agricultrice** [ɛ̃nagʀikyltœʀ/ynagʀikyltʀis] ein Landwirt/eine Landwirtin ⟨**III M1**⟩
Ah, bon? [abõ] Ach ja?/Wirklich? **I 3A**
aider qn [ede] jdm. helfen **I 6A**
aimer qc [eme] etw. lieben, etw. mögen **I 2**
j'aimerais faire qc [ʒɛmʀɛ] ich würde gerne (etw. tun) ⟨**II 9**⟩
aimer mieux qc [ememjø] etw. lieber mögen **III 3**
aimer faire qc [emefɛʀ] etw. gerne tun **I 6B**
l'**air** *(m.)* [lɛʀ] die Luft; *(hier)* das Aussehen ⟨**II 8A**⟩; **III 1E**
ajouter qc [aʒute] etw. hinzufügen **II 5**
un **album** [ɛ̃nalbɔm] ein Album *(hier)* eine CD **II 3B**
allemand [almɑ̃] deutsch; Deutsch *(als Unterrichtsfach)* **I 1**
en allemand [ɑ̃nalmɑ̃] auf Deutsch **I 1**
aller [ale] gehen, fahren **I 5E**
On y va! [õniva] Gehen wir!, Auf geht's! **I 6B**
Comment allez-vous? [komɑ̃talevu] Wie geht es Ihnen? **I 8E**
Ça va? [sava] Wie geht's? **I 1**
aller chercher qc [aleʃɛʀʃe] etw. holen **I 6B**
aller faire qc [alefɛʀ] etw. tun werden **I 6E**
Allô? [alo] Hallo? *(am Telefon)* **I 3A**
s'allonger [salõʒe] sich hinlegen, sich ausstrecken **III 1**
alors [alɔʀ] nun, jetzt, dann **I 4**
Ça alors! [saalɔʀ] Na sowas! ⟨**I 9A, 3**⟩
une **ambiance** [ynɑ̃bjɑ̃s] eine Stimmung, eine Atmosphäre **II 6, 3**
une **ambulance** [ynɑ̃bylɑ̃s] ein Krankenwagen **II 7B**
un **ami**/une **amie** [ɛ̃nami/ynami] ein Freund/eine Freundin **I 5**
un faux ami [ɛ̃fozami] ein falscher Freund **I 8, 3**
Amicalement. [amikalmɑ̃] Herzliche Grüße! *(Grußformel in einem persönlichen Brief)* **II 4, 2**
l'**amour** *(m.)* [lamuʀ] die Liebe **II 3B**
Tu es un amour! *(fam.)* Du bist ein Schatz! *(ugs.)* **II 3B**
amoureux/amoureuse [amuʀø/amuʀøz] verliebt **II 3A**
s'amuser [samyze] sich vergnügen, sich amüsieren **II 7B**
un **an** [ɛ̃nɑ̃] ein Jahr **I 4**
avoir douze ans [avwaʀduzɑ̃] zwölf Jahre alt sein **I 4**
anglais/anglaise [ɑ̃glɛ/ɑ̃glɛz] englisch **III 3, 2**
en anglais [ɑ̃nɑ̃glɛ] auf Englisch **I 8**
un **animal**/des **animaux** [ɛ̃nanimal/dezanimo] ein Tier/Tiere **I 4, 8**
une **année** [ynane] ein Jahr **I 8**
un **anniversaire** [ɛ̃nanivɛʀsɛʀ] ein Geburtstag **I 7E**
Bon anniversaire! [bɔnanivɛʀsɛʀ] Alles Gute zum Geburtstag! **I 7**
une **annonce** [ynanõs] eine Anzeige, eine Annonce **I 3E**
annoncer qc [anõse] etw. ankündigen **II 5**
août *(m.)* [ut] August **I 7, 6**
un **appareil** [ɛ̃napaʀɛj] ein Apparat, ein Gerät **I 8E**
un appareil photo [ɛ̃napaʀɛjfɔto] ein Fotoapparat **I 8**
un **appartement** [ɛ̃napaʀtəmɑ̃] eine Wohnung **I 3E**
appeler qn [apəle] jdn. (an)rufen **II 5**
Bon appétit! [bɔnapeti] Guten Appetit! **II 5, 6**
applaudir qn [aplodiʀ] jdm. Beifall klatschen **II 4**
apporter qc à qn [apɔʀte] jdm. etw. (mit)bringen **II 6E**

apprendre qc par cœur [apʀɑ̃dʀ] etw. auswendig lernen **I 6B,** 10
après [apʀɛ] nach, danach **I 5**
après avoir fait qc [apʀɛzavwaʀ] nachdem man etw. getan hat **III 2**
un **après-midi** [ɛ̃napʀɛmidi] ein Nachmittag **I 4**
à propos [apʀɔpo] übrigens **I 2E**
à propos de qn/qc [apʀɔpodə] bezüglich, mit Bezug auf **I 2E**
un **aquarium** [ɛ̃nakwaʀjɔm] ein Aquarium **II 1E**
l'**arabe** *(m.)* [laʀab] das Arabische **⟨II 8B⟩; III 3**
un **Arabe**/une **Arabe** [ɛ̃naʀab/ynaʀab] ein Araber/eine Araberin **III 3**
arabe [aʀab] arabisch **⟨I 9A⟩**
une **araignée** [ynaʀeɲe] eine Spinne **II 4**
un **arbre** [ɛ̃naʀbʀ] ein Baum **I 2**
l'**argent** *(m.)* [laʀʒɑ̃] das Geld **⟨I 9A⟩; II 6,** 6
l'argent de poche [laʀʒɑ̃dəpɔʃ] das Taschengeld **III 1,** 7
un **argument** [ɛ̃naʀgymɑ̃] ein Argument **II 1,** 1
une **armée** [ynaʀme] eine Armee, ein Heer **⟨II 9,** 8**⟩**
une **arobase** [ynaʀɔbaz] „at" *(Zeichen in E-Mail-Adressen)* **II 7E**
un **arrêt** [ɛ̃naʀɛ] ein Halt, eine Haltestelle **II 3A**
arrêter qn [aʀete] jdn. anhalten, jdn. festnehmen **I 5**
Arrêtez! [aʀɛte] Hört auf! **I 8**
arrêter de faire qc [aʀete] aufhören etw. zu tun **II 1,** 5
s'arrêter [saʀete] anhalten **III 2**
arrêter qn/qc [aʀete] jdn./etw. aufhalten, jdn./etw. stoppen **⟨III M1⟩**
Arrête ton cinéma! *(fam.)* [aʀɛtɔ̃sinema] Hör auf mit dem Theater! *(ugs.)* **III 1**
arriver [aʀive] (an)kommen **I 4**
qc arrive à qn [aʀiv] etw. geschieht jdm., etw. passiert jdm. **II 7A**
un **article** [ɛ̃naʀtikl] ein Artikel **II 4,** 12
un **artiste**/une **artiste** [ɛ̃naʀtist/ynaʀtist] ein Künstler/eine Künstlerin **III 4**
s'asseoir [saswaʀ] sich setzen **III 4**
assez (de) [asedə] genug, genügend **I 8**
une **assiette** [ynasjɛt] ein Teller **I 3B**
attacher qc [ataʃe] etw. (fest)binden **I 4**
attaquer qn [atake] jdn. angreifen **⟨II 9⟩; III 5**
attendre qn [atɑ̃dʀ] auf jdn. warten, jdn. erwarten **I 8**
Attention! [atɑ̃sjɔ̃] Achtung!, Vorsicht! **I 4**
l'attention [latɑ̃sjɔ̃] die Aufmerksamkeit **I 4**
faire attention [fɛʀatɑ̃sjɔ̃] aufpassen, Acht geben **I 5**
attraper qn [atʀape] jdn. (ein)fangen, jdn. erwischen **I 5**
une **auberge de jeunesse** [ynobɛʀʒdəʒœnɛs] eine Jugendherberge **I 8E**
au début [odeby] zu Anfang **III 5**
aujourd'hui [oʒuʀdɥi] heute **I 4**
aussi [osi] auch **I 2E**
aussi sportif que [osispɔʀtifkə] ebenso sportlich wie **III 1E**
l'**automne** *(m.)* [lotɔn] der Herbst **I 7,** 6
en automne [ɑ̃notɔn] im Herbst **I 7,** 6
une **autoroute** [ynotoʀut] eine Autobahn **III 2**
un **autre**/une **autre** [ɛ̃notʀ/ynotʀ] ein anderer/eine andere **I 6B**
autre chose [otʀəʃoz] etw. anderes **II 4,** 6
avancer [avɑ̃se] vorankommen **⟨II 8B⟩; ⟨III M1⟩**
avant [avɑ̃] vor *(zeitlich)*, vorher **II 2**
avant de faire qc [avɑ̃də] bevor man etw. tut **III 2**
avec [avɛk] mit **I 1**
l'**avenir** *(m.)* [lavniʀ] die Zukunft **II 3B**
une **aventure** [ynavɑ̃tyʀ] ein Abenteuer **⟨I 9B,** 2**⟩; II 7E**
un **avion** [ɛ̃navjɔ̃] ein Flugzeug **II 1**
un **avis** [ɛ̃navi] eine Meinung **II 6**
à mon avis [amɔnavi] meiner Meinung nach **II 6**
avoir [avwaʀ] haben **I 4**
N'aie pas peur! [nepapœʀ] Hab keine Angst! **III 5**
avoir douze ans [avwaʀduzɑ̃] zwölf Jahre alt sein **I 4**
avoir besoin de qc [avwaʀbəswɛ̃] etw. brauchen **II 7A**
avoir besoin de faire qc [avwaʀbəswɛ̃] etw. tun müssen **III 3**
avouer qc [avwe] etw. zugeben, etw. gestehen **III 1**
avril *(m.)* [avʀil] April **I 7,** 6

B

un **baby-sitter**/une **baby-sitter** [ɛ̃babisitœʀ/ynbabisitœʀ] ein Babysitter/eine Babysitterin **⟨III M1,** 6**⟩**
le **baccalauréat** [ləbakalɔʀea] das Abi (-tur) **III 4E**
une **baguette** [ynbagɛt] ein Baguette **II 5**
se baigner [səbeɲe] baden **III 1**
se balader *(fam.)* [səbalade] spazieren gehen **III 1**
un **ballon** [ɛ̃balɔ̃] ein Ball **II 3B**
une **banane** [ynbanan] eine Banane **II 5E**
un **banc** [ɛ̃bɑ̃] eine (Sitz)Bank **I 2**
la **banlieue** [labɑ̃ljø] der Vorort, der Vorstadtbereich **I 3A**
baraqué/baraquée *(fam.)* [baʀake] kräftig, breitschultrig *(ugs.)* **III 1E**
un **baratineur**/une **baratineuse** *(fam.)* [ɛ̃baʀatinœʀ/ynbaʀatinøz] ein Schwätzer, eine Quasselstrippe *(ugs.)* **III 1**
une **barbe** [ynbaʀb] ein Bart **II 6**
La barbe! *(fam.)* [labaʀb] Jetzt reicht's!/Das nervt! *(ugs.)* **⟨II 9⟩**
Quelle barbe! *(fam.)* [kɛlbaʀb] Wie langweilig! *(ugs.)* **II 6**
en bas [ɑ̃ba] unten, nach unten **I 4**
un **bateau**/des **bateaux** [ɛ̃bato/debato] ein Boot, ein Schiff/Boote, Schiffe **⟨I 9E⟩; II 2**
un **batteur** [ɛ̃batœʀ] ein Schlagzeuger/eine Schlagzeugerin **III 4E**
battre qn [batʀ] jdn. schlagen, jdn. besiegen **III 5**
une **BD**/des **BD** *(= une bande dessinée)* [ynbede] ein Comic(Heft)/Comics **I 5**
beau/bel/belle [bo/bɛl/bɛl] schön **II 3B**
il fait beau [ilfɛbo] es ist schönes Wetter **II 1**
beaucoup [boku] viel, sehr **I 7**
beaucoup de [bokudə] viel(e) *(bei Mengen)* **I 7**
beaucoup de monde [bokudmɔ̃d] viele Leute **I 7**
un **Belge**/une **Belge** [ɛ̃bɛlʒ/ynbɛlʒ] ein Belgier/eine Belgierin **I 8,** 5
belge/belge [bɛlʒ/bɛlʒ] belgisch **I 8,** 5
ben [bɛ̃] nun ja **I 2**
une **béquille** [ynbekij] eine Krücke **II 7B**
bête [bɛt] dumm **I 7**
une **bêtise** [ynbetiz] eine Dummheit **II 4**

un **beur**/une **beur(ette)** *(fam.)* [ɛ̃bœʀ/ynbœʀ(ɛt)] ein „Beur"/eine „Beur" *(ugs.) (ein in Frankreich geborenes Kind nordafrikanischer Einwanderer)* **III 3**
Beurk! *(fam.)* [bœʀk] Igitt! *(ugs.)* **II 2**, 3
le **beurre** [ləbœʀ] die Butter **II 5E**
une **bibliothèque** [ynbiblijɔtɛk] eine Bibliothek **I 6B**, 7
bien [bjɛ̃] *(hier)* wohl *(bei einer Nachfrage)* **I 6B**
bien *(Adv.)* [bjɛ̃] gut **I 2**, 3
Ça va bien. [savabjɛ̃] Es geht (mir) gut. **I 1**
bien sûr [bjɛ̃syʀ] sicherlich, Na klar! **II 3B**
à bientôt [abjɛ̃to] bis bald **I 8E**, 7
Bienvenue! [bjɛ̃vny] Willkommen! **I 1**
un **bijou**/des **bijoux** [ɛ̃biʒu/debiʒu] ein Schmuckstück/Schmuck 〈**I 9A**〉
un **bikini** [ɛ̃bikini] ein Bikini **III 4**
bilingue [bilɛ̃g] zweisprachig **I 8**
un **billet** [ɛ̃bijɛ] eine Fahrkarte **I 7**
une **bise** *(fam.)* [ynbiz] ein Kuss *(ugs.)* **I 8**
faire la bise à qn [fɛʀlabiz] jdn. mit Wangenkuss begrüßen, jdn. mit Wangenkuss verabschieden *(ugs.)* **I 8**
un **bisou** [bizu] ein Küsschen 〈**I 9B**〉
bizarre [bizaʀ] komisch, merkwürdig **I 1**
blanc/blanche [blɑ̃/blɑ̃ʃ] weiß **I 7**
blesser qn [blese] jdn. verletzen 〈**III M1**〉
bleu/bleue [blø] blau **I 7**
un **bloc à dessin** [ɛ̃blɔkadesɛ̃] ein Zeichenblock **I 2**
blond/blonde [blɔ̃/blɔ̃d] blond 〈**II 8B**, 9〉
Bof! [bɔf] Na ja!, Ach! *(ugs.)* **I 1**, 3
boire qc [bwaʀ] etw. trinken **I 7**
boire à qc auf etw. trinken, auf etw. anstoßen **I 7**
le **bois** [ləbwa] das Holz 〈**II 9E**〉
en bois [ɑ̃bwa] aus Holz 〈**II 9E**〉
une **boisson** [ynbwasɔ̃] ein Getränk **II 5**
bon/bonne [bɔ̃/bɔn] gut **I 7**
la bonne forme [labɔnfɔʀm] die richtige Form **I 3A**, 3
le bon ordre [ləbɔnɔʀdʀ] die richtige Reihenfolge **I 4**, 1
un **bonbon** [ɛ̃bɔ̃bɔ̃] ein Bonbon **III 2**
Bonjour! [bɔ̃ʒuʀ] Guten Tag! **I 1E**
un **bonnet** [ɛ̃bɔnɛ] eine Mütze 〈**II 8A**〉
Bonsoir. [bɔ̃swaʀ] Guten Abend. **I 8E**
au bord de qc [obɔʀdə] am Rande von etw., am Ufer von etw. 〈**I 9A**〉; **II 2**
un **bouchon** [ɛ̃buʃɔ̃] *(hier)* ein Verkehrsstau **I 5**
bouger [buʒe] sich bewegen **I 6A**
une **bougie** [ynbuʒi] eine Kerze **II 5**
une **boulangerie** [ynbulɑ̃ʒʀi] eine Bäckerei **II 5**
une **boule** [ynbul] eine Kugel **I 7**
un **boulevard** [ɛ̃bulvaʀ] ein Boulevard **II 1**, 2
bousculer qn [buskyle] jdn. anrempeln **I 5**
une **bouteille** [ynbutɛj] eine Flasche **I 2**
branché/branchée *(fam.)* [bʀɑ̃ʃe/bʀɑ̃ʃe] „in", „up to date" *(ugs.)* **III 1E**
un **bras** [ɛ̃bʀa] ein Arm **II 7B**, 4
une **brasserie** [ynbʀasʀi] eine Gaststätte **II 5**, 7
Bravo! [bʀavo] Bravo! **I 6B**
bref/brève [bʀɛf/bʀɛv] kurz **III 4**
le **breton** [ləbʀətɔ̃] das Bretonische **III 5**, 8
breton/bretonne [bʀətɔ̃/bʀətɔn] bretonisch 〈**I 9A**〉
brûler [bʀyle] (ver)brennen 〈**III M1**〉
un **bureau** [ɛ̃byʀo] ein Arbeitszimmer; *(hier)* ein Schreibtisch **III 5E**
un bureau des objets trouvés [ɛ̃byʀodezɔbʒɛtʀuve] ein Fundbüro **II 3B**, 6
un **bus** [ɛ̃bys] ein Bus **I 5**

C

ça [sa] das **I 2**
Ça alors! [saalɔʀ] Na sowas! 〈**I 9A**, 3〉
Ça va? [sava] Wie geht's? **I 1**
Ça va bien. [savabjɛ̃] Es geht (mir) gut. **I 1**
se cacher [səkaʃe] sich verstecken **II 7B**
cacher qc [kaʃe] etw. verstecken 〈**II 8A**〉
un **cadeau**/des **cadeaux** [ɛ̃kado] ein Geschenk/Geschenke **I 7**
le **café** [ləkafe] der Kaffee **II 1**, 2
un **café** [ɛ̃kafe] ein Café **II 1**, 2
un **cahier** [ɛ̃kaje] ein Heft **I 2**, 3
une **caisse** [ynkɛs] eine Kasse **I 5**
un **calendrier** [ɛ̃kalɑ̃dʀije] ein Kalender **I 8**
calme/calme [kalm] ruhig, still **III 3**
se calmer [səkalme] sich beruhigen 〈**III M1**〉
une **caméra** [ynkameʀa] eine (Film-)Kamera **I 6B**
un **camion** [ɛ̃kamjɔ̃] ein Lastwagen **II 2**, 12
la **campagne** [lakɑ̃paɲ] das Land *(im Gegensatz zur Stadt)* **I 7E**
un **camping-car** [ɛ̃kɑ̃piŋkaʀ] ein Wohnmobil **II 1**
un **canal** [ɛ̃kanal] ein Kanal **II 2**
un **canard** [ɛ̃kanaʀ] eine Ente **II 5**
canon *(fam.) (inv.)* [kanɔ̃] abgefahren *(ugs.)* **III 1E**
une **cantine** [ynkɑ̃tin] eine Kantine **I 5E**
une **capitale** [ynkapital] eine Hauptstadt **II 1**
capituler [kapityle] sich ergeben, kapitulieren 〈**II 9**, 8〉
un **car** [ɛ̃kaʀ] ein Reisebus **III 2E**
car [kaʀ] denn **I 7**, 7
un **caractère** [ɛ̃kaʀaktɛʀ] ein Charakter 〈**II 8B**, 9〉
caresser qn [kaʀese] jdn. streicheln **III 2**
un **carrefour** [ɛ̃kaʀfuʀ] eine Kreuzung *(frz. Supermarkt-Kette)* **II 7A**, 6
une **carte** [ynkaʀt] eine (Spiel)Karte **I 6A**, 2
une carte postale [ynkaʀt(ə)pɔstal] eine Postkarte 〈**I 9A**〉; **III 2**
une carte de séjour [ynkaʀtdəseʒuʀ] eine Aufenthaltserlaubnis *(hier: Musikgruppe)* 〈**II 8B**〉
un **carton** [ɛ̃kaʀtɔ̃] ein Karton **I 2**
en tout cas [ɑ̃tuka] jedenfalls, auf jeden Fall 〈**III M2**〉
un **casque** [ɛ̃kask] ein Sturzhelm, ein Schutzhelm **I 4**
cassé/cassée [kase] gebrochen, zerbrochen **II 7B**
casser qc [kase] etw. kaputt machen 〈**III M1**〉
une **cassette** [ynkasɛt] eine Kassette **II 4**, 11
le **cassis** [ləkasis] die schwarze Johannisbeere **III 2E**
un **cassoulet** [ɛ̃kasulɛ] ein Cassoulet *(südwestfranzösisches Eintopfgericht)* **II 2**, 3
une **catastrophe** [ynkatastʀɔf] eine Katastrophe **II 5**
une **cathédrale** [ynkatedʀal] eine Kathedrale 〈**I 9B**〉
une **cave** [ynkav] ein Keller **II 2**
un **CD**/des **CD** [ɛ̃sede/desede] eine CD/CDs **I 4**, 11

un **CDI** *(un centre de documentation et d'information)* [ɛ̃sedei] ein CDI *(Dokumentations- und Informationsstelle einer Schule)* **I 6A,** 3
ce/cet/cette/ces [sə/sɛt/se] dieser/diese/dieses *(Demonstrativbegleiter)* **⟨I 9B⟩; II 3B**
célèbre/célèbre [selɛbʀ/selɛbʀ] berühmt **⟨II 9E⟩**
un **centime** [ɛ̃sɑ̃tim] ein Cent **I 8**
un **centre-ville** [ɛ̃sɑ̃tʀəvil] ein Stadtzentrum **III 2**
ce que [səkə] was *(neutrales Relativpronomen, Objekt)* **III 2**
ce qui [səki] was *(neutrales Relativpronomen, Subjekt)* **III 2**
chacun/chacune [ʃakɛ̃/ʃakyn] jeder/jede/jedes **III 4,** 6
une **chaîne de télévision** [ynʃɛndətelevizjɔ̃] ein Fernsehsender **II 6**
une **chaise** [ynʃɛz] ein Stuhl **⟨I 9B⟩; III 3**
un **chalet** [ɛ̃ʃalɛ] eine (Berg)Hütte **⟨I 9E⟩; II 7A**
la **chaleur** [laʃalœʀ] die Hitze **II 6**
une **chambre** [ynʃɑ̃bʀ] ein Schlafzimmer **I 3E**
le **champagne** [ləʃɑ̃paɲ] der Champagner **I 7**
la **chance** [laʃɑ̃s] das Glück/die Chance **I 5E**
un **chancelier**/une **chancelière** [ɛ̃ʃɑ̃səlje/ynʃɑ̃səljɛʀ] ein Kanzler/eine Kanzlerin **III 2**
changer [ʃɑ̃ʒe] wechseln; *(hier)* umsteigen **I 7**
changer de train [ʃɑ̃ʒedətʀɛ̃] den Zug wechseln, umsteigen **I 7**
une **chanson** [ynʃɑ̃sɔ̃] ein Lied **I 7**
chanter [ʃɑ̃te] singen **I 7**
un **chanteur**/une **chanteuse** [ɛ̃ʃɑ̃tœʀ/ynʃɑ̃tøz] ein Sänger/eine Sängerin **II 2**
un **chapeau** [ɛ̃ʃapo] ein Hut **⟨II 8B⟩**
chaque [ʃak] jeder/jede/jedes + *Nomen* **⟨I 9B⟩; II 4**
un **charabia** *(fam.)* [ɛ̃ʃaʀabja] ein Kauderwelsch *(ugs.)* **III 5,** 8
la **chasse** [laʃas] die Jagd **II 4,** 9
un **chat** [ɛ̃ʃa] eine Katze **I 1**
avoir un chat dans la gorge [avwaʀɛ̃ʃadɑ̃lagɔʀʒ] einen Frosch im Hals haben *(Redensart)*/einen rauen Hals haben **I 6B**

châtain *(inv.)* [ʃatɛ̃] kastanienbraun **⟨II 8B,** 9⟩
chaud/chaude [ʃo/ʃod] warm, heiß **⟨I 9A⟩; II 1**
il fait chaud [ilfɛʃo] es ist warm/heiß **⟨I 9A⟩; II 1**
un **chemin** [ɛ̃ʃəmɛ̃] ein Weg **I 5,** 12
une **chemise** [ynʃəmiz] ein Hemd **I 7**
un **chèque** [ɛ̃ʃɛk] ein Scheck **⟨I 9A⟩**
faire un chèque [fɛʀɛ̃ʃɛk] einen Scheck ausstellen **⟨I 9A⟩**
cher/chère [ʃɛʀ] lieb, teuer **I 8E**
chercher qc [ʃɛʀʃe] etw. suchen **I 2E**
chéri/chérie [ʃeʀi] Liebling **⟨I 9A,** 2⟩; **II 1E**
un **cheval**/des **chevaux** [ɛ̃ʃəval/deʃəvo] ein Pferd/Pferde **⟨II 9⟩; III 5**
un **chevalier** [ɛ̃ʃ(ə)valje] ein Ritter **III 5**
un **cheveu**/des **cheveux** [ʃvø] ein Haar/Haare **⟨II 8A⟩; III 1E**
avoir les cheveux noirs [avwaʀleʃvønwaʀ] schwarze Haare haben **⟨II 8A⟩**
chez [ʃe] bei **I 5E**
un **chien** [ɛ̃ʃjɛ̃] ein Hund **I 1**
un **chiffre** [ɛ̃ʃifʀ] eine Ziffer, Zahl **⟨II 9⟩**
la **chlorophylle** [laklɔʀɔfil] das Chlorophyll, das Blattgrün **II 7B**
le **chocolat** [ləʃɔkɔla] die Schokolade **II 5E**
choisir qc [ʃwaziʀ] etw. wählen, etw. aussuchen **II 4**
une **chose** [ynʃoz] eine Sache **I 7**
quelque chose [kɛlkəʃoz] etwas **I 5**
les **choux de Bruxelles** *(m., pl.)* [leʃudəbʀy(k)sɛl] der Rosenkohl **II 4**
un chou à la crème [ɛ̃ʃualakʀɛm] ein Windbeutel **II 4**
une **chouette** [ynʃwɛt] eine Eule **III 2**
chouette/chouette [ʃwɛt/ʃwɛt] nett, toll **III 2**
Chut! [ʃyt] Pst! **I 1**
ci-dessus [sidəsy] (weiter) oben **II 2,** 9
une **cigarette** [ynsigaʀɛt] eine Zigarette **III 1,** 12
un **cinéma** [ɛ̃sinema] ein Kino **I 5E**
un **cirque** [ɛ̃siʀk] ein Zirkus **III 3E**
une **classe** [ynklas] eine Klasse **I 1,** 3
en classe [ɑ̃klas] im Unterricht **⟨I 6A,** 9⟩
classer qc [klase] etw. einordnen **II 1,** 6
une **clé** [ynkle] ein Schlüssel **⟨III M1⟩**
fermer qc à clé [fɛʀme … akle] etw. abschließen **⟨III M1⟩**
un **clown** [ɛ̃klun] ein Clown **III 3E**

un **club** [ɛ̃klœb] ein Klub; *(hier) eine Freizeitgruppe/AG* **I 4E**
un club de dessin [ɛ̃klœbdədesɛ̃] AG Zeichnen, Arbeitsgemeinschaft Zeichnen **I 4E**
un club de lecture [ɛ̃klœbdəlɛktyʀ] eine Lesegruppe, eine Lese-AG **I 7,** 16
un **coca** [ɛ̃koka] eine Cola **I 8,** 13
une **colère** [ynkɔlɛʀ] ein Zorn, eine Wut **I 3B**
être en colère [ɛtʀɑ̃kɔlɛʀ] wütend sein **I 3B**
un **collège** [ɛ̃kɔlɛʒ] ein «Collège» *(weiterführende Schule für alle 11- bis 15-Jährigen)* **I 1**
coller qc [kɔle] etw. (an)kleben **I 2**
une **colonie de vacances** [ynkɔlɔnidvakɑ̃s] ein Ferienlager **⟨I 9E⟩**
combien (de) [kɔ̃bjɛ̃] wie viel **I 8**
une **comédie musicale** [ynkɔmedimyzikal] ein Musical, eine Show **III 4E**
comme [kɔm] als **I 6E; I 8E**
comme [kɔm] da, weil **II 5**
comme ça [kɔmsa] so, auf diese Weise **II 1E**
commencer qc [kɔmɑ̃se] etw. anfangen **I 8**
commencer à faire qc [kɔmɑ̃se] anfangen etw. zu tun **II 2,** 3
commencer par qc [kɔmɑ̃se] mit etw. beginnen, mit etw. anfangen **III 5,** 5
comment [kɔmɑ̃] wie **I 1**
communiquer *(avec qn)* [kɔmynike] *(mit jdn.)* kommunizieren, Nachrichten austauschen **II 6E**
complet/complète [kɔ̃plɛ/kɔ̃plɛt] vollständig **III 3**
comprendre qc [kɔ̃pʀɑ̃dʀ] etw. verstehen **I 8**
compter qc [kɔ̃te] etw. zählen **I 4,** 2
un **concert** [ɛ̃kɔ̃sɛʀ] ein Konzert **⟨I 9B⟩; II 2**
un **conducteur**/une **conductrice** [ɛ̃kɔ̃dyktœʀ/ynkɔ̃dyktʀis] ein Fahrer/eine Fahrerin **II 3A**
conduire qn/qc [kɔ̃dɥiʀ] jdn./etw. fahren; jdn./etw. führen **II 7B**
connaître qc [kɔnɛtʀ] etw. kennen **II 3A**
un **conseil** [ɛ̃kɔ̃sɛj] ein Rat, ein Ratschlag **III 1,** 8
consoler qn [kɔ̃sɔle] jdn. trösten **III 5E**
construire qc [kɔ̃stʀɥiʀ] etw. bauen **II 7B**

contacter qn [kõtakte] mit jdm. in Verbindung treten **II 7E**
content/contente [kõtɑ̃/kõtɑ̃t] zufrieden, glücklich **I 7**
être content(e) de faire qc [ɛtʀəkõtɑ̃/kõtɑ̃t] zufrieden sein etw. zu tun, sich freuen etw. zu tun **I 8E**
continuer [kõtinɥe] weitermachen, fortfahren **I 8**
continuer à faire qc [kõtinɥe] etw. weitermachen, fortfahren etw. zu tun **II 4**
le **contraire** (de) [ləkõtʀɛʀ] das Gegenteil (von) **I 8**, 14
un **contrat** [ɛ̃kõtʀa] ein Vertrag **III 4**
contre [kõtʀ] gegen **I 3A**, 3
contrôler qc/qn [kõtʀole] etw. kontrollieren **III 3**
un **contrôleur**/une **contrôleuse** [ɛ̃kõtʀolœʀ/ynkõtʀoløz] ein Kontrolleur/eine Kontrolleurin **III 3**
un **copain** *(fam.)* [ɛ̃kɔpɛ̃] ein Freund *(ugs.)* **I 3E**
copier qc [kɔpje] etw. kopieren, abschreiben **II 6**, 6
une **copine** *(fam.)* [ynkɔpin] eine Freundin *(ugs.)* **I 3E**
un **coq** [ɛ̃kɔk] ein Hahn **I 7E**
un **coquillage** [ɛ̃kɔkijaʒ] eine Muschel ⟨**I 9E**⟩; **III 1**, 11
un **corbeau** [ɛ̃kɔʀbo] ein Rabe ⟨**II 9**, 10⟩
une **corde** [ynkɔʀd] ein Seil **I 4**
cordial/cordiale [kɔʀdjal] herzlich **II 4**, 11
Cordialement [kɔʀdjalmɑ̃] Herzliche Grüße *(Grußformel in einem persönlichen Brief)* **I 8E**
correct/correcte [kɔʀɛkt/kɔʀɛkt] richtig, korrekt **I 8**
un **correspondant**/une **correspondante** [ɛ̃kɔʀɛspõdɑ̃/ynkɔʀɛspõdɑ̃t] ein Brieffreund/eine Brieffreundin; ein Austauschpartner/eine Austauschpartnerin ⟨**I 9A**, 7⟩; **II 2**, 10
une **côte** [ynkot] eine Küste **III 5**
à **côté** [akote] daneben/nebenan ⟨**I 9A**⟩; **II 3A**
à côté de [akotedə] neben ⟨**I 9A**⟩; **II 3A**
se coucher [səkuʃe] sich schlafen legen, sich hinlegen **III 5**
une **couleur** [ynkulœʀ] eine Farbe **I 7**, 13
un **coup de téléphone** [ɛ̃kudətelefɔn] ein (Telefon)anruf **I 8E**
le coup de foudre [ləkudfudʀ] Liebe auf den ersten Blick **II 3A**
couper qc [kupe] etw. schneiden **I 6B**; etw. schneiden, *(hier)* etw. unterbrechen (die Verbindung) **II 6**
une **cour** [ynkuʀ] ein Hof **I 2**
le **courage** [ləkuʀaʒ] der Mut **III 4**
courir [kuʀiʀ] laufen, rennen **II 2**
un **cours** [ɛ̃kuʀ] eine Unterrichtsstunde **II 4**
en cours [ɑ̃kuʀ] im Unterricht **II 4**
faire les **courses** *(f.)* [fɛʀlekuʀs] einkaufen **II 5E**
court/courte [kuʀ/kuʀt] kurz ⟨**II 8B**, 9⟩; **III 1E**
un **cousin**/une **cousine** [ɛ̃kuzɛ̃/ynkuzin] ein Cousin/eine Cousine **I 5E**
craindre qn/qc [kʀɛ̃dʀ] jdn./etw. fürchten **III 5**
un **crayon** [ɛ̃kʀɛjõ] ein Bleistift **I 2**
la **crème chantilly** [lakʀɛmʃɑ̃tiji] die Schlagsahne **II 5E**
une **crêpe** [ynkʀɛp] eine Crêpe *(Pfannkuchen)* ⟨**I 9A**, 4⟩; **II 2E**
une **crêperie** [ynkʀɛpʀi] eine Crêperie ⟨**I 9B**⟩; **III 5**
crier [kʀije] schreien **I 4**
croire qc [kʀwaʀ] etw. glauben **II 6**
une **croquette** [ynkʀɔkɛt] eine Krokette *(hier) Trockenfutter für Katzen* **I 6A**
une **cuisine** [ynkɥizin] eine Küche **I 3E**
un **cuisinier**/une **cuisinière** [ɛ̃kɥizinje/ynkɥizinjɛʀ] ein Koch **I 5E**; ⟨**III M1**, 7⟩
curieux/curieuse [kyʀjø/kyʀjøz] neugierig; *(hier)* merkwürdig ⟨**II 8A**⟩
un **cycliste**/une **cycliste** [ɛ̃siklist/ynsiklist] ein Radfahrer/eine Radfahrerin ⟨**I 9A**⟩

D

d'abord [dabɔʀ] zuerst **I 3E**
d'accord [dakɔʀ] einverstanden, o.k. **I 2E**
Tu es d'accord? [tyɛdakɔʀ] Bist du einverstanden? **I 2**
une **dame** [yndam] eine Dame **I 5**
dangereux/dangereuse [dɑ̃ʒʀø/dɑ̃ʒʀøz] gefährlich **II 4**
dans [dɑ̃] in **I 2E**
la **danse** [ladɑ̃s] das Tanzen/der Tanz **I 4**
danser [dɑ̃se] tanzen **II 2E**
un **danseur**/une **danseuse** [ɛ̃dɑ̃sœʀ/yndɑ̃søz] ein Tänzer/eine Tänzerin ⟨**I 9A**⟩
une **date** [yndat] ein Datum **I 8**, 12
de/d' [də] von/aus **I 1**
un **début** [ɛ̃deby] ein Anfang **III 5**
débuter [debyte] anfangen, Anfänger sein **I 4**
décembre *(m.)* [desɑ̃bʀ] Dezember **I 7**, 6
déclarer qc à qn [deklaʀe] jdm. etw. erklären **III 5**
une **découverte** [yndekuvɛʀt] eine Entdeckung ⟨**I 9E**⟩; **II 1E**
découvrir qc [dekuvʀiʀ] etw. entdecken **II 7B**
décrire qc [dekʀiʀ] etw. beschreiben **II 7A**, 5
une **définition** [yndefinisjõ] eine Definition, eine Beschreibung **II 7A**, 5
un **degré** [ɛ̃dəgʀe] ein Grad **II 1**
il fait trente degrés [ilfɛtʀɑ̃tdəgʀe] es sind 30 Grad **II 1**
dehors [dəɔʀ] draußen ⟨**II 8B**, 3⟩; **III 4**
déjà [deʒa] schon **I 3B**
délicieux/délicieuse [delisjø/delisjøz] köstlich **II 5**
demain [dəmɛ̃] morgen **I 6A**
demander qc à qn [dəmɑ̃de] jdn. etwas fragen **I 6A**
demander à qn de faire qc [dəmɑ̃de] jdn. darum bitten etwas zu tun **II 4**, 6
demander à qn si [dəmɑ̃de] jdn. fragen, ob **I 8**
demander pardon à qn [dəmɑ̃depaʀdõ] sich bei jdm. entschuldigen **III 1**
un **déménagement** [ɛ̃demenaʒmɑ̃] ein Umzug, ein Wohnungswechsel **II 2**
déménager [demenaʒe] umziehen **II 1**
un **déménageur** [ɛ̃demenaʒœʀ] ein Möbelpacker **II 2**, 12
une **demi-heure** [ynd(ə)mijœʀ] eine halbe Stunde ⟨**I 9A**⟩; **III 2**
faire **demi-tour** [dəmituʀ] wenden, umdrehen **II 7A**, 6
le **départ** [lədepaʀ] die Abfahrt, der Aufbruch **I 8**
un **département** [ɛ̃depaʀtəmɑ̃] ein Departement **III 2**, 5
depuis [dəpɥi] seit **I 8**, 2
depuis que *(Konjunktion)* [dəpɥikə] seit **III 1**
dernier/dernière [dɛʀnje/dɛʀnjɛʀ] letzter/letzte/letztes **II 2**, 3
derrière [dɛʀjɛʀ] hinter **I 2**
descendre [desɑ̃dʀ] hinuntergehen, aussteigen **II 2E**

désirer qc [deziʀe] etw. wünschen **I 8**
un **dessert** [ɛ̃desɛʀ] ein Nachtisch **II 4**
un **dessin** [ɛ̃desɛ̃] eine Zeichnung **I 2**
un **dessinateur** [ɛ̃desinatœʀ] ein Zeichner **I 6E**
dessiner qc [desine] etw. zeichnen **I 2**
détester qc [detɛste] etw. verabscheuen/überhaupt nicht mögen **II 4**
détruire qc [detʀɥiʀ] etw. zerstören **⟨III M1⟩**
le **deuxième**/la **deuxième** [lədøzjɛm/ladøzjɛm] der zweite/die zweite/das zweite **II 5, 11**
devant [dəvɑ̃] vor *(örtlich)* **I 2**
devenir qn/qc [dəvəniʀ] jd./etw. werden **⟨II 8A⟩; III 4**
deviner qc [dəvine] etw. erraten **⟨II 8A, 8⟩; III 4E**
une **devinette** [yndəvinɛt] ein Rätsel **II 3A, 5**
un **devoir** [ɛ̃dəvwaʀ] eine (Haus)Aufgabe **⟨I 6A, 9⟩; I 7, 15**
devoir faire qc [devwaʀ] etw. tun müssen **II 2**
un **dialogue** [ɛ̃djalɔg] ein Dialog **I 1, 3**
un **dictionnaire** [ɛ̃diksjɔnɛʀ] ein Wörterbuch **⟨I 9B⟩; II 7E**
dieu *(m.)* [djø] Gott **I 6A**
Mon Dieu! [mõdjø] Mein Gott! **I 6A**
une **différence** [yndifeʀɑ̃s] ein Unterschied **II 6, 10**
différent/différente [difeʀɑ̃/difeʀɑ̃t] anders **I 7, 15**
difficile [difisil] schwierig **II 5**
dimanche *(m.)* [dimɑ̃ʃ] Sonntag, am Sonntag **I 6E**
dingue *(fam.)* [dɛ̃g] bekloppt *(ugs.)* **III 1**
dire qc à qn [diʀ] jdm. etw. sagen **I 8**
dire qc dans sa barbe [dɑ̃sabaʀb] etw. undeutlich sagen **II 7A**
dire à qn que … [diʀ] jdm. sagen, dass … **I 8**
en direct [ɑ̃diʀɛkt] „live" **III 4**
direct/directe [diʀɛkt/diʀɛkt] direkt **⟨III M1⟩**
un **directeur**/une **directrice** [ɛ̃diʀɛktœʀ/yndiʀɛktʀis] ein Direktor/eine Direktorin **II 3A, 3**
discuter [diskyte] sich unterhalten/diskutieren **I 3A**
une **dispute** [yndispyt] ein Streit **III 1, 1**
se disputer avec qn [sədispyte] sich mit jdm. streiten **II 7B**

un **dixième** [ɛ̃dizjɛm] ein Zehntel **III 3**
un **docteur** [ɛ̃dɔktœʀ] ein Doktor, ein Arzt **II 7B, 4**
Dommage! [dɔmaʒ] Schade! **III 1**
donc [dõk] also **III 1**
donner qc à qn [dɔne] jdm. etw. geben **I 6A**
dont [dõ] *(hier)* darunter **⟨III M1⟩**
dont [dõ] wovon **III 2**
dormir [dɔʀmiʀ] schlafen **⟨I 9A⟩; II 1**
le **dos** [lədo] der Rücken **II 1E**
une **douleur** [yndulœʀ] ein Schmerz **II 7B**
draguer qn *(fam.)* [dʀage] jdn. anbaggern, jdn. anmachen *(ugs.)* **III 1**
droit *(Adv.)* [dʀwa] geradewegs; *(hier)* direkt **III 5E**
à droite [adʀwat] (nach) rechts **I 5**
drôle [dʀol] lustig **I 8**
un drôle de nom [ɛ̃dʀoldənõ] ein komischer Name **⟨II 8A⟩**
un **duc**/une **duchesse** [ɛ̃dyk/yndyʃɛs] ein Herzog/eine Herzogin **III 2**
dur/dure [dyʀ] hart **II 4, 7**
un **DVD** [ɛ̃devede] eine DVD **II 3B**

E

l'**eau** *(f.)* [lo] das Wasser **I 7**
une eau minérale [ynomineʀal] ein Mineralwasser **II 5**
un **éclair** [ɛ̃neklɛʀ] ein Blitz **II 7B**
une **école** [ynekɔl] eine Schule **I 4E**
l'**écoute** *(f.)* [lekut] das (Zu)Hören **II 7B, 6**
écouter qn [ekute] jdm. zuhören **I 3B**
un **écran** [ɛ̃nekʀɑ̃] ein Bildschirm, eine Leinwand **II 6**
écrire qc [ekʀiʀ] etw. schreiben **I 7**
égal/égale [egal/egal] gleich; *(hier)* gleichgültig **⟨II 9, 9⟩**
une **église** [ynegliz] eine Kirche **⟨II 9⟩; III 2E**
un **élève**/une **élève** [ɛ̃nelɛv/ynelɛv] ein Schüler/eine Schülerin **I 4**
s'éloigner [selwaɲe] sich entfernen **II 7B**
un **e-mail** [ɛ̃nimɛl] eine E-Mail **I 4, 8**
embrasser qn [ɑ̃bʀase] jdn. küssen, jdn. umarmen **⟨I 9A⟩; II 1E**
une **émission** [ynemisjõ] eine (Fernseh) Sendung **⟨III M1, 5⟩**
un **emploi du temps** [ɛ̃nɑ̃plwadytɑ̃] ein Stundenplan **III 3, 1**
emporter qc [ɑ̃pɔʀte] etw. mitnehmen **⟨I 9B⟩**
en [ɑ̃] *(verschiedene Bedeutungen)* **I 1**

en direct [ɑ̃diʀɛkt] „live" **III 4**
en plus [ɑ̃plys] außerdem, zusätzlich **I 4**
en roller [ɑ̃ʀɔlœʀ] auf Rollschuhen **I 4, 12**
j'en prends deux kilos [ʒɑ̃pʀɑ̃døkilo] Ich nehme (davon) zwei Kilo. **II 5**
encore [ɑ̃kɔʀ] noch, schon wieder **I 4, 11**
s'endormir [sɑ̃dɔʀmiʀ] einschlafen **III 3**
un **endroit** [ɛ̃nɑ̃dʀwa] ein Ort, eine Stelle **⟨II 9, 8⟩**
énerver qn [enɛʀve] jdn. aufregen **II 2**
en face de [ɑ̃fas] gegenüber von **III 5**
un **enfant** [ɛ̃nɑ̃fɑ̃] ein Kind **I 3A, 3**
enfin [ɑ̃fɛ̃] schließlich, endlich **I 5**
engagé/engagée [ɑ̃gaʒe] engagiert **III 4**
énormément [enɔʀmemɑ̃] sehr; unheimlich viel **III 5**
enregistrer qc [ɑ̃ʀəʒistʀe] etw. aufnehmen, etw. aufzeichnen **III 4**
ensemble [ɑ̃sɑ̃bl] zusammen **I 1**
ensuite [ɑ̃sɥit] dann, danach **II 5**
entendre qc [ɑ̃tɑ̃dʀ] etw. hören **I 8**
s'entraîner [sɑ̃tʀene] trainieren, üben **III 3**
entre [ɑ̃tʀ] zwischen **⟨I 9A⟩; II 3A, 9**
une **entrée** [ynɑ̃tʀe] ein Eingang **I 1E**; *(hier)* eine Vorspeise **II 5**
entrer [ɑ̃tʀe] eintreten, betreten, hereinkommen **I 2**
avoir **envie** [avwaʀɑ̃vi] Lust haben **I 4**
avoir envie de faire qc [avwaʀɑ̃vi] Lust haben, etw. zu tun **I 6B**
faire envie à qn [fɛʀɑ̃vi] jdn. neidisch machen **III 2**
envoyer qc à qn [ɑ̃vwaje] jdm. etw. schicken **II 2**
une **épice** [ynepis] ein Gewürz **III 2**
une **équipe** [ynekip] eine Mannschaft, ein Team **II 3E**
l'**escalade** *(f.)* [lɛskalad] das Klettern **I 4E**
un **escalier** [ɛ̃nɛskalje] eine Treppe **II 2**
un **escargot** [ɛ̃nɛskaʀgo] eine Schnecke **III 2E**
espagnol/espagnole [ɛspaɲɔl] spanisch **I 7E**
espérer qc [ɛspeʀe] etw. hoffen **⟨II 9⟩; III 4**
l'**est** *(m.)* [lɛst] der Osten **III 2E**
est-ce que [ɛskə] *Frageformel* **I 5**
et [e] und **I 1E**
un **étage** [ɛ̃netaʒ] ein Stockwerk, eine Etage **I 3E**

une **étagère** [ynetaʒɛʀ] ein Regal **I 2**
une **étape** [ynetap] eine Etappe **⟨II 9⟩**
l'**été** *(m.)* [lete] der Sommer **I 7**, 6
éteindre qc [etɛ̃dʀ] etw. ausmachen, etw. ausschalten **III 5**
une **étoile** [ynetwal] ein Stern **II 1E**
un **étranger**/une **étrangère** [ɛ̃netʀɑ̃ʒe/ynetʀɑ̃ʒɛʀ] ein Ausländer/eine Ausländerin **III 3**
être [ɛtʀ] sein **I 3A**
être désolé(e) [ɛtʀədezɔle] jdm. Leid tun **II 2**
être en train de faire qc [ɛtʀɑ̃tʀɛ̃dəfɛʀ] gerade etw. tun **II 4**
euh [ø] äh … *(Ausdruck des Zögerns)* **I 1**
un **euro**/des **euros** [ɛ̃nøʀo/dezøʀo] ein Euro/Euros **I 7**, 8
évident/évidente [evidɑ̃/evidɑ̃t] klar, offensichtlich **III 5**
éviter qc [evite] etw. vermeiden **I 7**, 17
exact/exacte [egza(kt)/egzakt] genau **III 3**
exactement [ɛgzaktəmɑ̃] genau *(Adv.)* **⟨II 9⟩**
une **excursion** [ynɛkskyʀsjɔ̃] ein Ausflug **III 2**
s'excuser [sɛkskyze] sich entschuldigen **III 1**, 9
un **exemple** [ɛ̃nɛgzɑ̃pl] ein Beispiel **I 1**, 1
par exemple [paʀɛgzɑ̃pl] zum Beispiel **II 3B**
un **exercice** [ɛ̃nɛgzɛʀsis] eine Übung **I 4**
une **explication** [ynɛksplikasjɔ̃] eine Erklärung **III 1**, 9
expliquer qc à qn [ɛksplike] jdm. etw. erklären **I 8**
un **exposé** [ɛ̃nɛkspoze] ein Referat **II 4**
une **expression** [ynɛkspʀesjɔ̃] ein Ausdruck **III 2**, 6

F

fabriquer qc [fabʀike] etw. herstellen **⟨II 9E⟩**
en **face** de qn/qc [ɑ̃fas] gegenüber von jdm./etw **⟨II 8A⟩**
facile [fasil] leicht **I 4**
avoir **faim** *(f.)* [avwaʀfɛ̃] Hunger haben **I 8**
faire qc [fɛʀ] etw. machen **I 4E**
faire [fɛʀ] *(hier)* messen **⟨III M1⟩**
faire du sport [fɛʀdyspɔʀ] Sport treiben **I 4E**
faire attention [fɛʀatɑ̃sjɔ̃] aufpassen, Acht geben **I 5**
il fait chaud [ilfɛʃo] es ist warm, es ist heiß **⟨I 9A⟩; II 1**
il fait beau [ilfɛbo] es ist schönes Wetter **II 1**
il fait trente degrés [ilfɛtʀɑ̃tdəgʀe] es sind 30 Grad **II 1**
faire la tête *(fam.)* [fɛʀlatɛt] schmollen, sauer sein *(ugs.)* **II 2**
faire envie à qn [fɛʀɑ̃vi] jdn. neidisch machen **III 2**
falloir [falwaʀ] brauchen, müssen **II 5**
il faut que [ilfo] man muss, es ist nötig, dass **⟨II 9⟩**
il faut qc à qn [ilfo] jd. braucht etw. **II 5**
il faut qc [ilfo] man braucht etw. **II 5**
il faut faire qc [ilfo] man muss etw. tun **II 5**
une **famille** [ynfamij] eine Familie **I 3A**
un **fan**/une **fan** [ɛ̃fan/ynfan] ein Fan **II 3E**
la **farine** [lafaʀin] das Mehl **II 5E**
fatigué/fatiguée [fatige] müde **II 6**
une **faute** [ynfot] ein Fehler **I 7**, 17
C'est (de) sa faute. [sɛdəsafot] Das ist seine/ihre Schuld. **II 7B**
faux [fo] falsch **I 2**, 1
une **fée** [ynfe] eine Fee **III 5**
une **femme** [ynfam] eine Frau, eine Ehefrau **I 3B**
une **fenêtre** [ynfənɛtʀ] ein Fenster **III 5**
fermer qc [fɛʀme] etw. schließen **⟨II 8A⟩; III 5E**
fermer qc à clé [fɛʀme … akle] etw. abschließen **⟨III M1⟩**
un **festival** [ɛ̃fɛstival] Festspiele, ein Festival **⟨II 9E⟩**
une **fête** [ynfɛt] ein Fest **I 4**, 11
fêter qc [fete] etw. feiern **⟨II 9⟩**
un **feu**/des **feux** [ɛ̃fø/defø] ein Feuer; *(hier)* Ampel **II 7A**, 6
Au feu! [ofø] Es brennt! **⟨III M1⟩**
un **feu d'artifice** [ɛ̃fødaʀtifis] ein Feuerwerk **⟨I 9B⟩**
une **feuille** [ynfœj] ein Blatt **II 7B**
février *(m.)* [fevʀije] Februar **I 7**, 6
un **fil** [ɛ̃fil] ein Faden, eine Schnur **II 7B**
un **filet à mots** [ɛ̃filɛamo] ein Vokabelnetz **III 1**, 5
une **fille** [ynfij] ein Mädchen **I 1**
un **film** [ɛ̃film] ein Film **I 5**, 13
filmer qc [filme] etw. filmen **III 4**
un **fils** [ɛ̃fis] ein Sohn **II 6**, 11
la **fin** [lafɛ̃] das Ende, der Schluss **II 1**, 7
à la fin [alafɛ̃] schließlich, am Ende **II 1**, 7
finalement [finalmɑ̃] schließlich, zum Schluss **⟨II 9⟩; III 5**
finir qc [finiʀ] etw. beenden **II 4**
finir par qc [finiʀ] mit etw. aufhören **III 5**, 5
le **flamand** [ləflamɑ̃] das Flämische *(niederländische Sprache)* **⟨II 9, 5⟩**
une **flamme** [ynflam] eine Flamme **⟨III M1⟩**
flasher sur qn/qc *(fam.)* [flaʃe] auf jdn./etw. abfahren *(ugs.)* **III 1**
une **flûte** [ynflyt] eine Flöte **I 3B**
une **fois** [ynfwa] einmal **I 4**, 11
36 fois *(fam.)* [tʀɑ̃tsifwa] zig Mal *(ugs.)* **I 6B**
pour une fois que [puʀynfwakə] wenn … (schon) einmal **II 6**
le **foot(ball)** [ləfut(bɔl)] der Fußball *(als Sportart)* **I 4E**
jouer au foot [ʒweofut] Fußball spielen **I 4**
une **forêt** [ynfɔʀɛ] ein Wald **II 7A**
une **forme** [ynfɔʀm] eine Form **I 3A**, 3
la bonne forme [labɔnfɔʀm] die richtige Form **I 3A**, 3
former qc [fɔʀme] etw. gründen **III 4**
fort/forte [fɔʀ/fɔʀt] stark **III 1E**
un **forum de discussion** [ɛ̃fɔʀɔmdədiskysjɔ̃] ein (Diskussions) Forum *(im Internet)* **III 4**
un **fou**/une **folle** [ɛ̃fu/ynfɔl] ein Verrückter/eine Verrückte **II 7B**
fou/fol/folle [fu/fɔl/fɔl] verrückt **I 6B**
une **foule** [ynful] eine (Menschen) Menge **II 6**
qn **se fout** de qc *(fam.)* [səfu] etw. ist jdm. schnuppe *(ugs.)* **⟨II 9, 9⟩**
Je m'en fous! *(fam.)* [ʒəmɑ̃fu] Das ist mir schnuppe! *(ugs.)* **III 3**
un **Franc** [ɛ̃fʀɑ̃] ein Franke **⟨II 9⟩**
le **français** [ləfʀɑ̃sɛ] das Französische **⟨I 9A⟩; II 2**, 7
un Français/une Française [ɛ̃fʀɑ̃sɛ/ynfʀɑ̃sɛz] ein Franzose/eine Französin **II 4**, 4
le français standard [ləfʀɑ̃sɛstɑ̃daʀ] das Standardfranzösisch *(frz. Hochsprache)* **III 1**, 10
français/française [fʀɑ̃sɛ/fʀɑ̃sɛz] französisch **I 1**, 7

un **frère** [ɛ̃fʀɛʀ] ein Bruder **I 3A**, 4
des **frites** *(f., pl.)* [defʀit] Pommes frites **I 8**
froid/froide [fʀwa/fʀwad] kalt **II 1**
j'ai froid [ʒefʀwa] mir ist kalt **II 1**
le **fromage** [ləfʀɔmaʒ] der Käse **II 5**
un **fruit** [ɛ̃fʀɥi] eine Frucht, eine Obstsorte **II 5**
fumer [fyme] rauchen **III 1**, 12

G

un **gag** [ɛ̃gag] ein Gag *(witziger Einfall)* ⟨**II 9**⟩
gagner qc [gaɲe] etw. gewinnen **II 6**; *(hier)* etw. verdienen **II 6**, 6
un **garage** [ɛ̃gaʀaʒ] eine Garage, eine Autowerkstatt **II 3A**
un **garçon** [ɛ̃gaʀsɔ̃] ein Junge **I 1**
garder qc [gaʀde] etw. behalten ⟨**II 8B**⟩
une **gare** [yngaʀ] ein Bahnhof **I 7**
un **gâteau**/des **gâteaux** [ɛ̃gato/degato] ein Kuchen/Kuchen **I 7**
à **gauche** [agoʃ] (nach) links **I 5**
un **Gaulois**/une **Gauloise** [ɛ̃golwa/yngolwaz] ein Gallier/eine Gallierin ⟨**II 9**, 8⟩
gaulois/gauloise [golwa/golwaz] gallisch ⟨**II 9**, 8⟩
une **gendarmerie** [ynʒɑ̃daʀməʀi] eine Polizeiwache ⟨**III M1**⟩
génial *(fam.)* [ʒenjal] genial, super, toll *(ugs.)* **I 6B**
les **gens** *(m., pl.)* [leʒɑ̃] die Leute **II 1**, 7
gentil/gentille [ʒɑ̃ti/ʒɑ̃tij] nett **III 1E**
la **géographie** [laʒeɔgʀafi] die Geographie, die Erdkunde **II 4**
une **glace** [ynglas] ein Eis **II 5**, 1
une **gomme** [yngɔm] ein Radiergummi **I 2**
la **gorge** [lagɔʀʒ] die Kehle, der Hals **II 7B**, 4
goûter qc [gute] etw. probieren, etw. kosten **II 5**
grâce à qn/qc [gʀas] durch jdn./etw. **III 4**
un **gramme** [ɛ̃gʀam] ein Gramm **II 5**, 5
grand/grande [gʀɑ̃/gʀɑ̃d] groß **I 7E**
une **grand-mère** [yngʀɑ̃mɛʀ] eine Großmutter **I 7**
un **grand-père** [ɛ̃gʀɑ̃pɛʀ] ein Großvater ⟨**I 9A**⟩; **II 5**
des **grands-parents** *(m.)* [degʀɑ̃paʀɑ̃] Großeltern **I 7**
un **gratin** [ɛ̃gʀatɛ̃] ein Auflauf **II 4**
gratuit/gratuite [gʀatɥi/gʀatɥit] kostenlos, gratis **II 3A**
Ce n'est pas grave. [sənɛpagʀav] Das ist nicht schlimm. **I 4**
grimper [gʀɛ̃pe] klettern **I 4**
la **grippe** [lagʀip] die Grippe **II 7B**, 4
gris/grise [gʀi/gʀiz] grau **I 7**, 4
gros/grosse [gʀo/gʀos] dick **II 4**
un **groupe** [ɛ̃gʀup] eine Gruppe **I 4**
une **guerre** [yngɛʀ] ein Krieg **III 5**
un **guide**/une **guide** [ɛ̃gid/yngid] ein Führer/eine Führerin **II 7A**
une **guitare** [yngitaʀ] eine Gitarre **I 3A**
une guitare électrique [yngitaʀelɛktʀik] eine elektrische Gitarre **I 3A**
un **guitariste**/une **guitariste** [ɛ̃gitaʀist/yngitaʀist] ein Gitarrist/eine Gitarristin ⟨**II 8B**⟩
un **gymnase** [ɛ̃ʒimnaz] eine Turnhalle **I 4**

H

habiter [abite] wohnen **I 3E**
s'habituer à qc [sabitɥe] sich an etw. gewöhnen **III 3**
halluciner *(fam.)* [alysine] völlig abdrehen *(ugs.)* **III 4**
une **halte** [ynalt] ein Halt, eine Rast **II 7A**
en **haut** [ɑ̃o] oben, nach oben **I 4**
haut/haute [o/ot] hoch, oben **III 5**
hé [e] he, du da **III 5**
Hein? *(fam.)* [ɛ̃] Wie? *(ugs.)* **I 2**
…, hein? [ɛ̃] … ja?, … nicht wahr? **I 4**
l'**herbe** *(f.)* [lɛʀb] das Gras; *(hier)* das Kraut **III 2**
des herbes de Provence *(f.)* Kräuter der Provence **II 5**
une **heure** [ynœʀ] eine Stunde **I 5**
A quelle heure? [akɛlœʀ] Um wie viel Uhr? **I 5**, 11
Il est quelle heure? [ilɛkɛlœʀ] Wie viel Uhr ist es? **I 5**, 11
Vous avez l'heure? [vuzavelœʀ] Wie viel Uhr ist es? **I 5**
heureusement [øʀøzmɑ̃] glücklicherweise *(Adv.)* ⟨**II 9**⟩; **III 3E**
heureux/heureuse [øʀø/øʀøz] glücklich ⟨**II 8A**, 2⟩; **III 3E**
hier [jɛʀ] gestern **II 1E**
une **histoire** [ynistwaʀ] eine Geschichte **I 3B**
l'**histoire-géographie** [listwaʀʒeɔgʀafi] Geschichte und Erdkunde **III 3**
l'**hiver** *(m.)* [livɛʀ] der Winter **I 7**, 6
un **homme** [ɛ̃nɔm] ein Mann **I 5**
un **hôpital** [ɛ̃nɔpital] ein Krankenhaus **II 7B**
un **horaire** [ɛ̃nɔʀɛʀ] ein Fahrplan, ein Stundenplan **I 7**, 8
C'est l'horreur! [sɛlɔʀœʀ] Es ist schrecklich! **I 3A**, 6
avoir horreur de qc [avwaʀɔʀœʀ] etw. verabscheuen/nicht ausstehen können **II 4**
un **hôtel** [ɛ̃notɛl/ɛ̃nɔtɛl] ein Hotel **I 5**, 12
un **hôtel de ville** [ɛ̃notɛldəvil] ein Rathaus **I 5**, 12
huitante [ɥitɑ̃t] achtzig *(Belgien und Schweiz)* ⟨**II 9**, 5⟩
hyper [ipɛʀ] hyper-, über- *(Vorsilbe)* **III 1**

I

ici [isi] hier **I 2**
une **idée** [ynide] eine Idee **I 3A**
des **idées noires** *(f., pl,)* [dezidenwaʀ] düstere Gedanken **II 2**
une **île** [ynil] eine Insel **III 5**
il y a deux semaines [ilja] (jetzt) vor zwei Wochen ⟨**II 8B**⟩
il y a [ilja] es gibt, es ist, es sind **I 3E**
une **image** [ynimaʒ] ein Bild **I 5**, 15
imaginer qc [imaʒine] sich etw. (aus)denken **II 1**, 1
imiter qc [imite] etw. nachahmen **II 3A**
important/importante [ɛ̃pɔʀtɑ̃/ɛ̃pɔʀtɑ̃t] wichtig **II 3B**
indiquer qc à qn [ɛ̃dike] jdm. etw. anzeigen, jdm. eine Angabe machen **II 4**, 5
une **infirmerie** [ynɛ̃fiʀməʀi] die Krankenstation **III 3**
une **information** [ynɛ̃fɔʀmasjɔ̃] eine Information **I 8E**
installer qc [ɛ̃stale] etw. aufstellen, etw. installieren **II 6**
un **instrument** [ɛ̃nɛ̃stʀymɑ̃] ein Instrument **III 4E**
interdire à qn de faire qc [ɛ̃tɛʀdiʀ] jdm. verbieten etw. zu tun **III 1**, 9
intéressant/intéressante [ɛ̃teʀesɑ̃/ɛ̃teʀɛsɑ̃t] interessant **II 4**, 9
intéresser qn [ɛ̃teʀɛse] jdn. interessieren **II 2**
s'intéresser à qc [sɛ̃teʀɛse] sich für etw. interessieren ⟨**II 8A**⟩

Internet *(m.)* [ɛ̃tɛʀnɛt] Internet *(n.)* **I 3B**
sur Internet [syʀɛ̃tɛʀnɛt] im Internet **I 3B**
une **interview** [ynɛ̃tɛʀvju] ein Interview **I 3A, 4**
un **intrus** [ɛ̃nɛ̃tʀy] ein Eindringling **II 5, 1**
inventer qc [ɛ̃vɑ̃te] etw. erfinden **⟨II 9E⟩; III 2, 7**
inviter qn [ɛ̃vite] jdn. einladen **I 6B, 4**
un **Italien**/une **Italienne** [ɛ̃nitaljɛ̃/ynitaljɛn] ein Italiener/eine Italienerin **II 3A**
italien/italienne [italjɛ̃/italjɛn] italienisch **II 1, 8**

J

jaloux/jalouse (de qn) [ʒalu/ʒaluz] eifersüchtig (auf jdn.) **II 7B**
une **jambe** [ynʒɑ̃b] ein Bein **II 7B**
un **jambon** [ɛ̃ʒɑ̃bɔ̃] ein Schinken **III 2**
janvier *(m.)* [ʒɑ̃vje] Januar **I 7, 6**
un **jardin** [ɛ̃ʒaʀdɛ̃] ein Garten **II 1**
jaune [ʒon] gelb **I 7, 4**
le **jazz** [lədʒaz] der Jazz *(Musikstil)* **II 2**
un **jean** [ɛ̃dʒin] eine Jeans, ein Paar Jeans **⟨I 9A⟩; ⟨II 8B, 9⟩; III 1**
jeter qc [ʒəte] etw. werfen **⟨III M1⟩**
un **jeu** [ɛ̃ʒø] ein Spiel **I 1, 4**
un jeu vidéo/des jeux vidéo [ɛ̃ʒøvideo] ein Videospiel/Videospiele **I 4E**
jeudi *(m.)* [ʒødi] Donnerstag **I 7**
un **jeune**/une **jeune** [ɛ̃ʒœn/ynʒœn] ein Jugendlicher/eine Jugendliche **II 3A, 9**
jeune/jeune [ʒœn/ʒœn] jung **II 3A, 9**
joli/jolie [ʒoli/ʒoli] hübsch **I 7**
jouer [ʒwe] spielen **I 3A**
jouer à [ʒwea] spielen *(Spiel)* **I 7**
jouer de [ʒwedə] spielen *(Instrument)* **I 7**
un **jour** [ɛ̃ʒuʀ] ein Tag **I 3A**
un **journal**/des **journaux** [ɛ̃ʒuʀnal/deʒuʀno] eine Zeitung/Zeitungen **I 7**
un journal [ɛ̃ʒuʀnal] *(hier)* eine Nachrichtensendung **⟨III M1⟩**
un journal de bord [ɛ̃ʒuʀnaldəbɔʀ] ein Logbuch; *(hier)* ein Reisebericht **III 2E**
un **journaliste**/une **journaliste** [ɛ̃ʒuʀnalist/ynʒuʀnalist] ein Journalist/eine Journalistin **⟨I 9B, 6⟩; II 7B, 6**
une **journée** [ynʒuʀne] ein Tag, ein Tagesablauf **I 5, 4**

juillet *(m.)* [ʒɥijɛ] Juli **I 7, 6**
juin *(m.)* [ʒɥɛ̃] Juni **I 7, 6**
un **jus** [ɛ̃ʒy] ein Saft **II 5**
le jus d'orange [ləʒydɔʀɑ̃ʒ] der Orangensaft **II 5**
jusque [ʒysk] bis **⟨I 9A⟩; II 6**
juste [ʒyst] gerecht **II 4, 7**

K

un **kilo** [ɛ̃kilo] ein Kilo **II 5**
un **kilomètre** [ɛ̃kilɔmɛtʀ] ein Kilometer **⟨I 9A⟩; II 2**
à cinq kilomètres de [asɛ̃kilɔmɛtʀdə] fünf Kilometer entfernt von **⟨I 9A⟩**
un **kir** [ɛ̃kiʀ] ein Kir *(ein Mischgetränk aus Weißwein und Johannisbeerlikör)* **III 2, 4**

L

là [la] da, dort **I 2**
là-bas [laba] dort(hin), da(hin) **II 1**
un **laboratoire** [ɛ̃labɔʀatwaʀ] ein Labor(atorium) **III 3, 6**
laisser qc [lɛse] etw. (zurück)lassen **III 5**
le **lait** [ləlɛ] die Milch **II 5E**
une **lampe** [ynlɑ̃p] eine Lampe **III 5**
une **langue** [ynlɑ̃g] eine Sprache **I 8**
une **leçon** [ynləsɔ̃] eine Lektion **III 1**
la **lecture** [lalɛktyʀ] die Lektüre, das Lesen **I 7, 16**
un **légume** [ɛ̃legym] ein Gemüse **II 5**
le **lendemain** [ləlɑ̃dmɛ̃] am darauf folgenden Tag **I 8**
lequel/laquelle/lesquels/lesquelles [ləkɛl/lakɛl/lekɛl/lekɛl] welcher/welche/welches *(Relativpronomen)* **III 2**
une **lettre** [ynlɛtʀ] ein Brief **I 8E; III 4, 2**
se lever [sələve] aufstehen; *(hier)* sich erheben, (Wind) aufkommen **II 7B**
une **libération** [ynlibeʀasjɔ̃] eine Befreiung **II 4, 11**
une **librairie** [ynlibʀɛʀi] eine Buchhandlung **I 5**
libre [libʀ] frei **III 3**
un **lieu**/des **lieux** [ɛ̃ljø] ein Ort **⟨III M1, 1⟩**
une **ligne** [ynliɲ] eine (Verkehrs)Linie **I 5**
lire qc [liʀ] etw. lesen **I 7**
une **liste** [ynlist] eine Liste **I 2, 12**
un **lit** [ɛ̃li] ein Bett **I 3A**
un **livre** [ɛ̃livʀ] ein Buch **I 5**
un livre de cuisine [ɛ̃livʀdəkɥizin] ein Kochbuch **I 5**

loin [lwɛ̃] weit **II 1**
long/longue [lɔ̃/lɔ̃g] lang **I 7**
longtemps [lɔ̃tɑ̃] lange *(Adv.)* **III 3**
le **loto** [ləloto] das Lotto **⟨II 9⟩**
lourd/lourde [luʀ/luʀd] schwer; *(hier)* umfangreich **III 2**
une **lumière** [ynlymjɛʀ] ein Licht **III 5**
lundi *(m.)* [lɛ̃di] Montag **I 7, 6**
des **lunettes** *(f., pl.)* [delynɛt] eine Brille **⟨II 8A⟩**
des **lunettes de soleil** *(f., pl.)* [delynɛtdəsɔlɛj] eine Sonnenbrille **III 1E**
un **lutin** [ɛ̃lytɛ̃] ein Lausejunge; *(hier)* ein Kobold **III 5**
le **luxembourgeois** [ləlyksɑ̃buʀʒwa] das Luxemburgische *(deutscher Dialekt)* **⟨II 9, 5⟩**
un **lycée** [ɛ̃lise] ein Gymnasium **III 2E**

M

une **machine** [ynmaʃin] eine Maschine **I 6A, 5**
madame … [madam] Frau … **I 1**
mademoiselle … [madmwazɛl] Fräulein … **I 1, 3**
un **magasin** [ɛ̃magazɛ̃] ein Geschäft, ein Laden **I 2**
faire les magasins *(fam.)* [fɛʀlemagazɛ̃] die Geschäfte abklappern *(ugs.)* **II 3B**
la **magie** [maʒi] die Zauberei **III 5**
magique/magique [maʒik/maʒik] magisch, zauberhaft **III 5**
le **magret de canard** [ləmagʀɛdəkanaʀ] die Entenbrust **II 5, 1**
mai *(m.)* [mɛ] Mai **I 7**
un **maillot de bain** [ɛ̃majodbɛ̃] ein Badeanzug **⟨I 9A⟩**
une **main** [ynmɛ̃] eine Hand **III 5**
maintenant [mɛ̃tnɑ̃] jetzt **I 2**
mais [mɛ] aber **I 1**
une **maison** [ynmɛzɔ̃] ein Haus **I 3E**
à la maison [alamɛzɔ̃] zu Hause **I 4E**
avoir **mal** au ventre [avwaʀmalovɑ̃tʀ] Bauchweh haben **⟨I 9A⟩**
avoir mal [avwaʀmal] Schmerzen haben **II 3B**
mal [mal] schlecht *(Adv.)* **I 1, 3**
Ça va mal. [savamal] Es geht schlecht. **I 1, 3**
malade [malad] krank **II 4E**
tomber malade [tɔ̃bemalad] krank werden **⟨II 8A⟩**

malheureusement [maløʀøzmɑ̃] unglücklicherweise, leider *(Adv.)* ⟨II 9⟩; III 2, 3
malheureux/malheureuse [maløʀø/maløʀøz] unglücklich III 3
maman *(f.)* [mamɑ̃] Mama, Mutti I 3E
mamie *(f.) (fam.)* [mami] Oma *(ugs.)* I 7
manger qc [mɑ̃ʒe] etw. essen I 6A
manquer [mɑ̃ke] fehlen II 5
manqué/manquée [mɑ̃ke] verpasst, fehlgeschlagen II 6
un **marchand**/une **marchande** [ɛ̃maʀʃɑ̃/ynmaʀʃɑ̃d] ein Händler/eine Händlerin II 5
un **marché** [ɛ̃maʀʃe] ein Markt ⟨I 9A⟩; II 5
marcher [maʀʃe] gehen, laufen; *(hier)* funktionieren II 2
mardi *(m.)* [maʀdi] Dienstag I 7, 6
la **marée** [lamaʀe] die Gezeiten *(pl.)* III 5
un **mari** [ɛ̃maʀi] ein Ehemann I 3B
un **mariage** [ɛ̃maʀjaʒ] eine Hochzeit ⟨II 9⟩
un **marié**/une **mariée** [maʀje] ein Bräutigam/eine Braut ⟨II 9⟩
se marier [səmaʀje] jdn. heiraten ⟨II 9⟩
marocain/marocaine [maʀɔkɛ̃/maʀɔkɛn] marokkanisch ⟨I 9A⟩
marquer qc [maʀke] etw. markieren, etw. anzeigen; *(hier)* etw. schreiben I 2
en **avoir marre** de qc [ɑ̃navwaʀmaʀ] von etw. die Nase voll haben *(ugs.)* II 4
marron *(inv.)* [maʀɔ̃] (kastanien)-braun I 7, 4
mars *(m.)* [maʀs] März I 7, 6
un **match** [ɛ̃matʃ] ein Wettkampf, ein Spiel II 3E
le **matériel** [ləmateʀjɛl] das Material, die Ausrüstung II 4, 8
les **maths** *(f., pl.) (fam.)* [lemat] Mathe *(ugs.)* II 4
une **matière** [ynmatjɛʀ] ein Unterrichtsfach III 3
un **matin** [ɛ̃matɛ̃] ein Morgen ⟨I 9A⟩; II 1E
le matin [ləmatɛ̃] morgens ⟨I 9A⟩; II 1E
mauvais/mauvaise [movɛ/movɛz] schlecht I 7
un **mec** *(fam.)* [ɛ̃mɛk] ein Typ *(ugs.)* III 1E
un **mécanicien**/une **mécanicienne** [ɛ̃mekanisjɛ̃/ynmekanisjɛn] ein Mechaniker/eine Mechanikerin II 1
méchant/méchante [meʃɑ̃/meʃɑ̃t] gemein, böse III 5
un **médecin** [ɛ̃mɛdsɛ̃] ein Arzt/eine Ärztin I 6E
une **médiathèque** [ynmedjatɛk] eine Mediathek *(Ort, an dem man verschiedene Medien wie z. B. Bücher, CD-ROM, Video oder Internet benutzen kann.)* II 3A
le **meilleur**/la **meilleure** [ləmɛjœʀ/lamɛjœʀ] der beste/die beste/das beste ⟨II 8A⟩
meilleur/meilleure [mɛjœʀ/mɛjœʀ] besser *(Steigerungsform von «bon»)* III 1
mélanger qc [melɑ̃ʒe] etw. mischen ⟨II 8B⟩
le **même**/la **même** [ləmɛm/lamɛm] derselbe/dieselbe/dasselbe ⟨I 9B⟩; II 4, 2
même [mɛm] sogar ⟨I 9A⟩; II 1E
un **menhir** [ɛ̃meniʀ] ein Menhir, ein Hinkelstein III 5E
un **menu** [ɛ̃məny] ein Menü II 5
la **mer** [lamɛʀ] das Meer ⟨I 9E⟩; II 7E
merci [mɛʀsi] danke I 1
mercredi *(m.)* [mɛʀkʀədi] Mittwoch I 4
une **mère** [ynmɛʀ] eine Mutter I 6A, 5
Mesdames, Messieurs, … [medammesjø] Sehr geehrte Damen und Herren, … II 4, 11
un **message** [ɛ̃mɛsaʒ] eine Mitteilung, eine Nachricht II 6
une **météorologie** [lameteɔʀɔlɔʒi] die Wettervorhersage II 1, 9
un **métier** [ɛ̃metje] ein Beruf I 6E
un métier de rêve [ɛ̃metjedəʀɛv] ein Traumberuf III 4E
un **mètre** [ɛ̃mɛtʀ] ein Meter II 6, 8
le **métro** [ləmetʀo] die Metro, die U-Bahn in Paris I 5
mettre qc [mɛtʀ] etw. legen, etw. setzen, etw. stellen; etw. anziehen ⟨I 9B⟩; II 1
mettre la table [mɛtʀlatabl] den Tisch decken II 1
mettre qc en relief [mɛtʀɑ̃ʀəljɛf] etw. hervorheben II 7A, 4
le **Midi** [ləmidi] der Süden *(Frankreichs)* ⟨III M1E⟩
le **midi** [ləmidi] der Mittag I 5E
à midi [amidi] um 12 Uhr mittags, mittags I 5E
mieux [mjø] besser *(Adv.)* III 3
mignon/mignonne [miɲɔ̃/miɲɔn] süß, niedlich II 3B
mille [mil] tausend ⟨I 9B⟩; II 2
un **million** [ɛ̃miljɔ̃] eine Million III 3
mince [mɛ̃s] dünn ⟨II 8A⟩
minuit [minɥi] Mitternacht, 12 Uhr nachts I 5E
une **minute** [ynminyt] eine Minute II 2
la **mode** [lamɔd] die Mode II 3A
moi [mwa] ich *(betont)* I 1E
moins [mwɛ̃] weniger ⟨II 8A⟩; III 1E
moins beau que [mwɛ̃bokə] weniger schön als III 1E
un **mois** [ɛ̃mwa] ein Monat I 3A
une **moitié** [ynmwatje] eine Hälfte III 3
à moitié [amwatje] zur Hälfte III 3
le **monde** [ləmɔ̃d] die Welt III 2
beaucoup de monde [bokudmɔ̃d] viele Leute I 7
monsieur … [məsjø] Herr … I 1
une **montagne** [ynmɔ̃taɲ] ein Berg, ein Gebirge ⟨I 9E⟩; II 1
à la montagne [alamɔ̃taɲ] in den Bergen II 7A
monter [mɔ̃te] steigen, einsteigen I 5
une **montre** [ynmɔ̃tʀ] eine Armbanduhr ⟨II 9E⟩
montrer qc à qn [mɔ̃tʀe] jdm. etw. zeigen II 4E
se moquer de qn [səmɔke] sich über jdn. lustig machen III 1
le **moral** [ləmɔʀal] die Stimmung, die innere Verfassung II 2
la **mort** [lamɔʀ] der Tod III 5
être mort(e) [ɛtʀəmɔʀ(t)] gestorben sein, tot sein III 2, 7
un **mot** [ɛ̃mo] ein Wort I 1, 4
un mot-clé [ɛ̃mokle] ein Schlüsselwort I 7, 10
mourir [muʀiʀ] sterben III 4
la **moutarde** [lamutaʀd] der Senf III 2E
un **moyen de transport** [ɛ̃mwajɛ̃dətʀɑ̃spɔʀ] ein Verkehrsmittel ⟨I 5, 2⟩
le **moyen âge** [ləmwajɛnaʒ] das Mittelalter III 2
un **mur** [ɛ̃myʀ] eine Mauer, eine Wand I 4
un mur d'escalade [ɛ̃myʀdɛskalad] eine Kletterwand I 4
un **musée** [ɛ̃myze] ein Museum II 1
un **musicien**/une **musicienne** [ɛ̃myzisjɛ̃/ynmyzisjɛn] ein Musiker/eine Musikerin II 6
la **musique** [lamyzik] die Musik I 3A
la musique rock [lamyzikʀɔk] die Rockmusik I 3A

N

la **natation** [lanatasjõ] das Schwimmen I 4E
la **nature** [lanatyʀ] die Natur I 2
ne ... rien [nə...ʀjɛ̃] nichts I 6A
être **né(e)** [ɛtʀəne] geboren werden II 5
ne ... jamais [nə ... ʒamɛ] nie, niemals I 6A
ne ... pas [nə ... pa] nicht I 4
ne ... pas de [nə ... padə] kein/keine *(bei Mengen)* I 7
ne ... pas du tout [nə ... padytu] überhaupt nicht II 1
ne ... pas encore [nə ... pazɑ̃kɔʀ] noch nicht II 1
ne ... pas non plus [nə ... panõply] auch nicht II 1
ne ... personne [nə ... pɛʀsɔn] niemand II 5
ne ... plus [nə ... ply] nicht mehr I 6A
ne ... plus jamais [nə ... plyʒamɛ] nie mehr III 1
ne ... que [nə ... kə] nur II 2
un **neveu** [ɛ̃nəvø] ein Neffe ⟨II 9⟩
un **nez** [ɛ̃ne] eine Nase III 2
un **niveau** [ɛ̃nivo] ein Niveau III 4
faire qc **au noir** [fɛʀ ... onwaʀ] etw. „schwarz" machen *(ohne Berechtigung)* III 3
noir/noire [nwaʀ/nwaʀ] schwarz I 7
un **nom** [ɛ̃nõ] ein Name I 7, 14
un **nombre** [ɛ̃nõbʀ] eine Zahl ⟨I 9B, 5⟩; II 2, 11
non [nõ] nein I 1
le **nord** [lənɔʀ] der Norden III 2E
normal/normale [nɔʀmal/nɔʀmal] normal III 3
une **note** [ynnɔt] eine Note I 8
prendre des notes [pʀɑ̃dʀdenɔt] Notizen machen II 2, 2
une **nouille** [ynnuj] eine Nudel II 4
une nouille *(fam.)* [ynnuj] eine Nudel; *(hier)* eine Tranfunzel *(ugs.)* III 1
un **nouveau** [ɛ̃nuvo] ein Neuer I 1
nouveau/nouvel/nouvelle [nuvo/nuvɛl/nuvɛl] neu II 3B
une **nouvelle** [ynnuvɛl] eine Nachricht, eine Neuigkeit II 2
novembre *(m.)* [nɔvɑ̃bʀ] November I 7, 6
un **nuage** [ɛ̃nyaʒ] eine Wolke II 1, 9
une **nuit** [ynnɥi] eine Nacht II 4
une **nuit blanche** [ynnɥiblɑ̃ʃ] eine schlaflose Nacht III 2
qc est **nul/nulle** *(fam.)* [nyl] etw. ist blöd, etw. bringt's nicht *(ugs.)* II 2
numérique/numérique [nymeʀik/nymeʀik] digital III 2
un **numéro de téléphone** [ɛ̃nymeʀodətelefɔn] eine Telefonnummer I 6B, 4

O

un **objet** [ɛ̃nɔbʒɛ] ein Gegenstand; Betreff *(Angabe des Themas in einem offiziellen Brief)* II 4, 11
octobre *(m.)* [ɔktɔbʀ] Oktober I 7, 6
un **œil**/des **yeux** [ɛ̃nœj/dezjø] ein Auge/Augen ⟨II 8A⟩; III 1E
avoir les yeux bleus [avwaʀlezjøblø] blaue Augen haben ⟨II 8A⟩
un **œuf**/des **œufs** [ɛ̃nœf/dezø] ein Ei/Eier II 5E
un **office de tourisme** [ɛ̃nɔfisdətuʀism] ein Fremdenverkehrsamt II 7E
offrir qc à qn [ɔfʀiʀ] jdm. etw. anbieten III 4
un **oiseau**/des **oiseaux** [ɛ̃nwazo/dezwazo] ein Vogel/Vögel I 7E
un **oncle** [ɛ̃nõkl] ein Onkel I 7
On y va! [õniva] Gehen wir!, Auf geht's! I 6B
un **orage** [ɛ̃nɔʀaʒ] ein Gewitter II 7B
une **orange** [ynɔʀɑ̃ʒ] eine Orange II 5E
orange *(inv.)* [ɔʀɑ̃ʒ] orange I 7, 4
un **ordinateur** [ɛ̃nɔʀdinatœʀ] ein Computer I 3A
une **ordonnance** [ynɔʀdɔnɑ̃s] ein Rezept *(vom Arzt)* II 7B, 4
un **ordre** [ɛ̃nɔʀdʀ] eine Reihenfolge I 3A, 4
le bon ordre [ləbɔnɔʀdʀ] die richtige Reihenfolge I 4, 1
une **oreille** [ynɔʀɛj] ein Ohr ⟨II 9E⟩; III 1, 11
organiser qc [ɔʀganise] etw. organisieren I 8E
une **origine** [ynɔʀiʒin] ein Ursprung, eine Herkunft ⟨II 8B⟩; III 5, 5
ou [u] oder I 4
où [u] wo I 2
où [u] wo *(Relativpronomen)* II 3A
ou bien ... ou bien [ubjɛ̃ ... ubjɛ̃] entweder ... oder III 1
oublier qc [ublije] etw. vergessen I 6B
l'**ouest** *(m.)* [lwɛst] der Westen III 2E
Ouf! [uf] Uff! II 4
oui [wi] ja I 1
un **ours** [ɛ̃nuʀs] ein Bär II 7E
ouvrir qc [uvʀiʀ] etw. öffnen I 7

P

une **page** [ynpaʒ] eine Seite I 2, 12
le **pain** [ləpɛ̃] das Brot II 5
un pain d'épice [ɛ̃pɛ̃depis] ein Gewürzbrot III 2
la **panique** [lapanik] die Panik II 7B
un **pantalon** [ɛ̃pɑ̃talõ] eine Hose I 7
papa *(m.)* [papa] Papa, Vati I 1
une **papeterie** [ynpapɛtʀi] ein Schreibwarengeschäft I 2
papi *(m.) (fam.)* [papi] Opa *(ugs.)* I 7
un **papier** [ɛ̃papje] ein Papier I 2
un **paquet** [ɛ̃pakɛ] ein Paket II 2
par cœur [paʀkœʀ] auswendig I 6B
par semaine [paʀsəmɛn] pro Woche, wöchentlich ⟨I 9A, 11⟩; II 4, 2
par exemple [paʀɛgzɑ̃pl] zum Beispiel II 3B
par e-mail [paʀimɛl] per E-Mail II 4, 4
un **paradis** [ɛ̃paʀadi] ein Paradies I 2
un **parapluie** [ɛ̃paʀaplɥi] ein Regenschirm II 1, 10
un **parc** [ɛ̃paʀk] ein Park II 1E
parce que [paʀskə] weil I 5E
un **parc national** [ɛ̃paʀknasjɔnal] ein Nationalpark II 4, 11
par contre [paʀkõtʀ] hingegen, dagegen III 2
un **parcours** [ɛ̃paʀkuʀ] eine Strecke; ein Durchgang II 7B
Pardon. [paʀdõ] Verzeihung., Entschuldigung. I 4, 12
les **parents** *(m.)* [lepaʀɑ̃] die Eltern I 3A
à Paris [apaʀi] in Paris I 1
parler à qn [paʀle] mit jdm. sprechen, zu jdm. sprechen I 6A
parler de qc [paʀle] über etw. sprechen II 3B
Tu parles! *(fam.)* Von wegen! *(ugs.)* II 6
une **partie** [ynpaʀti] ein Teil I 2, 7
partir [paʀtiʀ] weggehen, abfahren ⟨I 9A⟩; II 1
partir en vacances [paʀtiʀɑ̃vakɑ̃s] in die Ferien/in den Urlaub fahren ⟨I 9A⟩
à partir de [apaʀtiʀdə] von ... an III 1
partout [paʀtu] überall II 3A
passer qc [pase] *(hier)* etw. verbringen *(einen Tag)* II 1
passer [pase] vorbeigehen, -fahren, -kommen II 3A
se passer [səpase] geschehen, sich ereignen II 7B

passer [pase] *(hier)* laufen, spielen (im Radio) ⟨**II 8A,** 5⟩
passer à la télé [pasealatele] einen Fernsehauftrit haben **III 4E**
un **pâtissier**/une **pâtissière** [ɛ̃patisje/ynpatisjɛʀ] ein Konditor/eine Konditorin ⟨**II 9**⟩
pauvre/pauvre [povʀ/povʀ] arm **II 3B**
payer qc [peje] etw. bezahlen **I 8**
un **pays** [ɛ̃pei] ein Land **II 4E**
un **paysan**/une **paysanne** [ɛ̃peizɑ̃/ynpeizan] ein Bauer/eine Bäuerin ⟨**II 8B,** 3⟩
le **péage** [ləpeaʒ] die Mautstelle **III 2**
la **pêche** [lapɛʃ] die Fischerei **III 5E**
peindre qc [pɛ̃dʀ] etw. anmalen, etw. anstreichen **III 5**
la **peinture** [lapɛ̃tyʀ] die Farbe *(zum Anmalen)* **II 3A**
une **pellicule** [ynpelikyl] ein Film **I 8**
pendant [pɑ̃dɑ̃] während **I 6B**
pendant ce temps [pɑ̃dɑ̃sətɑ̃] währenddessen, während dieser Zeit **II 5**
pendant que *(Konjunktion)* [pɑ̃dɑ̃kə] während ⟨**II 8B**⟩; **III 1**
penser à qn [pɑ̃se] an jdn. denken **II 3B**
perdre qc [pɛʀdʀ] etw. verlieren **II 2**
un **père** [ɛ̃pɛʀ] ein Vater **I 4**
la **permanence** [lapɛʀmanɑ̃s] die beaufsichtigte Freistunde **II 4**
un **personnage** [ɛ̃pɛʀsɔnaʒ] eine Figur, eine Persönlichkeit **II 4,** 3
une **personne** [ynpɛʀsɔn] eine Person **II 3E**
petit/petite [pəti/pətit] klein **I 7E**
un **petit-déjeuner** [ɛ̃pətideʒœne] ein Frühstück **II 4**
peu [pø] wenig **I 7**
un peu de [ɛ̃pødə] ein wenig *(bei Mengen)* **I 7**
la **peur** [lapœʀ] die Angst **I 4**
N'aie pas peur! [nepapœʀ] Hab keine Angst! **III 5**
avoir peur de faire qc [avwaʀpœʀ] Angst haben etw. zu tun **I 6B**
faire peur à qn [fɛʀpœʀ] jdm. Angst machen **II 5**
peut-être [pøtɛtʀ] vielleicht **I 8**
une **pharmacie** [ynfaʀmasi] eine Apotheke; ein Medikamentenschrank, eine Hausapotheke **III 2**
une **photo** [ynfoto] ein Foto **I 2E**
prendre qc en photo [pʀɑ̃dʀɑ̃foto] etw. fotografieren ⟨**I 9A,** 11⟩
une **photographie** [ynfotogʀafi] eine Fotografie **III 2**
une **phrase** [ynfʀaz] ein Satz **I 2,** 10
un **piano** [ɛ̃pjano] ein Klavier, ein Piano **I 4E**
une **pièce** [ynpjɛs] ein Zimmer **I 3E**
un **pied** [ɛ̃pje] ein Fuß **II 7B**
à pied [apje] zu Fuß **III 2**
C'est le pied! *(fam.)* [sɛlәpje] Das ist der Hammer! *(ugs.)* **III 2**
un **pilote**/une **pilote** [ɛ̃pilɔt/ynpilɔt] ein Pilot/eine Pilotin **II 3A,** 3
un **pion** [ɛ̃pjõ] eine Aufsichtsperson **II 4**
un **pique-nique** [ɛ̃piknik] ein Picknick **II 5,** 12
une **piscine** [ynpisin] ein Schwimmbad **II 2**
un **pistolet** [ɛ̃pistɔlɛ] eine Pistole **III 5E**
une **place** [ynplas] ein Platz **I 2**
une **plage** [ynplaʒ] ein Strand ⟨**I 9E**⟩; ⟨**II 9**⟩; **III 1E**
sur la plage [syʀlaplaʒ] am Strand **III 1E**
se plaindre de qn/qc [səplɛ̃dʀ] sich über jdn./etw. beschweren, sich über jdn./etw. beklagen **III 5**
plaire à qn [plɛʀ] jdm. gefallen **II 3A**
un **plaisir** [ɛ̃plɛziʀ] ein Vergnügen, eine Freude ⟨**II 9**⟩
un **plan** [ɛ̃plɑ̃] ein Plan, *(hier)* ein Stadtplan **I 5**
un **planétarium** [ɛ̃planetaʀjɔm] ein Planetarium **II 1E**
un **plat principal** [ɛ̃plapʀɛ̃sipal] ein Hauptgericht **II 5**
le **plâtre** [ləplatʀ] der Gips; der Gipsverband **II 7B**
plein de/pleine de [plɛ̃/plɛn] voll mit **III 2**
pleurer [plœʀe] weinen **II 7A**
pleuvoir [pløvwaʀ] regnen **II 1**
il pleut [ilplø] es regnet **II 1**
la **pluie** [laplɥi] der Regen ⟨**I 9B**⟩; **II 7A**
plus [ply/plys] mehr ⟨**II 8A**⟩; **III 1E**
en plus [ɑ̃plys] außerdem, zusätzlich **I 4**
le plus … possible [ləply … pɔsibl] möglichst, so … wie möglich **III 3**
plusieurs *(inv.)* [plyzjœʀ] einige ⟨**III M1**⟩
une **poche** [ynpɔʃ] eine Tasche; eine Hosentasche **III 1,** 7
un **poème** [ɛ̃pɔɛm] ein Gedicht **II 2,** 4
un **poète** [ɛ̃pɔɛt] ein Dichter/eine Dichterin **II 6,** 2
un **point** [ɛ̃pwɛ̃] ein Punkt **II 7A,** 6
un **poisson** [ɛ̃pwasõ] ein Fisch **II 1E**
le **poivre** [ləpwavʀ] der Pfeffer **II 5E**
la **police** [lapɔlis] die Polizei **I 4,** 12
un **policier** [ɛ̃pɔlisje] ein Polizist **I 4,** 12
une **pomme** [ynpɔm] ein Apfel **II 5**
une **pomme de terre** [ynpɔmdətɛʀ] eine Kartoffel **II 5**
un **pompier**/une **femme pompier** [ɛ̃põpje/ynfampõpje] ein Feuerwehrmann/eine Feuerwehrfrau ⟨**III M1E**⟩
les **pompiers** [lepõpje] die Feuerwehr ⟨**III M1E**⟩
un **pont** [ɛ̃põ] eine Brücke **II 7B**
le **pop** [ləpɔp] der Pop ⟨**II 8B**⟩; **III 4**
un **port** [ɛ̃pɔʀ] ein Hafen **III 1**
un **portable** [ɛ̃pɔʀtabl] *(hier)* ein Mobiltelefon, ein Handy **I 5**
une **porte** [ynpɔʀt] eine Tür **I 2**
un **porte-bonheur**/des **porte-bonheurs** [ɛ̃pɔʀt(ə)bɔnœʀ] ein Glücksbringer ⟨**II 9**⟩; **III 2**
un **porte-monnaie**/des **porte-monnaies** [ɛ̃pɔʀtmɔnɛ] ein Geldbeutel **I 5**
porter qc [pɔʀte] etw. tragen **I 7**
un **portrait** [ɛ̃pɔʀtʀɛ] ein Porträt, Abbild **I 7,** 15
poser qc [poze] etw. stellen, setzen, legen **I 2**
une **position** [ynpozisjõ] die Stellung **III 3,** 7
prendre position sur qn/qc [pʀɑ̃ndʀəpozisjõ] zu jdm./etw. Stellung beziehen **III 3,** 7
possible/possible [pɔsibl/pɔsibl] möglich ⟨**II 9,** 9⟩; **III 2,** 8
le plus … possible [ləply … pɔsibl] möglichst, so … wie möglich **III 3**
la **poste** [lapɔst] die Post **II 2**
un **pote**/une **pote** *(fam.)* [ɛ̃pɔt/ynpɔt] ein Kumpel *(ugs.)* **III 4**
une **poubelle** [ynpubɛl] ein Mülleimer **I 2**
une **poule** [ynpul] ein Huhn, eine Henne **I 7E**
un **poulet** [ɛ̃pulɛ] ein Huhn, ein Hühnchen **III 2**
pour [puʀ] für **I 2E;** nach **I 3A;** wegen **I 7**
pour une fois que [puʀynfwakə] wenn … (schon) einmal **II 6; II 6**
un **pour cent** *(inv.)* [ɛ̃puʀsɑ̃] ein Prozent **III 3**
pour faire qc [puʀfɛʀ] um etw. zu tun **I 5**
pourquoi [puʀkwa] warum **I 5E**

c'est pourquoi [sepurkwa] deshalb ⟨II 9⟩; III 1
tu pourrais [typurɛ] du könntest *(Form des Verbs «pouvoir»)* ⟨I 9B⟩
pourtant [purtɑ̃] trotzdem **III 1**
pouvoir [puvwar] können **I 6B**
pouvoir faire qc etw. tun können **I 6B**
la **pratique** [pratik] die Praxis, die Ausübung **I 1**
pratique/pratique [pratik/pratik] praktisch **II 3B, 2**
préféré/préférée [prefere] bevorzugt, Lieblings- **II 6, 3**
préférer qc [prefere] etw. vorziehen/lieber mögen **II 5**
préférer faire qc etw. lieber tun **II 5**
le **premier**, la **première** [ləprəmje/laprəmjɛr] der erste/die erste/das erste **I 7, 6**; *(hier)* als Erster/als Erste **II 2E**
prendre qc [prɑ̃dr] etw. nehmen **I 7**
prendre une photo de qn/qc [prɑ̃drynfoto] ein Foto von jdm./etw. machen **I 8**
un **prénom** [ɛ̃prenɔ̃] ein Vorname **I 1**
préparer qc [prepare] etw. vorbereiten **I 4**
près de [prɛdə] nahe bei etw., neben etw. **I 8E**
présenter qc à qn [prezɑ̃te] jdm. etw. vorstellen **II 4**
prêt/prête [prɛ/prɛt] fertig, bereit **II 2**
un **principal**/une **principale** [ɛ̃prɛ̃sipal/ynprɛ̃sipal] ein Schuldirektor/eine Schuldirektorin ⟨II 8B⟩
le **printemps** [ləprɛ̃tɑ̃] der Frühling **I 7**
au printemps [oprɛ̃tɑ̃] im Frühling **I 7**
une **prison** [ynprizɔ̃] ein Gefängnis ⟨III M1⟩
un **prix** [ɛ̃pri] ein Preis **II 6**
un **problème** [ɛ̃prɔblɛm] ein Problem **I 3A**
pas de problème [padprɔblɛm] kein Problem **I 6B**
un **procès-verbal** [ɛ̃prɔsɛvɛrbal] ein Strafzettel **III 3**
prochain/prochaine [prɔʃɛ̃/prɔʃɛn] nächster/nächste/nächstes **II 7B, 2**
un **professeur** [ɛ̃prɔfɛsœr] ein Lehrer/eine Lehrerin **I 1**
un **programme** [ɛ̃prɔgram] ein Programm **II 3B**
un **projet** [ɛ̃prɔʒɛ] ein Projekt, ein Vorhaben **I 8E**

se promener [səprɔmne] spazieren gehen **II 7B**
proposer qc [prɔpoze] etw. vorschlagen ⟨II 8B⟩
proposer à qn de faire qc [prɔpoze] jdm. vorschlagen, etw. zu tun **III 1**
un **propriétaire**/une **propriétaire** [ɛ̃prɔprijetɛr/ynprɔprijetɛr] ein Eigentümer/eine Eigentümerin **I 3A**
un **proverbe** [ɛ̃prɔvɛrb] ein Sprichwort **II 4, 9**
une **publicité** [ynpyblisite] eine Werbung/ein Werbespot **I 6A**
puis [pɥi] dann **I 4**
un **pull** *(fam.)* [ɛ̃pyl] ein Pulli *(ugs.)* ⟨I 9A⟩

Q

quand [kɑ̃] wann **I 5**
quand [kɑ̃] wenn, als *(zeitlich)* ⟨I 9A⟩; **II 1**
un **quart** [ɛ̃kar] ein Viertel **III 3**
un **quartier** [ɛ̃kartje] ein Stadtviertel **I 2E**
que [kə] den, die, das *(Relativpronomen, Objekt)* **I 8; II 3A**
Que … ? *(Fragepronomen)* [kə] Was … ? **I 2**
que [kə] dass *(Konjunktion)* **I 8**
quel/quels/quelle/quelles [kɛl] welcher/welche/welches *(Fragebegleiter)* **II 3B**
A quelle heure? [akɛlœr] Um wie viel Uhr? **I 5, 11**
Il est quelle heure? [ilɛkɛlœr] Wie viel Uhr ist es? **I 5, 11**
Quelle horreur! *(fam.)* [kɛlɔrœr] Wie grässlich/schrecklich! *(ugs.)* **I 3A**
Tu as quel âge? [tyakɛlaʒ] Wie alt bist du? **I 4**
Quelle chance! [kɛlʃɑ̃s] Welch ein Glück! **I 5E**
Quelle histoire! [kɛlistwar] Was für eine Geschichte! **I 4**
quelques *(pl.)* [kɛlk(ə)] einige, wenige **III 4**
quelque chose [kɛlkəʃoz] etwas **I 5**
quelqu'un [kɛlkɛ̃] jemand **II 4, 6**
Qu'est-ce que …? [kɛskə] Was … ? **I 5**
Qu'est-ce que c'est? [kɛskəsɛ] Was ist das? **I 2E**
Qu'est-ce qui …? [kɛski] Was … ? *(Fragepronomen, Subjekt ist eine Sache)* **II 7E**
Qu'est-ce qu'il y a? [kɛskilja] Was gibt es? **I 3A, 6**

une **question** [ynkɛstjɔ̃] eine Frage **I 1, 1**
qui [ki] der, die, das *(Relativpronomen, Subjekt)* **I 8**
Qui … ? [ki] Wer … ? **I 1**
Qui est-ce? [kiɛs] Wer ist das? **I 1**
Qui est-ce qui … ? [kiɛski] Wer … ? *(Fragepronomen, Subjekt ist eine Person)* **II 7E**
Qui est-ce que … ? [kiɛskə] Wer … ? *(Fragepronomen, Objekt ist eine Person)* **II 7E**
quitter qc [kite] etw. verlassen **I 2**
Quoi? [kwa] Was? **I 3E**

R

raconter qc [rakɔ̃te] etw. erzählen **I 3A**
la **radio** [laradjo] das Radio, der Rundfunk **I 6A**
une **raison** [ynrɛzɔ̃] ein Grund **III 2**
avoir raison [avwarrɛzɔ̃] Recht haben ⟨II 9⟩
ramasser qc [ramase] etw. aufheben, etw. einsammeln **I 2**
ranger [rɑ̃ʒe] aufräumen **II 5E**
le **rap** [lərap] der Rap *(Musikstil)* **I 7, 15**
rapide/rapide [rapid/rapid] schnell **III 3**
rater qc [rate] etw. verpassen **II 4**
rattraper qn/qc [ratrape] jdn./etw. (wieder) einholen **III 5, 7**
une **réaction** [ynreaksjɔ̃] eine Reaktion **II 4, 10**
un **réalisateur** [ɛ̃realizatœr] ein (Film)-Regisseur **I 6E**
un **rebelle**/une **rebelle** [ɛ̃rəbɛl/ynrəbɛl] ein Rebell/eine Rebellin; *(hier) (Name einer Schülerzeitung)* **III 3**
rebelle/rebelle [rəbɛl/rəbɛl] *(Adj.)* aufrührerisch **III 4**
une **recette** [ynrəsɛt] ein Rezept *(Küche)* **II 5E**
recevoir qc [rəsəvwar] etw. empfangen **II 2**
reconnaître qc [rəkɔnɛtr] etw. wieder erkennen **II 3A**
la **récréation** [larekreasjɔ̃] die Pause **II 4**
refaire qc [rəfɛr] etw. erneuern, etw. neu machen, etw. noch einmal machen **II 3A**
réfléchir [refleʃir] nachdenken, überlegen **II 4**

regarder qc [ʀəgaʀde] etw. sehen, etw. ansehen, etw. betrachten **I 2E**
une **région** [ynʀeʒjõ] eine Region **II 1**
une **règle** [ynʀɛgl] eine Regel **⟨I 6A,** 10⟩
remercier qn [ʀəmɛʀsje] sich bei jdm. bedanken **⟨I 9A⟩; ⟨II 9⟩**
un **renard** [ɛ̃ʀənaʀ] ein Fuchs **⟨II 9,** 10⟩
une **rencontre** [ynʀɑ̃kõtʀ] eine Begegnung, ein Treffen **I 8E**
rencontrer qn [ʀɑ̃kõtʀe] jdn. treffen, jdm. begegnen **I 8E**
un **rendez-vous** [ɛ̃ʀɑ̃devu] eine Verabredung, ein Termin **I 4,** 3
avoir rendez-vous [avwaʀʀɑ̃devu] eine Verabredung haben, einen Termin haben **I 4,** 3
la **rentrée** [laʀɑ̃tʀe] der Schul(jahres)-beginn **III 3**
rentrer [ʀɑ̃tʀe] heimgehen, heimkommen **II 1,** 2
une **réparation** [ynʀepaʀasjõ] eine Reparatur **II 3A**
repartir [ʀəpaʀtiʀ] (wieder) weggehen; *(hier)* wegfahren **III 5**
un **repas** [ɛ̃ʀəpa] ein Essen, eine Mahlzeit **I 7**
répéter qc [ʀepete] etw. wiederholen **II 5,** 2
une **répétition** [ynʀepetisjõ] eine Probe **III 4**
répondre à qn [ʀepõdʀ] jdm. antworten **I 8**
une **réponse** [ynʀepõs] eine Antwort **I 2,** 8
un **reportage** [ɛ̃ʀəpɔʀtaʒ] eine Reportage **II 2,** 5
réserver qc [ʀesɛʀve] etw. reservieren **⟨II 9⟩**
respecter qc [ʀɛspɛkte] etw. achten **I 2**
un **restaurant** [ɛ̃ʀɛstɔʀɑ̃] ein Restaurant **I 5E**
un **reste** [ɛ̃ʀɛst] ein Rest **II 2**
rester [ʀɛste] bleiben **I 3A**
un **résumé** [ɛ̃ʀezyme] eine Zusammenfassung **⟨I 9A,** 1⟩; **II 1**
résumer qc [ʀezyme] etw. zusammenfassen **III 1,** 1
un **retard** [ɛ̃ʀətaʀ] eine Verspätung **II 2**
être en retard [ɛtʀɑ̃ʀətaʀ] sich verspäten **II 2**
retrouver qc [ʀətʀuve] etw. wieder finden **II 2**
retrouver qn [ʀətʀuve] jdn. wieder finden; *(hier)* jdn. treffen **III 1**
réussir à faire qc [ʀeysiʀ] gelingen etw. zu tun, etw. fertigbringen **II 4**
un **rêve** [ɛ̃ʀɛv] ein Traum **I 6B,** 8
faire un rêve [fɛʀɛ̃ʀɛv] träumen **I 6B,** 8
un métier de rêve [ɛ̃metjedəʀɛv] ein Traumberuf **III 4E**
réveiller qn [ʀeveje] jdn. (auf)wecken **III 2,** 2
revenir [ʀəvəniʀ] zurückkommen **II 1**
rêver de qc [ʀɛve] von etw. träumen **I 3A**
revoir qc [ʀəvwaʀ] jdn. wiedersehen **II 3A**
Au revoir! [ɔʀvwaʀ] Auf Wiedersehen! **I 1**
riche/riche [ʀiʃ/ʀiʃ] reich **III 4**
De rien. [dəʀjɛ̃] Bitte!, Gern geschehen. **⟨I 9A⟩; II 7E**
rigoler *(fam.)* [ʀigɔle] lachen *(ugs.)* **I 8**
une **rime** [ynʀim] ein Reim **I 1,** 6
rire [ʀiʀ] lachen **II 4**
la **rive droite** [laʀivdʀwat] das rechte Flussufer **I 5E**
la rive gauche [laʀivgoʃ] das linke Flussufer **I 5E**
une **robe** [ynʀɔb] ein Kleid **I 7**
un **rocher** [ɛ̃ʀoʃe] ein Fels **⟨I 9E⟩**
un **roi** [ɛ̃ʀwa] ein König **II 5,** 11
un **rôle** [ɛ̃ʀol] eine Rolle **I 6B,** 6
le **roller** [ləʀɔlœʀ] das Rollschuhlaufen, das Rollerskaten **I 4E**
en roller [ɑ̃ʀɔlœʀ] auf Rollschuhen **I 4,** 12
un **Romain**/une **Romaine** [ɛ̃ʀɔmɛ̃/ynʀɔmɛn] ein Römer/eine Römerin **⟨II 9,** 8⟩
romain/romaine [ʀɔmɛ̃/ʀɔmɛn] römisch **⟨II 9,** 8⟩; **III 2,** 10
un **roman** [ɛ̃ʀɔmɑ̃] ein Roman **II 4,** 13
un **roman policier** [ɛ̃ʀɔmɑ̃pɔlisje] ein Kriminalroman **III 5,** 3
le **romanche** [ləʀɔmɑ̃ʃ] das Rätoromanische *(Sprache in der Schweiz)* **⟨II 9E⟩**
romanche [ʀɔmɑ̃ʃ] rätoromanisch **⟨II 9E⟩**
rose *(inv.)* [ʀoz] rosa **II 2**
rouge/rouge [ʀuʒ/ʀuʒ] rot **I 7,** 4
rouler [ʀule] fahren **III 5**
une **route** [ynʀut] eine (Land)Straße **III 2,** 2
une **rue** [ynʀy] eine Straße **I 1**
dans la rue [dɑ̃laʀy] auf der Straße **I 5**
le **rugby** [ləʀygbi] das Rugby *(Ballspiel)* **II 3E**
une **ruine** [ynʀɥin] eine Ruine **III 2,** 10

S

le **sable** [ləsabl] der Sand **III 1,** 11
un **sac à dos** [ɛ̃sakado] ein Rucksack **II 1E**
une **salade** [ynsalad] ein Salat **II 5E**
un **saladier** [ɛ̃saladje] eine Salatschüssel **II 5**
sale [sal] schmutzig **I 2**
une **salle** [ynsal] ein Saal **II 2**
une salle de classe [ynsaldəklas] ein Klassenzimmer **I 2,** 4
une salle à manger [ynsalamɑ̃ʒe] ein Esszimmer **I 3E**
une salle de bains [ynsaldəbɛ̃] ein Badezimmer **I 3E**
une salle de permanence [ynsaldəpɛʀmanɑ̃s] Aufenthaltsraum **II 4**
saluer qn [salɥe] jdn. (be)grüßen **II 3E**
Salut! *(fam.)* [saly] Hallo!, Grüß' dich! *(ugs.)* **I 1E;** Tschüss! *(ugs.)* **I 1**
Salutations cordiales. [salytasjõkɔʀdjal] Mit herzlichen Grüßen *(Grußformel)* **II 4,** 11
samedi *(m.)* [samdi] Samstag, am Samstag **I 5E**
un **sandwich** [ɛ̃sɑ̃dwitʃ] ein Sandwich **II 2,** 7
sans [sɑ̃] ohne **I 4**
sans rien faire [sɑ̃fɛʀ] ohne etw. zu tun **II 7B**
la **santé** [la sɑ̃te] die Gesundheit **II 5**
A ta santé! [atasɑ̃te] Auf dein Wohl!, Prost! **II 5**
sauf [sof] außer **II 4**
sauver qn/qc [sove] jdn./etw. retten **⟨III M1⟩**
savoir [savwaʀ] wissen **I 6B**
savoir faire qc [savwaʀfɛʀ] etw. tun können *(wissen, wie es geht)* **I 6B**
un **saxophone** [ɛ̃saksɔfɔn] ein Saxofon **III 4E**
un **saxophoniste**/une **saxophoniste** [ɛ̃saksɔfɔnist/ynsaksɔfɔnist] ein Saxofonspieler/eine Saxofonspielerin **III 4**
une **scène** [ynsɛn] eine Szene **I 1,** 3; **II 6**
sur scène [syʀsɛn] auf der Bühne **⟨II 8E⟩**
une **science** [ynsiɑ̃s] eine Wissenschaft **II 4**
sec/sèche [sɛk/sɛʃ] trocken **⟨III M1⟩**

une **seconde** [ynsəgõd] eine Sekunde ⟨II 9⟩; III 5
Au **secours!** [oskuʀ] Hilfe! I 5
un **séjour** [ɛ̃seʒuʀ] ein Aufenthalt ⟨II 8B⟩
le **sel** [ləsɛl] das Salz II 5E
une **semaine** [ynsəmɛn] eine Woche I 8
un **sentiment** [ɛ̃sɑ̃timɑ̃] ein Gefühl II 3A, 8
se sentir [səsɑ̃tiʀ] sich fühlen III 3
septembre *(m.)* [sɛptɑ̃bʀ] September I 7, 6
sérieux/sérieuse [seʀjø/seʀjøz] ernst(haft), seriös III 5
Est-ce que vous seriez d'accord? [səʀje] Wären Sie einverstanden? ⟨II 8B, 2⟩
seul/seule [sœl/sœl] allein II 6E
seulement [sœlmɑ̃] nur III 3E
un **short** [ɛ̃ʃɔʀt] Shorts *(pl.)* III 1E
si [si] doch I 4
si [si] ob I 8; wenn II 7B
si seulement ... [sisœlmɑ̃] wenn doch nur ... ⟨III M1⟩
un **siècle** [ɛ̃sjɛkl] ein Jahrhundert ⟨II 8A⟩; III 2
une **sieste** [ynsjɛst] ein Mittagsschlaf III 2
une **signature** [ynsiɲatyʀ] eine Unterschrift ⟨I 9A, 7⟩
signer qc [siɲe] etw. unterschreiben II 1
le **silence** [ləsilɑ̃s] die Ruhe, die Stille I 1
s'il te plaît [siltəplɛ] bitte *(wenn man jdn. duzt)* I 6B, 6
s'il vous plaît [silvuplɛ] bitte *(wenn man mehrere Personen anspricht oder jdn. siezt)* I 5
un **singe** [ɛ̃sɛ̃ʒ] ein Affe III 3
une **situation** [ynsityasjõ] eine Situation I 2, 7
un **sketch** [ɛ̃skɛtʃ] ein Sketch III 1, 7
le **ski** [ləski] das Skifahren II 1
une station de ski [ynstasjõdəski] ein Skiort ⟨II 9E⟩
un **SMS** [ɛ̃ɛsɛmɛs] eine SMS II 5, 2
une **sœur** [ynsœʀ] eine Schwester I 3A, 4
la **soif** [laswaf] der Durst II 5
avoir soif [avwaʀswaf] Durst haben II 5
soigner qn/qc [swaɲe] jdn./etw. pflegen III 2
un **soir** [ɛ̃swaʀ] ein Abend I 3A
ce soir [səswaʀ] heute abend ⟨I 9A, 2⟩
le soir [ləswaʀ] abends I 3A
une **soirée** [ynswaʀe] ein Abend III 1
le **soleil** [ləsɔlɛj] die Sonne ⟨I 9A⟩; II 1
il y a du soleil [iljadysɔlɛj] es ist sonnig ⟨I 9A⟩; II 1
une **solution** [ynsɔlysjõ] eine Lösung I 3A
un **sondage** [ɛ̃sõdaʒ] eine Umfrage III 3, 2
sonner [sɔne] klingeln I 3B
une **sortie** [ynsɔʀti] Ausgang II 3A
sortir (de qc) [sɔʀtiʀ] (aus etw.) hinausgehen, hinausfahren; ausgehen ⟨I 9A⟩; II 1
A tes **souhaits!** [ateswɛ] Gesundheit! II 5, 6
un **souk** [ɛ̃suk] ein Souk *(ein arabischer Markt)* ⟨I 9A⟩
souligner qc [suliɲe] etw. unterstreichen III 1, 3
sourd/sourde [suʀ/suʀd] taub II 2, 4
un **sourire** [ɛ̃suʀiʀ] ein Lächeln III 3
une **souris** [ynsuʀi] eine Maus II 4
sous [su] unter I 2
un **sous-marin** [ɛ̃sumaʀɛ̃] ein Unterseeboot, ein U-Boot II 1E
un **souvenir** [ɛ̃suvniʀ] eine Erinnerung, ein Andenken I 8, 5
souvent [suvɑ̃] oft I 4
le **sport** [ləspɔʀ] der Sport I 4E
faire du sport [fɛʀdyspɔʀ] Sport treiben I 4E
un **sportif**/une **sportive** [ɛ̃spɔʀtif/ynspɔʀtiv] ein Sportler/eine Sportlerin ⟨I 9A⟩
sportif/sportive [spɔʀtif/spɔʀtiv] sportlich I 7
un **square** [ɛ̃skwaʀ] eine (kleine) Grünanlage I 2
un **stade** [ɛ̃stad] ein (Sport)Stadion II 3E
un **stage** [ɛ̃staʒ] ein Praktikum III 1
un stage de voile [ɛ̃staʒdəvwal] ein Segelkurs III 1
un **standard** [ɛ̃stɑ̃daʀ] ein Standard III 1, 10
une **star** [ynstaʀ] ein Star I 6A
une **station** [ynstasjõ] eine Station, eine Haltestelle I 5
une station de ski [ynstasjõdəski] ein Skiort ⟨II 9E⟩
une **station-service** [ynstasjõsɛʀvis] eine Tankstelle III 2
une **statue** [ynstaty] eine Statue ⟨II 9E⟩
une **stratégie** [ynstʀateʒi] eine Strategie *(eine Technik, die man anwendet, um ein Ziel zu erreichen)* I 1, 5
un **studio** [ɛ̃stydjo] ein (Aufnahme)Studio I 6A
un **succès** [ɛ̃syksɛ] ein Erfolg III 4
le **sucre** [ləsykʀ] der Zucker, das Zuckerstück II 5E
le **sud** [ləsyd] der Süden II 7E
au sud de [osyddə] südlich von II 7E
un **Suisse**/une **Suisse** [ɛ̃sɥis/ynsɥis] ein Schweizer/eine Schweizerin ⟨II 9E⟩
suisse/suisse [sɥis/sɥis] schweizerisch ⟨II 9E⟩
la **suite** [lasɥit] die Fortsetzung I 5, 15
suivant/suivante [sɥivɑ̃/sɥivɑ̃t] folgender/folgende/folgendes II 4, 8
suivre qn [sɥivʀ] jdm. folgen III 4
un **sujet** [ɛ̃syʒɛ] ein Subjekt; *(hier)* ein Thema III 1, 5
super *(inv.)* [sypɛʀ] super, toll I 2
un **supermarché** [ɛ̃sypɛʀmaʀʃe] ein Supermarkt II 6
sûr/sûre [syʀ/syʀ] sicher II 3A
sur [syʀ] über/auf I 2E
un élève sur deux [ɛ̃nelɛvsyʀdø] jeder zweite Schüler III 3, 8
sûrement [syʀmɑ̃] sicher, sicherlich *(Adv.)* II 4, 9
une **surprise** [ynsyʀpʀiz] eine Überraschung II 3A
surtout [syʀtu] vor allem I 4
les **SVT** [leɛsvete] Biologie, Naturkunde II 4
un **symbole** [ɛ̃sɛ̃bɔl] ein Symbol; *(hier)* ein Wahrzeichen III 2
sympa [sɛ̃pa] nett *(ugs.)* I 1
un **synonyme** [ɛ̃sinɔnim] ein Synonym III 5, 7

T

une **table** [yntabl] ein Tisch I 7
à table [atabl] bei Tisch, am Tisch I 7
un **tableau**/des **tableaux** [ɛ̃tablo] eine Tafel, eine Tabelle/Tafeln, Tabellen I 6A, 8
une **tante** [yntɑ̃t] eine Tante I 7
tant mieux [tɑ̃mjø] umso besser II 3B
tard [taʀ] spät II 2, 6
une **tarte aux pommes** [yntaʀtopɔm] ein Apfelkuchen II 5, 7
un **taxi** [ɛ̃taksi] ein Taxi I 5
la **techno** [latɛkno] der Techno *(Musikstil)* ⟨II 8A, 3⟩

la **technologie** [latɛknɔlɔʒi] die Technologie; *(hier)* der technisch-naturwissenschaftliche Unterricht **III 3,** 6
un **téléphone** [ɛ̃telefɔn] ein Telefon **I 3B**
téléphoner [telefɔne] telefonieren **I 3A**
téléphoner à qn [telefɔne] mit jdm. telefonieren/jdn. anrufen **I 6A**
la **télé-réalité** [lateleʀealite] das Reality-TV **III 4,** 8
la **télévision** [latelevizjõ] das Fernsehen **I 3A**
la **température** [latɑ̃peʀatyʀ] die Temperatur **II 1,** 9
une **tempête** [yntɑ̃pɛt] ein Sturm **⟨I 9B⟩**
le **temps** [lətɑ̃] die Zeit **I 7;** das Wetter **⟨I 9A,** 7**⟩; II 1**
de temps en temps [dətɑ̃zɑ̃tɑ̃] von Zeit zu Zeit, manchmal **⟨II 8A,** 5**⟩**
Tenez! [təne] Na sowas! *(wenn man jdn. siezt)* **⟨II 9,** 9**⟩**
le **tennis** [lətenis] das Tennis **II 6,** 4
terminer qc [tɛʀmine] etw. beenden; etw. fertigstellen **⟨I 9B⟩**
un **terrain de camping** [ɛ̃tɛʀɛ̃dəkɑ̃piŋ] ein Campingplatz **II 7E**
la **terre** [latɛʀ] die Erde **II 4**
un **test** [ɛ̃tɛst] ein Test **II 6,** 10
une **tête** [yntɛt] ein Kopf **II 2**
faire la tête *(fam.)* [fɛʀlatɛt] schmollen, sauer sein *(ugs.)* **II 2**
un **texte** [ɛ̃tɛkst] ein Text **I 1**
le **TGV** [ləteʒeve] der TGV *(französischer Hochgeschwindigkeitszug)* **I 7**
le **théâtre** [ləteatʀ] das Theater **I 4E**
un **thon** [ɛ̃tõ] ein Thunfisch **III 5**
un **ticket** [ɛ̃tikɛ] ein Fahrschein; *(hier)* ein (Kassen)Beleg **III 2**
Tiens. [tjɛ̃] Sieh mal da!, Na sowas! **I 1**
un **tiers** [ɛ̃tjɛʀ] ein Drittel **III 3,** 8
timide/timide [timid/timid] schüchtern **⟨II 8B⟩; III 1E**
un **tiroir** [ɛ̃tiʀwaʀ] eine Schublade **III 5E**
un **titre** [ɛ̃titʀ] ein Titel **I 8,** 1
toi [twa] du *(betont)* **I 1E**
un **toit** [ɛ̃twa] ein Dach **III 2**
une **tomate** [yntɔmat] eine Tomate **II 5E**
tomber [tõbe] fallen **II 2**
tomber malade [tõbemalad] krank werden **⟨II 8A⟩**
le **tonnerre** [lətɔnɛʀ] der Donner **II 7B**
tôt [to] früh *(Adv.)* **⟨II 9,** 7**⟩**
toujours [tuʒuʀ] immer **I 6E; II 4,** 12

une **tour** [yntuʀ] ein Turm **I 5E**
un **tour** [ɛ̃tuʀ] eine Tour, ein Rundgang **II 3A**
C'est mon tour. [sɛmõtuʀ] Ich bin dran./Ich bin an der Reihe. **I 7**
un **touriste**/une **touriste** [ɛ̃tuʀist/yntuʀist] ein Tourist/eine Touristin **I 5**
tourner [tuʀne] abbiegen, drehen **I 5**
tourner qc [tuʀne] etw. (um)drehen **I 6A**
tout/toute/tous/toutes [tu/tut/tus/tut] ganz, alle + *Nomen* **⟨I 9B⟩; II 4**
tous, toutes *(als Begleiter)* [tu/tut] alle *(+ Nomen)* **II 4**
tout [tu] alles **I 8E**
tout à coup [tutaku] plötzlich **I 4**
tout à l'heure [tutalœʀ] vorhin, eben; gleich, nachher **II 3A**
tout de suite [tudsɥit] sofort **I 7**
tout droit [tudʀwa] geradeaus **I 5**
tout le monde [tulmõd] alle, jeder, alle Welt **⟨I 9B⟩; II 4**
le **trac** [lətʀak] das Lampenfieber **III 4**
une **trace** [yntʀas] eine Spur **II 7A**
une **traduction** [yntʀadyksjõ] eine Übersetzung **I 8,** 3
un **train** [ɛ̃tʀɛ̃] ein Zug **I 7**
tranquille [tʀɑ̃kil] ruhig, brav **III 3**
un **travail**/des **travaux** [ɛ̃tʀavaj/detʀavo] eine Arbeit/Arbeiten **I 6B,** 9
travailler [tʀavaje] arbeiten **I 4,** 12
travailler sur qc [tʀavajesyʀ] etw. erarbeiten, an etw. arbeiten **II 5,** 13
traverser qc [tʀavɛʀse] etw. überqueren **I 5**
un **tremblement de terre** [ɛ̃tʀɑ̃mbləmɑ̃dətɛʀ] ein Erdbeben **⟨II 8B⟩**
très [tʀɛ] sehr **I 6A**
un **trimestre** [ɛ̃tʀimɛstʀ] ein Trimester **II 3B**
triste [tʀist] traurig **II 2**
trop [tʀo] zu viel **I 7**
C'est trop! *(fam.)* [sɛtʀo] Das gibt's ja nicht! *(ugs.)* **III 4**
un **trou** [ɛ̃tʀu] ein Loch **II 7B**
trouver qc [tʀuve] etw. finden **I 2E**
se trouver [sətʀuve] sich befinden **II 7B**
un **t-shirt** [ɛ̃tiʃœʀt] ein T-Shirt **⟨I 9A⟩; ⟨II 8B,** 9**⟩; III 1E**
tuer qn [tɥe] jdn. töten, jdn. umbringen **⟨II 9⟩**

TV5 [tevesɛ̃k] TV5 *(Fernsehsender)* **⟨III M1,** 10**⟩**
un **type** [ɛ̃tip] ein Typ **III 4**

U

unique [ynik] einzig *(hier)* einzeln **⟨II 8B,** 5**⟩**

V

les **vacances** *(f., pl.)* [levakɑ̃s] die Ferien, der Urlaub **⟨I 9E⟩; II 1**
partir en vacances [paʀtiʀɑ̃vakɑ̃s] in die Ferien fahren, in den Urlaub fahren **⟨I 9A⟩**
en vacances [ɑ̃vakɑ̃s] in den Ferien **II 5**
une **vache** [ynvaʃ] eine Kuh **I 7E**
La vache! *(fam.)* [lavaʃ] Donnerwetter! *(ugs.)* **⟨II 9,** 9**⟩**
une **vague** [ynvag] eine Welle **⟨I 9E⟩**
un **vélo** [ɛ̃velo] ein Fahrrad **⟨I 9A⟩; II 1,** 2
un **vendeur**/une **vendeuse** [ɛ̃vɑ̃dœʀ/ynvɑ̃døz] ein Verkäufer/eine Verkäuferin **⟨III M1,** 7**⟩**
vendre qc [vɑ̃dʀ] etw. verkaufen **I 8**
vendredi *(m.)* [vɑ̃dʀədi] Freitag **I 7**
venir [vəniʀ] kommen **⟨I 9B⟩; II 1**
venir chercher qn [vəniʀʃɛʀʃe] jdn. abholen kommen **⟨I 9B⟩**
venir de faire qc [vəniʀdəfɛʀ] gerade etw. getan haben **II 4**
venir voir qn [vəniʀvwaʀ] jdn. besuchen (kommen) **⟨II 9⟩**
le **vent** [ləvɑ̃] der Wind **⟨I 9B⟩; II 7A**
le **ventre** [ləvɑ̃tʀ] der Bauch **⟨I 9A⟩; II 7B,** 4
avoir mal au ventre [avwaʀmalovɑ̃tʀ] Bauchweh haben **⟨I 9A⟩**
un **verbe** [ɛ̃vɛʀb] ein Verb **I 2E**
le **verlan** [ləvɛʀlɑ̃] das „Verlan" **III 3**
un **verre** [ɛ̃vɛʀ] ein Glas **I 7**
vers [vɛʀ] gegen, in Richtung **⟨III M1⟩**
vert/verte [vɛʀ/vɛʀt] grün **I 7,** 4
un **vestiaire** [ɛ̃vɛstjɛʀ] eine Garderobe **II 1E**
un **vêtement** [ɛ̃vɛtmɑ̃] ein Kleidungsstück **⟨I 9A⟩; II 7A**
vide [vid] leer **I 2**
une **vidéo** [ynvideo] ein Video **I 4E**
la **vie** [lavi] das Leben **⟨I 6A,** 2**⟩; I 7,** 10
vieux/vieil/vieille [vjø/vjɛj/vjɛj] alt **II 3B**
un **village** [ɛ̃vilaʒ] ein Dorf **I 7**
une **ville** [ynvil] eine Stadt **I 8**
en ville [ɑ̃vil] in der Stadt, in die Stadt **II 2,** 2; **⟨I 9E⟩**

le **vin** [ləvɛ̃] der Wein **II 5**
un **virage** [ɛ̃viʀaʒ] eine Kurve **III 5**
un **visage** [ləvisaʒ] ein Gesicht **III 5**
une **visite** [ynvizit] ein Besuch **II 2**
visiter qc [vizite] etw. besichtigen **I 3A**
vite *(Adv.)* [vit] schnell **I 2**
Un peu moins vite, s'il vous plaît. [ɛ̃pømwɛ̃vit] Ein bisschen langsamer, bitte. **I 8**, 14
Vive … ! [viv] Es lebe … ! ⟨**I 9A**, 6⟩
vivre [vivʀ] leben **II 3E**
le **vocabulaire** [ləvɔkabylɛʀ] der Wortschatz **I 2**, 12
voici [vwasi] hier ist **I 1**
voilà [vwala] da ist; *(hier)* Na also., Jetzt haben wir's. *(ugs.)* **I 4**
le voilà [ləvwala] da ist er **I 5**
Voilà pour aujourd'hui. [vwalapuʀoʒuʀdɥi] Das ist alles für heute. **I 8E**
la **voile** [lavwal] das Segel; das Segeln **III 1**
voir qc [vwaʀ] etw. sehen ⟨**I 9B**⟩; **II 1**
vous verrez [vuvɛʀe] ihr werdet sehen/Sie werden sehen ⟨**II 9**⟩
un **voisin**/une **voisine** [ɛ̃vwazɛ̃/ynvwazin] ein Nachbar/eine Nachbarin **I 3A**
une **voiture** [ynvwatyʀ] ein Auto **I 1**
en voiture [ɑ̃vwatyʀ] mit dem Auto **I 7**
une **voix** [ynvwa] eine Stimme **III 5**
un **vol** [ɛ̃vɔl] ein Flug **II 3A**, 3
voler qc [vɔle] etw. stehlen **I 5**
un **voleur** [ɛ̃vɔlœʀ] ein Dieb **I 5**
Au voleur! [ovɔlœʀ] Haltet den Dieb! **I 5**
le **volley** [ləvɔlɛ] der Volleyball **III 1E**
vouloir qc [vulwaʀ] etw. wollen **I 6B**
vouloir faire qc [vulwaʀfɛʀ] etw. tun wollen **I 6B**
je voudrais [ʒəvudʀɛ] ich möchte gerne **I 6B**, 7
un **voyage** [ɛ̃vwajaʒ] eine Reise ⟨**II 9E**⟩; **III 2E**
voyager [vwajaʒe] fahren, reisen **III 3**
vrai [vʀɛ] wahr, richtig **I 2**, 1
vraiment [vʀɛmɑ̃] wirklich **III 3**

W

les **W.-C.** *(m., pl.)* [levese] die Toilette, das WC **I 3E**
un **week-end** [ɛ̃wikɛnd] ein Wochenende **I 7**
le **wolof** [ləvɔlɔf] das Wolof *(westafrikanische Sprache)* **II 4**, 11

Y

y [i] dort, dorthin **II 7B**

Z

en zigzag [ɑ̃zigzag] im Zickzack ⟨**II 9E**⟩
Zut! *(fam.)* [zyt] Mist! *(ugs.)* **I 2**

Prénoms masculins

Adrien [adʀijɛ̃] **I 5E**
Alain [alɛ̃] **II 1**, 5
Antonin [ɑ̃tɔnɛ̃] **III 5E**
Arnaud [aʀno] **III 1**, 3
Babaka [babaka] **III 3**
Bodo [bɔdo] **III 3**
Bruno [bʀyno] **I 7**
Christian [kʀistjɑ̃] **I 1**
Christophe [kʀistɔf] **I 7**, 12
David [david] **III 1**
Fabien [fabjɛ̃] **II 3E**
Florian [flɔʀjɑ̃] **III 2**, 9
Franck [fʀɑ̃k] **II 3B**, 7
Frédéric [fʀedeʀik] **III 5**, 7
Grégory [gʀegɔʀi] **II 6E**
Jacques [ʒak] **I 8E**
Jean-Loup [ʒɑ̃lu] **II 6**
Jérémie [ʒeʀemi] **II 4**
Julien [ʒyljɛ̃] **I 1**, 2
Kevin [kevin] ⟨**II 8B**, 7⟩
Laurent [lɔʀɑ̃] ⟨**II 8B**⟩; **III 1E**
Loïc [loik] ⟨**I 9A**, 11⟩; **III 1**, 3
Luc [lyk] **I 7**, 12
Marc [maʀk] **I 7**
Marco [maʀko] **II 4E**
Nathan [natɑ̃] **III 3E**
Nicolas [nikɔla] **II 3E**
Olivier [ɔlivje] **II 6**, 4
Pascal [paskal] ⟨**II 8A**, 5⟩
Patrick [patʀik] **I 2**, 10
Philippe [filip] **I 7**, 12
Pierre [pjɛʀ] **I 4**, 8
Roberto [ʀɔbɛʀto] **II 1**, 2
Socrate [sɔkʀat] ⟨**II 8B**, 8⟩
Théo [teo] **I 1E**
Thomas [toma] **I 1E**
Valentin [valɑ̃tɛ̃] **I 3E**
Valérian [valeʀjɑ̃] **III 5E**
Victor [viktɔʀ] **I 1E**
Wahid [waid] ⟨**II 8A**, 3⟩
Yan [jan] ⟨**I 9A**⟩; **III 5**, 3

Prénoms féminins

Adeline [adlin] **II 4**
Amandine [amɑ̃din] **I 1E**
Amélie [ameli] **I 1**, 2
Anne [an] **I 7**, 12
Annie [ani] **II 7E**
Barbara [baʀbaʀa] **III 2E**
Caroline [kaʀɔlin] **I 1**, 2
Cécile [sesil] **II 2**
Charlotte [ʃaʀlɔt] **III 1E**
Chloé [kloe] **II 3B**, 7
Christelle [kʀistɛl] **II 3B**, 2
Coco [kɔko] **III 2**
Edith [edit] **I 6B**, 9
Elodie [elɔdi] **III 1E**
Emilie [emili] **I 7**, 12
Emma [ɛma] **I 1E**
Geneviève [ʒənvjɛv] ⟨**II 9**⟩
Isabelle [izabɛl] **I 7**
Julia [ʒylja] **I 4**, 8
Laura [lɔʀa] ⟨**II 9E**⟩; **III 4**, 11
Laure [lɔʀ] **III 2**
Léa [lea] **I 7**
Lili [lili] **I 7**
Lisa [liza] **I 7**, 12
Louise [lwiz] **I 7**, 12
Magalie [magali] **II 5**
Malika [malika] **I 1E**
Manon [manõ] **I 3E**
Marie [maʀi] **II 3B**, 7
Marise [maʀiz] **I 7**, 12
Mathilde [matild] **I 7**
Morgane [mɔʀgan] **III 5**
Nathalie [natali] **I 8E**
Nouria [nuʀja] **III 3**
Samira [samiʀa] **II 3A**
Sonia [sɔnja] **II 3B**, 2
Sophie [sɔfi] **III 2**, 7
Sylvie [silvi] **II 1**, 5
Zoé [zoe] **I 7**

Noms de famille

Bajot [baʒo] **I 6B**, 4
Bertaud [bɛʀto] **I 1**
Bonin [bɔnɛ̃] **III 5E**
Boulay [bulɛ] **I 4**
Carbonne [kaʀbɔn] **I 3E**
Carrère [kaʀɛʀ] **III 4**
Cestor [sɛstɔʀ] ⟨**II 8A**, 5⟩
Chapuis [ʃapɥi] **II 4E**
Dufour [dyfuʀ] **I 2**, 2
Franconi [fʀɑ̃kɔni] **III 3E**
Fritz [fʀits] **III 2E**
Gentilli [ʒɑ̃tiji] **II 3A**
Guazzatti [gwadzati] ⟨**II 9**⟩
Kermorgant [kɛʀmɔʀgɑ̃] ⟨**I 9A**⟩
Leclerc [ləklɛʀ] **I 3A**
Marcou [maʀku] **II 7E**
Martin [maʀtɛ̃] **II 4**
Messadi [mɛsadi] **I 6B**, 4

Pajon [paʒõ] **I 4,** 12
Philibert [filibɛʀ] ⟨**II 8E**⟩
Rollin [ʀolɛ̃] **I 2**
Salomon [salomõ] **I 2**
Sarré [saʀe] **I 6E**

Noms de villes

Antibes [ɑ̃tib] **III 4**
Argelès-Gazost [aʀʒəlɛsgazɔst] **II 7E**
Arras [aʀas] **I 7**
Autun [otɛ̃] **III 2,** 10
Bâle [bal] ⟨**II 9E**⟩
Beaune [bon] **III 2**
Berlin [bɛʀlɛ̃] **I 1**
Berne [bɛʀn] ⟨**II 9E**⟩
Biarritz [bjaʀits] ⟨**II 9**⟩
Blagnac [blaɲak] **II 3E**
Brest [bʀɛst] ⟨**I 9A,** 2⟩
Brignoles [bʀiɲɔl] ⟨**III M1E**⟩
Bruxelles [bʀy(k)sɛl] **I 8E**
Cannes [kan] **III 4**
Carcassonne [kaʀkasɔn] **II 3A, 10**
Carnac [kaʀnak] **III 5E**
Chapaize [ʃapɛz] **III 2E**
Dakar [dakaʀ] **II 4E**
Dijon [diʒõ] **III 2E**
Fécamp [fekɑ̃] **III 1E**
Fontainebleau [fõtɛnblo] **I 4**
Genève [ʒənɛv] **I 5E**
Hambourg [ɑ̃buʀ] **II 3A,** 3
Isbergues [isbɛʀg] **I 7**
Locarno [lɔkaʀno] ⟨**II 9E**⟩
Locmaria [lɔkmaʀja] **III 5E**
Lorient [lɔʀjɑ̃] **III 5E**
Louhans [luɑ̃] **III 2**
Lourdes [luʀd] **II 7B**
Lucerne [lysɛʀn] ⟨**II 9E**⟩
Lyon [ljõ] ⟨**II 8B**⟩; **III 3E**
Marrakech [maʀakɛʃ] ⟨**I 9A**⟩
Marsannay [maʀsanɛ] **III 2,** 2
Mayence [majɑ̃s] **III 2E**
Montauban [mõtobɑ̃] **II 7E**
Montreux [mõtʀø] ⟨**II 9E**⟩
Montrouge [mõʀuʒ] **I 3A**
Nice [nis] **III 4E**
Paris [paʀi] **I 1**
Penvénan [pɛnvenan] ⟨**I 9A**⟩
Port-Blanc [pɔʀblɑ̃] ⟨**I 9A**⟩
Ratisbonne [ʀatisbɔn] ⟨**II 9,** 3⟩
Rennes [ʀɛn] **III 5,** 8
Rombly [ʀõbli] **I 7**
Saint-Cyprien [sɛ̃sipʀijɛ̃] **II 3B,** 6
Saint-Moritz [sɛ̃mɔʀits] ⟨**II 9E**⟩
Toulouse [tuluz] ⟨**I 9B,** 2⟩; **II 1**
Tréguier [tʀegje] ⟨**I 9B**⟩
Trestel [tʀɛstɛl] ⟨**I 9B**⟩
Zurich [zyʀik] ⟨**II 9,** 2⟩

Noms géographiques

l'**Afrique** *(f.)* [lafʀik] **II 4**
l'**Algérie** *(f.)* [lalʒeʀi] ⟨**II 8B**⟩; **III 3**
l'**Allemagne** *(f.)* [lalmaɲ] **I 8**
l'**Atlantique** *(m.)* [latlɑ̃tik] **II 3A,** 3
la **Belgique** [labɛlʒik] **I 8**
la **Bourgogne** [labuʀgɔɲ] ⟨**II 9,** 8⟩; **III 2E**
la **Bretagne** [labʀətaɲ] ⟨**I 9B**⟩; **III 5**
Chalon-sur-Saône [ʃalõsyʀson] **III 2**
la **Côte-d'Or** [lakot(ə)dɔʀ] **III 2E**
l'**Espagne** *(f.)* [lɛspaɲ] **II 7B,** 6
l'**Europe** *(f.)* [løʀɔp] ⟨**II 9**⟩; **III 3E**
la **France** [lafʀɑ̃s] **I 8E**
la **Garonne** [lagaʀɔn] **II 2**
la **Gaule** [lagol] ⟨**II 9,** 8⟩
l'**île de Groix** [lildəgʀwa] **III 5E**
l'**Italie** *(f.)* [litali] **II 1**
le **Luxembourg** [ləlykzɑ̃buʀ] ⟨**II 9**⟩
la **Martinique** [lamaʀtinik] **II 4**
le **Midi** [ləmidi] ⟨**III M1E**⟩
les **Midi-Pyrénées** [lemidipiʀene] **II 7E**
la **Nièvre** [lanjɛvʀ] **III 2E**
la **Normandie** [lanɔʀmɑ̃di] **III 1E**
les **Pyrénées** *(f.)* [lepiʀene] **II 3A**
la **Saône-et-Loire** [lasonelwaʀ] **III 2E**
la Seine [lasɛn] **I 5E**
le **Sénégal** [ləsenegal] **II 4E**
la **Suisse** [lasɥis] **II 7E**
le **Var** [ləvaʀ] ⟨**III M1**⟩
l'**Yonne** *(f.)* [ljɔn] **III 2E**

Noms divers

Aérospatiale [aeʀɔspasjal] **II 3A,** 2
Airbus [ɛʀbys] **II 1**
Alésia [alezja] ⟨**II 9,** 8⟩
l'**Arc de triomphe** *(m.)* [laʀkdətʀijõf] **I 5E**
l'**Arche de la Défense** *(f.)* [laʀʃdəladefɑ̃s] **I 5E**
l'**Argonaute** [laʀgɔnot] **II 1E**
Astérix [asteʀiks] ⟨**II 6,** 7⟩
Atlantis [atlɑ̃tis] **II 1E**
le **boulevard St-Michel** [ləbulvaʀsɛ̃miʃɛl] **II 1,** 2
le **canal du Midi** [ləkanaldymidi] **II 2**
le **canton des Grisons** [ləkɑ̃tõdegʀizõ] ⟨**II 9E**⟩
le **Capitole** [ləkapitɔl] **II 2**
Casino [kazino] **II 2,** 6
le **Centre Georges Pompidou** [ləsɑ̃tʀʒɔʀʒpõpidu] **I 5,** 12
Charles de Gaulle-Etoile [ʃaʀldəgoletwal] **I 5**
Collège Anne Frank [kɔlɛʒanfʀɑ̃k] **I 4**
la Défense [ladefɑ̃s] **I 5E**
La Dépêche du Midi [ladepɛʃdymidi] **II 6,** 9
Filou [filu] **I 6A**
le Forum des Halles [lefoʀɔmdeal] **I 5E**
France-Inter [fʀɑ̃sɛ̃tɛʀ] ⟨**II 8A,** 5⟩
France Télécom [fʀɑ̃stelekɔm] **II 6,** 9
France 3 [fʀɑ̃s(ə)tʀwa] **III 4**
le **Futuroscope** [ləfytyʀɔskɔp] **III 4,** 2
la **gare du Nord** [lagaʀdynɔʀ] **I 7**
la **Géode** [laʒeɔd] **II 1E**
Grand Thon [gʀɑ̃tõ] **III 5**
Gutenberg [gytɛ̃bɛʀ] **III 2E**
Guyenne [gɥijɛn] **II 3A,** 2
l'**Hôtel-Dieu** *(m.)* [lɔtɛldjø] **III 2**
l'**Institut du Monde Arabe** [lɛ̃stitydymõdaʀab] **II 1,** 7
le **jardin du Luxembourg** [ləʒaʀdɛ̃dylyksɑ̃buʀ] **II 1,** 2
le **Lac Majeur** [ləlakmaʒœʀ] ⟨**II 9E**⟩
Louis XIV [lwikatɔʀz] ⟨**II 6,** 7⟩
le **Louvre** [ləluvʀ] **I 5E**
la **Marseillaise** [lamaʀsɛjɛz] ⟨**I 9B**⟩
Matou [matu] **I 6B**
Météo France [meteofʀɑ̃s] **II 6,** 9
Montmartre *(m.)* [mõmaʀtʀ] **II 1,** 7
Morzine [mɔʀzin] ⟨**I 9E**⟩
le **Musée d'Orsay** [ləmyzedɔʀsɛ] **II 1,** 7
nice-matin [nismatɛ̃] **III 4**
Nice-Rugby [nisʀygbi] **III 4E**
Noël *(m.)* [nɔɛl] **II 1**
Notre-Dame [nɔtʀədam] **I 5,** 12
les **Nouvelles Galeries** [lenuvɛlgalʀi] **II 2,** 2
Odyssud *(f.)* [ɔdisyd] **II 3A**
Okapi [ɔkapi] ⟨**II 8B,** 7⟩
le **Palais des Ducs** [ləpalɛdedyk] **III 2**
le **Parc de la Villette** [ləpaʀkdəlavilɛt] **II 1E**
la **place d'Arcy** [laplasdaʀsi] **III 2**
la **place de la Bastille** [laplasdlabastij] **I 2**
la **place Madou** [laplasmadu] **I 8E**
la **place Pigalle** [laplaspigal] **I 5,** 9
la **pyramide du Louvre** [lapiʀamidyluvʀ] **I 5E**
Rex [ʀɛks] **II 3B**
Rivoli [ʀivɔli] **I 5**
Roncevaux [ʀõsvo] ⟨**II 9**⟩
la **rue Charles Baudelaire** [laʀyʃaʀlbodlɛʀ] **I 2**

Noms de personnes connues

– Die deutsch-französische Wortliste führt die wichtigsten Lernwörter aus *Découvertes* Band 1–3 auf. Der Wortschatz aus den ⟨*Album*⟩- und ⟨*Plateau*⟩-Teilen sowie aus den Lektionen ⟨I,9⟩; ⟨II,8⟩ und ⟨II,9⟩ wird hier nicht aufgeführt.

A

abbiegen tourner **I 5**
ein Abend un soir **I 3A**
abends le soir **I 3A**
ein Abend (im Verlauf) une soirée **III 1**
heute Abend ce soir **II 3B**
ein Abenteuer une aventure **II 7E**
aber mais **I 1**
abfahren partir **II 1**
auf jdn./etw. abfahren flasher sur qn/qc **III 1**
die Abfahrt, der Aufbruch le départ **I 8**
das Abi(tur) le bac(calauréat) **III 4E**
etw. abschreiben copier qc **II 6**, 6
ein Abwesender/eine Abwesende un absent/une absente **III 5**, 6
etw. achten respecter qc **I 2**
eine Adresse une adresse **I 3A**
ein Affe un singe **III 3**
ein Akzent, ein Tonfall un accent **II 2**
ein Album *(hier)* **eine CD** un album **II 3B**
alle *(+ Nomen)* tous, toutes **II 4**
alle, jeder, alle Welt tout le monde **II 4**
allein seul/seule **II 6E**
alles tout **I 8E**
als comme **I 6E**
der Erste/die Erste le premier/la première **II 2E**
also donc **III 1**
alt vieux/vieil/vieille **II 3B**
das Alter l'âge *(m.)* **I 4**
eine Ampel un feu/des feux **II 7A**, 6
jdn. anbaggern, jdn. anmachen *(ugs.)* draguer qn *(fam.)* **III 1**
jdm. etw. anbieten offrir qc à qn **III 4**
ein Andenken un souvenir **I 8**, 5
ein anderer/eine andere un autre/une autre **I 6B**
etw. anderes autre chose **II 4**, 6
anders différent/différente **I 7**, 15
ein Anfang un début **III 5**
etw. anfangen commencer qc **I 8**
eine Angelegenheit une affaire **I 8**
jdn. angreifen attaquer qn **III 5**
die Angst la peur **I 4**
jdn. anhalten arrêter qn **I 5**
anhalten s'arrêter **III 2**
(an)kommen arriver **I 4**
etw. ankündigen annoncer qc **II 5**
etw. anmalen, etw. anstreichen peindre qc **III 5**
eine Anmut, ein Reiz une grâce **III 4**
jdn. anrempeln bousculer qn **I 5**
ein Anruf un coup de téléphone **I 8E**
jdn. anrufen téléphoner à qn **I 6A**
jdn. (an)rufen appeler qn **II 5**
etw. ansehen regarder qc **I 2E**
eine Antwort une réponse **I 2**, 8
jdm. antworten répondre à qn **I 8**
eine Anzeige, eine Annonce une annonce **I 3E**
jdm. etw. anzeigen/jdm. eine Angabe machen indiquer qc à qn **II 4**, 5
etw. anziehen mettre qc **II 1**
ein Apfel une pomme **II 5**
ein Apfelkuchen une tarte aux pommes **II 5**, 7
eine Apotheke; eine Medikamentenschrank, eine Hausapotheke une pharmacie **III 2**
ein Apparat un appareil **I 8E**
April avril *(m.)* **I 7**, 6
ein Araber/eine Araberin un Arabe/une Arabe **III 3**
das Arabische l'arabe **III 3**
eine Arbeit un travail/des travaux **I 6B**, 9
arbeiten travailler **I 4**, 12
ein Arbeitszimmer; *(hier)* **ein Schreibtisch** un bureau **III 5E**
ein Argument un argument **II 1**, 1
arm pauvre **II 3B**
ein Arm un bras **II 7B**, 4
ein Artikel un article **II 4**, 12
ein Arzt/eine Ärztin un médecin **I 6E**
auch aussi **I 2E**
auch nicht ne … pas non plus **II 1**
auf, über sur **I 2E**
auf Deutsch en allemand **I 1**
Aufenthaltsraum une salle de permanence **II 4**
eine (Haus)Aufgabe un devoir **I 7**, 15
etw. aufhalten, stoppen arrêter qc ⟨**III M1**⟩
etw. aufheben ramasser qc **I 2; I 2**
aufhören etw. zu tun arrêter de faire qc **II 1**, 5
ein Auflauf un gratin **II 4**
etw. aufnehmen, etw. aufzeichnen enregistrer qc **III 4**
aufpassen faire attention **I 5**
aufräumen ranger **II 5E**
jdn. aufregen énerver qn **II 2**
aufstehen; *(hier)* **(Wind) aufkommen** se lever **II 7B**
etw. aufstellen, installieren installer qc **II 6**
ein Auge/Augen un œil/des yeux **III 1E**
August août *(m.)* **I 7**, 6
ein Ausdruck une expression **III 2**, 6
ein Ausflug une excursion **III 2**
ein Ausgang une sortie **II 3A**
ausgehen sortir (de qc) **II 1**
ein Ausländer/eine Ausländerin un étranger/une étrangère **III 3**
etw. ausmachen, etw. ausschalten éteindre qc **III 5**
das Aussehen l'air *(m.)* **III 1E**
außer sauf **II 4**
außerdem en plus **I 4**
aussteigen descendre **II 2E**
auswendig par cœur **I 6B**
ein Auto une voiture **I 1**
eine Autobahn une autoroute **III 2**
eine Autowerkstatt un garage **II 3A**

B

ein Babysitter/eine Babysitterin un baby-sitter/une baby-sitter ⟨**III M1**, 6⟩
eine Bäckerei une boulangerie **II 5**
baden se baigner **III 1**
ein Badezimmer une salle de bains **I 3E**
ein Bahnhof une gare **I 7**
bis bald à bientôt **I 8E**, 7
ein Ball un ballon **II 3B**
eine Banane une banane **II 5E**
eine (Sitz)Bank un banc **I 2**
ein Bär un ours **II 7E**
ein Bart une barbe **II 6**
der Bauch le ventre **II 7B**, 4
etw. bauen construire qc **II 7B**
ein Baum un arbre **I 2**
etw. beenden finir qc **II 4**
sich befinden se trouver **II 7B**
eine Befreiung une libération **II 4**, 11
jdm. begegnen rencontrer qn **I 8E**
eine Begegnung, ein Treffen une rencontre **I 8E**

jdn. begleiten accompagner qn I 8E
bei chez I 5E
jdm. Beifall klatschen applaudir qn II 4
ein Bein une jambe II 7B
zum Beispiel par exemple II 3B
bereit, fertig prêt/prête II 2
ein Berg une montagne II 1
ein Beruf un métier I 6E
sich beruhigen se calmer ⟨III M1⟩
sich mit jdm./etw. beschäftigen s'occuper de qn/qc III 3
etw. beschreiben décrire qc II 7A, 5
eine Beschreibung une définition III 2, 6
sich über jdn./etw. beschweren, sich über jdn./etw. beklagen se plaindre de qn/qc III 5
etw. besichtigen visiter qc I 3A
jdn. besiegen battre qn III 5
besser *(Steigerungsform von «bon»)* meilleur/meilleure III 1
besser *(Adv.)* mieux III 3
ein Besuch une visite II 2
etw. betrachten regarder qc I 2E
ein Bett un lit I 3A
bevorzugt, Lieblings- préféré/préférée II 6, 3
sich bewegen bouger I 6A
etw. bezahlen payer qc I 8
eine Bibliothek une bibliothèque I 6B, 7
ein Bild une image I 5, 15
ein Bildschirm un écran II 6
etw. (fest)binden attacher qc I 4
bis jusque II 6
  von … bis de … à I 5E
Bitte!, Gern geschehen. De rien. II 7E
bitten demander à qn de faire qc II 4, 6
ein Blatt une feuille II 7B
blau bleu/bleue I 7
bleiben rester I 3A
ein Bleistift un crayon I 2
ein Blitz un éclair II 7B
etw. ist blöd, etw. bringt's nicht *(ugs.)* qc est nul/nulle *(fam.)* II 2
ein Bonbon un bonbon III 2
ein Boot un bateau/des bateaux II 2
jd. braucht etw. il faut qc à qn II 5
  man braucht etw. il faut qc II 5
  etw. brauchen avoir besoin de qc II 7A
(kastanien)braun marron *(inv.)* I 7, 4
Es brennt! Au feu! ⟨III M1⟩
(ver)brennen brûler ⟨III M1⟩
ein Brief une lettre I 8E
ein Brieffreund/eine Brieffreundin un correspondant/une correspondante II 2, 10
eine Brille des lunettes *(f., pl.)* III 1E
jdm. etw. bringen apporter qc à qn II 6E
das Brot le pain II 5
eine Brücke un pont II 7B
ein Bruder un frère I 3A, 4
ein Buch un livre I 5
eine Buchhandlung une librairie I 5
(hier) **ein Buchstabe** une lettre III 4, 2
eine Bühne une scène II 6
ein Bus un bus I 5
die Butter le beurre II 5E

C

ein Café un café II 1, 2
ein Campingplatz un terrain de camping II 7E
eine CD/CDs un CD/des CD I 4, 11
ein Chat *(im Internet)* un forum de discussion III 4
ein Comic(Heft) une BD/des BD *(= une bande dessinée)* I 5
ein Computer un ordinateur I 3A
ein Cousin/eine Cousine un cousin/une cousine I 5E

D

da, weil comme II 5
ein Dach un toit III 2
danach après I 5
Danke. Merci. I 1
dann puis I 4
  dann, danach ensuite II 5
das ça I 2
Das gibt's ja nicht! *(ugs.)* C'est trop! *(fam.)* III 4
dass *(Konjunktion)* que I 8
derselbe/dieselbe/dasselbe le même/la même II 4, 2
ein Datum une date I 8, 12
den Tisch decken mettre la table II 1
eine Definition une définition III 2, 6
sich etw.(aus)denken imaginer qc II 1, 1
  an jdn. denken penser à qn II 3B
denn car I 7, 7
ein Departement un département III 2, 5
auf Deutsch en allemand I 1
Dezember décembre *(m.)* I 7, 6
ein Dichter/eine Dichterin un poète II 6, 2
dick gros/grosse II 4
ein Dieb un voleur I 5
Dienstag mardi *(m.)* I 7, 6
dieser/diese/dieses *(Demonstrativbegleiter)* ce/cet/cette/ces II 3B
digital numérique/numérique III 2
direkt direct/directe ⟨III M1⟩
ein Direktor/eine Direktorin un directeur/une directrice II 3A, 3
diskutieren discuter I 3A
doch si I 4
ein Doktor, ein Arzt un docteur II 7B, 4
der Donner le tonnerre II 7B
Donnerstag jeudi *(m.)* I 7
ein Dorf un village I 7
dort, da là I 2
  dort(hin), da(hin) là-bas II 1
dort, dorthin y II 7B
draußen, im Freien dehors III 4
etw. (um)drehen tourner qc I 6A
ein Drittel un tiers III 3, 8
du *(betont)* toi I 1E
dumm bête I 7
eine Dummheit une bêtise II 4
durch jdn./etw. grâce à qn/qc III 4
Durst haben avoir soif II 5

E

ein Ehemann un mari I 3B
ein Ei un œuf/des œufs II 5E
eifersüchtig (auf jdn.) jaloux/jalouse (de qn) II 7B
ein Eigentümer/eine Eigentümerin un propriétaire/une propriétaire I 3A
ein Eingang une entrée I 1E
jdn./etw. (wieder) einholen rattraper qn/qc III 5, 7
einige plusieurs *(inv.)* ⟨III M1⟩
einige, wenige quelques *(pl.)* III 4
einkaufen faire les courses II 5E
jdn. einladen inviter qn I 6B, 4
einmal une fois I 4, 11
einordnen classer qc II 1, 6
etw. einsammeln ramasser qc I 2
einschlafen s'endormir III 3
einsteigen monter I 5
eintreten entrer I 2
einverstanden, o.k. d'accord I 2E
ein Eis une glace II 5, 1
die Eltern les parents *(m.)* I 3A

ein Empfang; *(hier)* **eine Auftaktseite** un accueil **III 4**
etw. empfangen recevoir qc **II 2**
das Ende, der Schluss la fin **II 1**, 7
am Ende, schließlich à la fin **II 1**, 7
endlich enfin **I 5**
engagiert engagé/engagée **III 4**
englisch anglais/anglaise **I 8; III 3**, 2
etw. entdecken découvrir qc **II 7B**
eine Entdeckung une découverte **II 1E**
eine Ente un canard **II 5**
sich entfernen s'éloigner **II 7B**
sich entschuldigen s'excuser **III 1**, 9
sich bei jdm. entschuldigen demander pardon à qn **III 1**
Entschuldigung. Pardon. **I 4**, 12
die Erde la terre **II 4**
etwas erfinden inventer qc **III 2**, 7
ein Erfolg un succès **III 4**
eine Erinnerung un souvenir **I 8**, 5
jdm. etw. erklären expliquer qc à qn **I 8; III 5**
eine Erklärung une explication **III 1**, 9
etw. erneuern refaire qc **II 3A**
ernst(haft), seriös sérieux/sérieuse **III 5**
etw. erraten deviner qc **III 4E**
der erste/die erste/das erste le premier/la première **I 7**, 6
jdn. erwischen attraper qn **I 5**
etw. erzählen raconter qc **I 3A**
etw. essen manger qc **I 6A**
ein Essen un repas **I 7**
ein Esszimmer une salle à manger **I 3E**
etwas quelque chose **I 5**
eine Eule une chouette **III 2**

F

ein Faden un fil **II 7B**
fahren aller **I 5E**
jdn. fahren; jdn. führen conduire qn **II 7B**
fahren rouler **III 5**
fahren, reisen voyager **III 3**
ein Fahrer/eine Fahrerin un conducteur/une conductrice **II 3A**
eine Fahrkarte un billet **I 7**
ein Fahrplan un horaire **I 7**, 8
ein Fahrrad un vélo **II 1**, 2
ein Fahrschein; *(hier)* **Kassenbeleg** un ticket **III 2**
fallen tomber **II 2**
eine Familie une famille **I 3A**
jdn. (ein)fangen attraper qn **I 5**
eine Farbe une couleur **I 7**, 13
die Farbe *(zum Anmalen)* la peinture **II 3A**
Februar février *(m.)* **I 7**, 6
fehlen manquer **II 5**
ein Fehler une faute **I 7**, 17
ein Fenster une fenêtre **III 5**
die Ferien, der Urlaub les vacances *(f., pl.)* **II 1**
das Fernsehen la télévision **I 3A**
ein Fernsehsender une chaîne de télévision **II 6**
einen Fernsehauftritt haben passer à la télé **III 4**
Das ist unser erster Fernsehauftritt. C'est notre première télé. **III 4**
fertig, bereit prêt/prête **II 2**
etw. (fest)binden attacher qc **I 4**
ein Fest une fête **I 4**, 11
jdn. festnehmen arrêter qn **I 5**
ein Feuer un feu/des feux **II 7A**, 6
die Feuerwehr les pompiers *(m., pl.)* **⟨III M1E⟩**
ein Feuerwehrmann/eine Feuerwehrfrau un pompier/une femme pompier **⟨III M1E⟩**
eine Figur; eine Persönlichkeit un personnage **II 4**, 3
ein Film (Kino) un film **I 5**, 13
ein Film (Foto) une pellicule **I 8**
etw. filmen filmer qc **III 4**
etw. finden trouver qc **I 2E**
ein Fisch un poisson **II 1E**
die Fischerei la pêche **III 5**
eine Flamme une flamme **⟨III M1⟩**
eine Flasche une bouteille **I 2**
eine Flöte une flûte **I 3B**
ein Flug un vol **II 3A**, 3
ein Flugzeug un avion **II 1**
folgen suivre qn **III 4**
folgender/folgende/folgendes suivant/suivante **II 4**, 8
eine Form une forme **I 3A**, 3
die Fortsetzung la suite **I 5**, 15
ein Foto une photo **I 2E**
ein Foto von etw. machen prendre une photo de qc **I 8**
ein Fotoapparat un appareil photo **I 8**
eine Fotografie une photographie **III 2**
eine Frage une question **I 1**, 1
jdn. etwas fragen demander qc à qn **I 6A**
jdn. fragen, ob demander à qn si **I 8**
ein Franzose/eine Französin un Français/une Française **II 4**, 4
französisch français/française **I 7E**
das Französische le français **II 2**, 7
eine Frau une femme **I 3B**
frei libre **III 3**
im Freien, draußen dehors **III 4**
die beaufsichtigte Freistunde la permanence **II 4**
Freitag vendredi *(m.)* **I 7**
ein Freund/eine Freundin *(ugs.)* un copain/une copine *(fam.)* **I 3E**
ein Freund/eine Freundin un ami/une amie **I 5**
eine Frucht un fruit **II 5**
der Frühling le printemps **I 7**
ein Frühstück un petit-déjeuner **II 4**
sich fühlen se sentir **III 3**
jdn. führen; jdn. fahren conduire qn **II 7B**
ein Führer/eine Führerin un guide/une guide **II 7A**
funktionieren, gehen marcher **II 2**
für pour **I 2E**
jdn./etw. fürchten craindre qn/qc **III 5**
ein Fuß un pied **II 7B**
zu Fuß à pied **III 2**

G

ganz, alle *(+ Nomen)* tout, toute **II 4**
eine Garage un garage **II 3A**
eine Garderobe un vestiaire **II 1E**
ein Garten un jardin **II 1**
eine Gaststätte une brasserie **II 5**, 7
jdm. etw. geben donner qc à qn **I 6A**
geboren werden être né(e) **II 5**
gebrochen cassé/cassée **II 7B**
ein Geburtstag un anniversaire **I 7E**
ein Gedicht un poème **II 2**, 4
gefährlich dangereux/dangereuse **II 4**
jdm. gefallen plaire à qn **II 3A**
ein Gefängnis une prison **⟨III M1⟩**
ein Gefühl un sentiment **II 3A**, 8
gegen contre **I 3A**, 3
gegen, in Richtung vers **⟨III M1⟩**
ein Gegenstand; Betreff *(Angabe des Themas in einem offiziellen Brief)* un objet **II 4**, 11
das Gegenteil (von) le contraire (de) **I 8**, 14
gehen, fahren aller **I 5E**
gehen aller **I 5E**
gehen, laufen; *(hier)* **funktionieren** marcher **II 2**
gelb jaune **I 7**, 4
das Geld l'argent *(m.)* **II 6**, 6
ein Geldbeutel un porte-monnaie/des porte-monnaies **I 5**

gelingen etw. zu tun réussir à faire qc II 4
gemein, böse méchant/méchante III 5
ein Gemüse un légume II 5
genau exact/exacte III 3
die Geographie, die Erdkunde la géographie II 4
geradewegs; *(hier)* **direkt** droit *(Adv.)* III 5E
gerade etw. getan haben venir de faire qc II 4
geradeaus tout droit I 5
gerade etw. tun être en train de faire qc II 4
gerecht juste II 4, 7
etw. gerne tun aimer faire qc I 6B
ein Geschäft, ein Laden un magasin I 2
geschehen, sich ereignen se passer II 7B
etw. geschieht, etw. passiert jdm. qc arrive à qn II 7A
ein Geschenk un cadeau/des cadeaux I 7
eine Geschichte une histoire I 3B
Geschichte und Erdkunde l'histoire-géographie *(f.)* III 3
ein Gesicht un visage III 5
gestern hier II 1E
die Gesundheit la santé II 5
Gesundheit! A tes souhaits! II 5, 6
ein Getränk une boisson II 5
etw. gewinnen gagner qc II 6
ein Gewitter un orage II 7B
sich an etw. gewöhnen s'habituer à qc III 3
ein Gewürz une épice III 2
der Gips; Gipsverband le plâtre II 7B
eine Gitarre une guitare I 3A
ein Glas un verre I 7
etw. glauben croire qc II 6
gleich, nachher tout à l'heure II 3A
das Glück, die Chance la chance I 5E
glücklich heureux/heureuse III 3E
glücklicherweise heureusement III 3E
ein Glücksbringer un porte-bonheur III 2
ein Grad un degré II 1
das Gras; *(hier)* **das Kraut** l'herbe *(f.)* III 2
grau gris/grise I 7, 4
die Grippe la grippe II 7B, 4
groß grand/grande I 7E
Großeltern des grands-parents *(m.)* I 7
eine Großmutter une grand-mère I 7
ein Großvater un grand-père II 5
grün vert/verte I 7, 4
ein Grund une raison III 2
etw. gründen former qc III 4
eine Gruppe un groupe I 4
jdn. (be)grüßen saluer qn II 3E
gut bon/bonne I 7
gut bien I 2, 3
ein Gymnasium un lycée III 2E

H

ein Haar/Haare un cheveu/des cheveux III 1E
haben avoir I 4
Hab keine Angst! N'aie pas peur! III 5
ein Hafen un port III 1
ein Hahn un coq I 7E
eine halbe Stunde une demi-heure III 2
eine Hälfte une moitié III 3
ein Halt, eine Haltestelle un arrêt II 3A
ein Halt une halte II 7A
Das ist der Hammer! *(ugs.)* C'est le pied! *(fam.)* III 2
eine Hand une main III 5
ein Händler un marchand/une marchande II 5
hart dur/dure II 4, 7
ein Hauptgericht un plat principal II 5
eine Hauptstadt une capitale II 1
ein Haus une maison I 3E
ein Heft un cahier I 2, 3
heimgehen, heimkommen rentrer II 1, 2
heiß, warm chaud/chaude II 1
jdm. helfen aider qn I 6A
ein Hemd une chemise I 7
der Herbst l'automne *(m.)* I 7, 6
hereinkommen entrer I 2
etw. hervorheben mettre qc en relief II 7A, 4
herzlich cordial/cordiale II 4, 11
ein Herzog/eine Herzogin un duc/une duchesse III 2
heute aujourd'hui I 4
heute Abend ce soir II 3B
heute Morgen ce matin II 3B
hier ici I 2
Hilfe! Au secours! I 5
hinausgehen sortir (de qc) II 1
hingegen, dagegen par contre III 2
sich hinlegen, sich ausstrecken s'allonger III 1
hinter derrière I 2
hinuntergehen, aussteigen descendre II 2E
etw. hinzufügen ajouter qc II 5
die Hitze la chaleur II 6
hoch, oben haut/haute III 5
ein Hof une cour I 2
etw. hoffen espérer qc III 4
etw. holen aller chercher qc I 6B
etw. hören entendre qc I 8
eine Hose un pantalon I 7
hübsch joli/jolie I 7
ein Huhn, eine Henne une poule I 7E
ein Huhn, ein Hühnchen un poulet III 2
ein Hund un chien I 1
Hunger haben avoir faim *(f.)* I 8

I

eine Idee une idée I 3A
immer toujours I 6E
in à I 1; dans I 2E
in Frankreich en France II 1
in(nerhalb von) fünf Stunden en cinq heures II 2
eine Insel une île III 5E
ein Instrument un instrument III 4E
interessant intéressant/intéressante II 4, 9
jdn. interessieren intéresser qn II 2
Internet *(n.)* Internet *(m.)* I 3B
im Internet sur Internet I 3B
ein Interview une interview I 3A, 4
ein Italiener/eine Italienerin un Italien/une Italienne II 3A
italienisch italien/italienne II 1, 8

J

die Jagd la chasse II 4, 9
ein Jahr un an I 4; I 8
ein Jahrhundert un siècle III 2
Januar janvier *(m.)* I 7, 6
jdn. trösten consoler qn III 5E
eine Jeans, ein Paar Jeans un jean III 1
jeder/jede/jedes + *Nomen* chaque II 4
jeder zweite Schüler un élève sur deux III 3, 8
jeder/jede/jedes chacun/chacune III 4, 6
jemand quelqu'un II 4, 6
jetzt maintenant I 2
die schwarze Johannisbeere le cassis III 2E
ein Journalist/eine Jounalistin un journaliste/une journaliste II 7B, 6
eine Jugendherberge une auberge de jeunesse I 8E

ein Jugendlicher/eine Jugendliche un jeune/une jeune **II 3A,** 9; **III 1**
ein Jugendlicher/eine Jugendliche un adolescent/une adolescente **III 1**
Juli juillet *(m.)* **I 7,** 6
jung jeune **II 3A,** 9
ein Junge un garçon **I 1**
Juni juin *(m.)* **I 7,** 6

K

der Kaffee le café **II 1,** 2
ein Kalender un calendrier **I 8**
kalt froid/froide **II 1**
ein Kanal un canal **II 2**
eine Kanone un canon **III 1E**
eine Kantine une cantine **I 5E**
etw. kaputt machen casser qc ⟨**III M1**⟩
eine Karte une carte **I 6A,** 2
eine Kartoffel une pomme de terre **II 5**
ein Karton un carton **I 2**
der Käse le fromage **II 5**
eine Kasse une caisse **I 5**
eine Katze un chat **I 1**
etw. kaufen acheter qc **I 8**
die Kehle la gorge **II 7B,** 4
kein/keine *(bei Mengen)* ne … pas de **I 7**
ein Keller une cave **II 2**
etw. kennen connaître qc **II 3A**
ein Kerl un mec **III 1E**
eine Kerze une bougie **II 5**
ein Kind un enfant **I 3A,** 3
ein Kino un cinéma **I 5E**
eine Kirche une église **III 2**
klar, offensichtlich évident/évidente **III 5**
eine Klasse une classe **I 1,** 3
ein Klassenzimmer une salle de classe **I 2,** 4
ein Klavier un piano **I 4E**
etw. (an)kleben coller qc **I 2**
ein Kleid une robe **I 7**
ein Kleidungsstück un vêtement **II 7A**
klein petit/petite **I 7E**
klettern grimper **I 4**
das Klettern l'escalade *(f.)* **I 4E**
klingeln sonner **I 3B**
ein Koch un cuisinier/une cuisinière **I 5E**
ein Koch/eine Köchin un cuisinier/une cuisinière ⟨**III M1,** 7⟩
komisch, merkwürdig bizarre **I 1**
(an)kommen arriver **I 4**
kommen venir **II 1**
(mit jdn.) **kommunizieren** communiquer *(avec qn)* **II 6E**
ein König un roi **II 5,** 11
können pouvoir **I 6B**
etw. tun können *(wissen, wie es geht)* savoir faire qc **I 6B**
ein Kontrolleur/eine Kontrolleurin un contrôleur/une contrôleuse **III 3**
etw. kontrollieren contrôler qc/qn **III 3**
ein Konzert un concert **II 2**
ein Kopf une tête **II 2**
etw. kopieren copier qc **II 6,** 6
Das kostet Ça fait … **I 7,** 8
kostenlos, gratis gratuit/gratuite **II 3A**
köstlich délicieux/délicieuse **II 5**
krank malade **II 4E**
ein Krankenhaus un hôpital **II 7B**
ein Krankenwagen une ambulance **II 7B**
eine Kreuzung un carrefour **II 7A,** 6
ein Krieg une guerre **III 5**
ein Kriminalroman un roman policier **III 5,** 3
eine Krücke une béquille **II 7B**
eine Küche une cuisine **I 3E**
ein Kuchen/Kuchen un gâteau/des gâteaux **I 7**
eine Kugel une boule **I 7**
eine Kuh une vache **I 7E**
ein Kumpel *(ugs.)* un pote/une pote *(fam.)* **III 4**
ein Künstler/eine Künstlerin un artiste/une artiste **III 4**
eine Kurve un virage **III 5**
kurz court/courte ⟨**II 8B,** 9⟩; **III 1E**
ein Kuss *(ugs.)* une bise *(fam.)* **I 8**
jdn. küssen embrasser qn **II 1E**

L

das Labor(atorium) un labo(ratoire) **III 3,** 6
ein Lächeln un sourire **III 3**
lachen *(ugs.)* rigoler *(fam.)* **I 8**
lachen rire **II 4**
ein Laden un magasin **I 2**
eine Lampe une lampe **III 5**
das Lampenfieber le trac **III 4**
das Land la campagne **I 7E**
ein Land un pays **II 4E**
ein Landwirt/eine Landwirtin un agriculteur/une agricultrice ⟨**III M1**⟩
lang long/longue **I 7**
lange *(Adv.)* longtemps **III 3**
Ein bisschen langsamer, bitte. Un peu moins vite, s'il vous plaît. **I 8,** 14
ein Lastwagen un camion **II 2,** 12
laufen, rennen courir **II 2**
leben vivre **II 3E**
das Leben la vie **I 7,** 10
leer vide **I 2**
etw. legen mettre qc **II 1**
etw. legen poser qc **I 2**
ein Lehrer/eine Lehrerin un professeur **I 1**
leicht facile **I 4**
jdm. Leid tun être désolé(e). **II 2**
eine Leinwand un écran **II 6**
eine Lektion une leçon **III 1**
etw. lesen lire qc **I 7**
letzter/letzte/letztes dernier/dernière **II 2,** 3
die Leute les gens *(m., pl.)* **II 1,** 7
ein Licht une lumière **III 5**
lieb, teuer cher/chère **I 8E**
die Liebe l'amour *(m.)* **II 3B**
Liebe auf den ersten Blick le coup de foudre **II 3A**
etw. lieben, etw. mögen aimer qc **I 2**
etw. lieber mögen aimer mieux qc **III 3**
Liebling chéri /chérie **II 1E**
Lieblings- préféré/préférée **II 6,** 3
ein Lied une chanson **I 7**
eine (Verkehrs)Linie une ligne **I 5**
(nach) links à gauche **I 5**
eine Liste une liste **I 2,** 12
ein Loch un trou **II 7B**
eine Lösung une solution **I 3A**
die Luft; *(6c)* **das Aussehen** l'air *(m.)* **III 1E**
die Luft l'air *(m.)* **III 1E**
Lust haben, etw. zu tun avoir envie **I 4**
lustig drôle **I 8**

M

etw. machen faire qc **I 4E**
ein Mädchen une fille **I 1**
eine Mahlzeit un repas **I 7**
Mai mai *(m.)* **I 7**
ein Mal une fois **I 4,** 11
ein Mann un homme **I 5**
eine Mannschaft, ein Team une équipe **II 3E**
etw. markieren marquer qc **I 2**
ein Markt un marché **II 5**
März mars *(m.)* **I 7,** 6
eine Maschine une machine **I 6A,** 5
das Material, die Ausrüstung le matériel **II 4,** 8

Mathe *(ugs.)* les maths *(f., pl.) (fam.)* **II 4**
eine Mauer un mur **I 4**
eine Maus une souris **II 4**
ein Mechaniker/eine Mechanikerin un mécanicien/une mécanicienne **II 1**
das Meer la mer **II 7E**
das Mehl la farine **II 5E**
ein Menhir, ein Hinkelstein un menhir **III 5E**
eine Meinung un avis **II 6**
eine (Menschen)Menge une foule **II 6**
messen faire **⟨III M1⟩**
ein Meter un mètre **II 6**, 8
die Milch le lait **II 5E**
eine Million un million **III 3**
ein Mineralwasser une eau minérale **II 5**
mit avec **I 1**
jdn. etw. mitbringen apporter qc à qn **II 6E**
Mittag midi **I 5E**
ein Mittagsschlaf une sieste **III 2**
eine Mitteilung un message **II 6**
das Mittelalter le Moyen-Âge **III 2**
Mitternacht minuit **I 5E**
Mittwoch mercredi *(m.)* **I 4**
ein Mobiltelefon un portable **I 5**
ich möchte gerne je voudrais **I 6B**, 7
die Mode la mode **II 3A**
etw. mögen, etw. lieben aimer qc **I 2**
  etw. sehr gerne mögen adorer qc **II 1**
  etw. lieber mögen aimer mieux qc **III 3**
möglich possible **III 2**, 8
ein Monat un mois **I 3A**
Montag lundi *(m.)* **I 7**, 6
morgen demain **I 6A**
ein Morgen un matin **II 1E**
  heute Morgen ce matin **II 3B**
morgens le matin **II 1E**
müde fatigué/fatiguée **II 6**
ein Mülleimer une poubelle **I 2**
eine Muschel un coquillage **III 1**, 11
ein Museum un musée **II 1**
die Musik la musique **I 3A**
ein Musiker/eine Musikerin un musicien/une musicienne **II 6**
etw. tun müssen devoir faire qc **II 2**
man muss etw. tun il faut faire qc **II 5**
der Mut le courage **III 4**
eine Mutter une mère **I 6A**, 5

N

nach après **I 5**
etw. nachahmen imiter qc **II 3A**
ein Nachbar/eine Nachbarin un voisin/une voisine **I 3A**
nachdenken, überlegen réfléchir **II 4**
ein Nachmittag un après-midi **I 4**
eine Nachricht, eine Neuigkeit une nouvelle **II 2**
  eine Nachricht, eine Mitteilung un message **II 6**
eine Nachrichtensendung un journal **⟨III M1⟩**
nächster/nächste/nächstes prochain/prochaine **II 7B**, 2
eine Nacht une nuit **II 4**
ein Nachtisch un dessert **II 4**
nahe bei etw., neben etw. près de **I 8E**
ein Name un nom **I 7**, 14
eine Nase un nez **III 2**
die Natur la nature **I 2**
neben, nebenan à côté **II 3A**
neben à côté de **II 3A**
etw. nehmen prendre qc **I 7**
nett sympa *(fam.)* **I 1; III 1E**
nett, toll chouette **III 2**
etw. neu machen refaire qc **II 3A**
  neu nouveau/nouvel/nouvelle **II 3B**
nicht ne … pas **I 4**
  nicht mehr ne … plus **I 6A**
  auch nicht ne … pas non plus **II 1**
  noch nicht ne … pas encore **II 1**
  überhaupt nicht ne … pas du tout **II 1**
nichts ne … rien **I 6A**
nie, niemals ne … jamais **I 6A**
niedlich mignon/mignonne **II 3B**
niemand ne … personne **II 5**
ein Niveau un niveau **III 4**
noch encore **I 4**, 11
der Norden le nord **III 2E**
normal normal/normale **III 3**
eine Note une note **I 8**
Notizen machen prendre des notes **II 2**, 2
November novembre *(m.)* **I 7**, 6
eine Nudel une nouille **II 4**
eine Nummer un numéro **I 6B**, 4
nun, jetzt, dann alors **I 4**
nur seulement **III 3E**
nur ne … que **II 2**

O

ob si **I 8**
(weiter) oben ci-dessus **II 2**, 9
  oben, nach oben en haut **I 4**
oder ou **I 4**
etw. öffnen ouvrir qc **I 7**
oft souvent **I 4**
ohne sans **I 4**
  ohne etw. zu tun sans rien faire **II 7B**
ein Ohr une oreille **III 1**, 11
Oktober octobre *(m.)* **I 7**, 6
Oma *(ugs.)* mamie *(f.) (fam.)* **I 7**
ein Onkel un oncle **I 7**
Opa *(ugs.)* papi *(m.) (fam.)* **I 7**
orange orange *(inv.)* **I 7**, 4
eine Orange une orange **II 5E**
etw. organisieren organiser qc **I 8E**
ein Ort un lieu/des lieux **⟨III M1**, 1**⟩**
der Osten l'est *(m.)* **III 2E**

P

ein Paket un paquet **II 2**
ein Palast un palais **III 2**
die Panik la panique **II 7B**
ein Papier un papier **I 2**
ein Paradies un paradis **I 2**
ein Park un parc **II 1E**
etw. passiert jdm., etw. geschieht jdm. qc arrive à qn **II 7A**
die Pause la récréation **II 4**
eine Person une personne **II 3E**
ein Pfannkuchen une crêpe **II 2E**
der Pfeffer le poivre **II 5E**
ein Pferd/Pferde un cheval/des chevaux **III 5**
jdn./etw. pflegen soigner qn/qc **III 2**
ein Pilot/eine Pilotin un pilote/une pilote **II 3A**, 3
eine Pistole un pistolet **III 5E**
ein Plakat, ein Poster une affiche **I 2**
ein Plan; *(hier)* **ein Stadtplan** un plan **I 5**
ein Platz une place **I 2**
plötzlich tout à coup **I 4**
die Polizei la police **I 4**, 12
eine Polizeiwache une gendarmerie **⟨III M1⟩**
ein Polizist un policier **I 4**, 12
Pommes frites des frites *(f., pl.)* **I 8**
ein Porträt, ein Abbild un portrait **I 7**, 15
die Post la poste **II 2**
eine Postkarte une carte postale **III 2**
ein Praktikum un stage **III 1**

praktisch pratique **II 3B,** 2
ein Preis un prix **II 6**
eine Probe une répétition **III 4**
etw. probieren, etw. kosten goûter qc **II 5**
ein Problem un problème **I 3A**
kein Problem pas de problème **I 6B**
ein Programm un programme **II 3B**
ein Projekt, ein Vorhaben un projet **I 8E**
ein Prozent un pour cent **III 3**
ein Punkt un point **II 7A,** 6

R

ein Radiergummi une gomme **I 2**
am Rande von etw. au bord de qc **II 2**
eine Rast une halte **II 7A**
ein Rat, ein Ratschlag un conseil **III 1,** 8
ein Rathaus un hôtel de ville **I 5,** 12
ein Rätsel une devinette **II 3A,** 5
rauchen fumer **III 1,** 12
eine Reaktion une réaction **II 4,** 10
ein Rebell/eine Rebellin; *(hier) (Name einer Schülerzeitung)* un rebelle/une rebelle **III 3**
(nach) rechts à droite **I 5**
ein Referat un exposé **II 4**
ein Regal une étagère **I 2**
der Regen la pluie **II 7A**
ein Regenschirm un parapluie **II 1,** 10
eine Region une région **II 1**
ein (Film)Regisseur un réalisateur **I 6E**
regnen pleuvoir **II 1**
reich riche/riche **III 4**
eine Reihenfolge un ordre **I 3A,** 4
ein Reim une rime **I 1,** 6
eine Reise un voyage **III 2E**
ein Reisebus un car **III 2E**
rennen, laufen courir **II 2**
eine Reparatur une réparation **II 3A**
eine Reportage un reportage **II 2,** 5
etw. respektieren respecter qc **I 2**
ein Rest un reste **II 2**
ein Restaurant un restaurant **I 5E**
jdn./etw. retten sauver qn/qc **⟨III M1⟩**
ein Rezept *(Küche)* une recette **II 5E**
ein Rezept *(vom Arzt)* une ordonnance **II 7B,** 4
richtig, korrekt correct/correcte **I 8**
die richtige Form la bonne forme **I 3A,** 3
die richtige Reihenfolge le bon ordre **I 4,** 1
etw. riechen; etw. fühlen sentir qc **III 5**
eine Rolle un rôle **I 6B,** 6
das Rollerskaten le roller **I 4E**
ein Roman un roman **II 4,** 13
rosa rose **II 2**
rot rouge/rouge **I 7,** 4
der Rücken le dos **II 1E**
ein Rucksack un sac à dos **II 1E**
jdn. (an)rufen appeler qn **II 5**
die Ruhe, die Stille le silence **I 1**
ruhig, brav tranquille **III 3**
ruhig, still calme **III 3**
ein Rundgang, eine Tour un tour **II 3A**

S

ein Saal une salle **II 2**
eine Sache une chose **I 7**
ein Saft un jus **II 5**
jdm. etw. sagen dire qc à qn **I 8**
ein Salat une salade **II 5E**
das Salz le sel **II 5E**
Samstag samedi *(m.)* **I 5E**
der Sand le sable **III 1,** 11
ein Sandwich un sandwich **II 2,** 7
ein Sänger/eine Sängerin un chanteur/une chanteuse **II 2**
ein Satz une phrase **I 2,** 10
ein Saxofonspieler/eine Saxofonspielerin un saxophoniste/une saxophoniste **III 4**
Schade! Dommage! **III 1**
ein Schauspieler/eine Schauspielerin un acteur/une actrice **I 5,** 14
jdm. etw. schicken envoyer qc à qn **II 2**
ein Schiff un bateau/des bateaux **II 2**
ein Schinken un jambon **III 2**
schlafen dormir **II 1**
sich schlafen legen, sich hinlegen se coucher **III 5**
jdn. schlagen battre qn **III 5**
die Schlagsahne la crème chantilly **II 5E**
schlecht mauvais/mauvaise **I 7**
das ist nicht schlecht Ce n'est pas mal. **I 4**
etw. schließen fermer qc **III 5E**
schließlich enfin **I 5**
schließlich, zum Schluss finalement **III 5**
Das ist nicht schlimm. Ce n'est pas grave. **I 4**
der Schluss la fin **II 1,** 7
ein Schlüssel une clé **⟨III M1⟩**
ein Schlüsselwort un mot-clé **I 7,** 10
ein Schmerz une douleur **II 7B**
Schmerzen haben avoir mal **II 3B**
schmollen, sauer sein *(ugs.)* faire la tête *(fam.)* **II 2**
schmutzig sale **I 2**
eine Schnecke un escargot **III 2E**
etw. schneiden couper qc **I 6B**
schneiden couper qc **II 6**
schnell rapide **III 3**
schnell *(Adv.)* vite **I 2**
eine Schnur un fil **II 7B**
die Schokolade le chocolat **II 5E**
schön beau/bel/belle **II 3B**
es ist schönes Wetter il fait beau **II 1**
schon déjà **I 3B**
etw. schreiben écrire qc **I 7**
ein Schreibwarengeschäft une papeterie **I 2**
schreien crier **I 4**
eine Schublade un tiroir **III 5E**
schüchtern timide **III 1E**
ein Schuldirektor/eine Schuldirektorin un pricipal/une principale **⟨II 8⟩**
der Schul(jahres)beginn la rentrée **III 3**
Das ist seine/ihre Schuld. C'est (de) sa faute. **II 7B**
eine Schule une école **I 4E**
ein Schüler/eine Schülerin un élève/une élève **I 4**
schwarz noir/noire **I 7**
schwer; *(hier)* **umfangreich** lourd/lourde **III 2**
eine Schwester une sœur **I 3A,** 4
schwierig difficile **II 5**
ein Schwimmbad une piscine **II 2**
das Schwimmen la natation **I 4E**
das Segel; das Segeln la voile **III 1**
etw. sehen regarder qc **I 2E; II 1**
sehr très **I 6A**
etw. sehr gern tun adorer faire qc **II 4,** 12
sehr; unheimlich viel énormément **III 5**
ein Seil une corde **I 4**
sein être **I 3A**
seit depuis **I 8,** 2
eine Seite une page **I 2,** 12
eine Sekunde une seconde **III 5**
eine (Fernseh)Sendung une émission **⟨III M1,** 5⟩
der Senf la moutarde **III 2E**
September septembre *(m.)* **I 7,** 6
sich setzen s'asseoir **III 4**
etw. setzen, etw. stellen, etw. legen poser qc **I 2**

sicher sûr/sûre II 3A
sicherlich, Na klar! bien sûr II 3B
sicher, sicherlich *(Adv.)* sûrement II 4, 9
sich über jdn. lustig machen se moquer de qn III 1
singen chanter I 7
eine Situation une situation I 2, 7
ein Sketch un sketch III 1, 7
das Skifahren le ski II 1
so, auf diese Weise comme ça II 1E
sofort tout de suite I 7
sogar même II 1E
ein Sohn un fils II 6, 11
der Sommer l'été *(m.)* I 7, 6
die Sonne le soleil II 1
es ist sonnig il y a du soleil II 1
eine Sonnenbrille des lunettes de soleil *(f., pl.)* III 1E
Sonntag dimanche *(m.)* I 6E
spanisch espagnol/espagnole I 7E
spät tard II 2, 6
spazieren gehen se promener II 7B; se balader *(fam.)* III 1
ein Spiel un jeu I 1, 4
ein Spiel, ein Wettkampf un match II 3E
spielen jouer I 3A
eine Spinne une araignée II 4
der Sport le sport I 4E
Sport treiben faire du sport I 4E
sportlich sportif/sportive I 7
eine Sprache une langue I 8
mit jdm. sprechen, zu jdm. sprechen parler à qn I 6A
über etw. sprechen parler de qc II 3B
ein Sprichwort un proverbe II 4, 9
eine Spur une trace II 7A
ein (Sport)Stadion un stade II 3E
eine Stadt une ville I 8
in der Stadt, in die Stadt en ville II 2, 2
ein Plan; *(hier)* **ein Stadtplan** un plan I 5
ein Stadtviertel un quartier I 2E
ein Stadtzentrum un centre-ville III 2
ein Star une star I 6A
stark fort/forte III 1E
etw. stehlen voler qc I 5
steigen monter I 5
etw. stellen mettre qc II 1
die Stellung une position III 3, 7
zu jdm./etw. Stellung beziehen prendre position sur qn/qc III 3, 7
gestorben sein, tot sein être mort(e) III 2, 7
sterben mourir III 4
ein Stern une étoile II 1E
die Stille le silence I 1
eine Stimme une voix III 5
die Stimmung, die innere Verfassung le moral II 2
eine Stimmung, eine Atmosphäre une ambiance II 6, 3
ein Stockwerk, eine Etage un étage I 3E
ein Strand une plage III 1E
eine Straße une rue I 1
eine (Land)Straße une route III 2, 2
eine Strecke; ein Durchgang un parcours II 7B
jdn. streicheln caresser qn III 2
ein Streit une dispute III 1, 1
sich mit jdm. streiten se disputer avec qn II 7B
ein Studio un studio I 6A
eine Stunde une heure I 5
ein Stundenplan un horaire I 7, 8; un emploi du temps III 3, 1
ein Sturzhelm un casque I 4
ein Subjekt un sujet III 1, 5
etw. suchen chercher qc I 2E
der Süden le sud II 7E
südlich von au sud de II 7E
ein Supermarkt un supermarché II 6
süß, niedlich mignon/mignonne II 3B
ein Symbol; *(hier)* **ein Wahrzeichen** un symbole III 2
ein Synonym un synonyme III 5, 7
eine Szene une scène I 1, 3

T

eine Tafel, eine Tabelle/Tafeln, Tabellen un tableau/des tableaux I 6A, 8
ein Tag un jour I 3A
ein Tag, ein Tagesablauf une journée I 5, 4
am darauf folgenden Tag le lendemain I 8
ein Tagebuch un journal/des journaux I 7
eine Tankstelle une station-service III 2
eine Tante une tante I 7
tanzen danser II 2E
das Tanzen; der Tanz la danse I 4
eine Tasche; eine Hosentasche une poche III 1, 7
eine Tasche une poche III 1, 7
das Taschengeld l'argent de poche III 1, 7
eine Tätigkeit une activité I 4E
tatsächlich en fait III 2, 4
taub sourd/sourde II 2, 4
die Technologie; *(hier)* **der technisch-naturwissenschaftliche Unterricht** la technologie III 3, 6
ein Teil une partie I 2, 7
ein Telefon un téléphone I 3B
mit jdm. telefonieren téléphoner à qn I 6A
eine Telefonnummer un numéro de téléphone I 6B, 4
ein Teller une assiette I 3B
die Temperatur la température II 1, 9
teuer, lieb cher/chère I 8E
das Theater le théâtre I 4E
ein Thema un sujet III 1, 5
ein Thunfisch un thon III 5
ein Tier un animal/des animaux I 4, 8
ein Tisch une table I 7
ein Titel un titre I 8, 1
der Tod la mort III 5
die Toilette, das WC les W.-C. *(m., pl.)* I 3E
eine Tour, ein Rundgang un tour II 3A
ein Tourist/eine Touristin un touriste/une touriste I 5
etw. tragen porter qc I 7
trainieren, üben s'entraîner III 3
ein Traum un rêve I 6B, 8
von etw. träumen rêver de qc I 3A
traurig triste II 2
jdn. treffen, jdm. begegnen rencontrer qn I 8E
jdn. treffen; jdn. wieder finden retrouver qn III 1
eine Treppe un escalier II 2
etw. trinken boire qc I 7
trocken sec/sèche ⟨III M1⟩
trotzdem pourtant III 1
etw. tun müssen avoir besoin de faire qc III 3
eine Tür une porte I 2
ein Turm une tour I 5E
eine Turnhalle un gymnase I 4
ein Typ un type III 4

U

eine U-Bahnstation une station de métro I 5
überall partout II 3A

etw. überqueren traverser qc **I 5**
eine Überraschung une surprise **II 3A**
eine Übersetzung une traduction **I 8,** 3
ein U-Boot un sous-marin **II 1E**
übrigens à propos **I 2E**
ein (Fluss)Ufer une rive **I 5E**
Wie viel Uhr ist es? Il est quelle heure? **I 5,** 11
jdn. umarmen embrasser qn **II 1E**
eine Umfrage un sondage **III 3,** 2
umso besser tant mieux **II 3B**
umsteigen changer de train **I 7**
umziehen déménager **II 1**
ein Umzug, ein Wohnungswechsel un déménagement **II 2**
ein Unfall un accident **II 7B**
unglücklich malheureux/malheureuse **III 3**
unglücklicherweise, leider *(Adv.)* malheureusement **III 2,** 3
unten, nach unten en bas **I 4**
unter sous **I 2**
etw. unterbrechen couper qc **II 6**
im Unterricht en cours **II 4**
ein Unterrichtsfach une matière **III 3**
eine Unterrichtsstunde un cours **II 4**
ein Unterschied une différence **II 6,** 10
etw. unterschreiben signer qc **II 1**
etw. unterstreichen souligner qc **III 1,** 3
der Urlaub, die Ferien les vacances *(f., pl.)* **II 1**
ein Ursprung; eine Herkunft une origine **III 5,** 5

V

ein Vater un père **I 4**
eine Verabredung haben avoir rendez-vous **I 4,** 3
etw. verabscheuen, etw. überhaupt nicht mögen détester qc **II 4**
etw. verabscheuen, nicht ausstehen können avoir horreur de qc **II 4**
jdm. verbieten etw. zu tun interdire à qn de faire qc **III 1,** 9
mit jdm. in Verbindung treten contacter qn **II 7E**
etw. verbringen passer qc **II 1**
etw. verdienen gagner qc **II 6,** 6
etw. vergessen oublier qc **I 6B**
sich vergnügen s'amuser **II 7B**
etw. verkaufen vendre qc **I 8**
ein Verkäufer/eine Verkäuferin un vendeur/une vendeuse ⟨**III M1,** 7⟩
ein Verkehrsstau un bouchon **I 5**
etw. verlassen quitter qc **I 2**
jdn. verletzen blesser qn ⟨**III M1**⟩
sich in jdn. verlieben avoir le coup de foudre pour qn/qc **II 3A**
verliebt amoureux/amoureuse **II 3A**
etw. verlieren perdre qc **II 2**
etw. vermeiden éviter qc **I 7,** 17
etw. verpassen rater qc **II 4**
verpasst, fehlgeschlagen manqué/manquée **II 6**
verrückt fou/fol/folle **I 6B**
verspätet sein être en retard **II 2**
eine Verspätung un retard **II 2**
sich verstecken se cacher **II 7B**
etw. verstehen comprendre qc **I 8**
ein Vertrag un contrat **III 4**
viel, sehr beaucoup **I 7**
viel(e) *(bei Mengen)* beaucoup de **I 7**
vielleicht peut-être **I 8**
ein Vogel un oiseau/des oiseaux **I 7E**
ein Vokabelnetz un filet à mots **III 1,** 5
vollständig complet/complète **III 3**
von, aus de **I 1**
vor *(zeitlich)*, **vorher** avant **II 2**
vor *(örtlich)* devant **I 2**
vor allem surtout **I 4**
vorankommen avancer ⟨**III M1**⟩
vorbeigehen, -fahren, -kommen passer **II 3A**
etw. vorbereiten préparer qc **I 4**
vorhin, eben tout à l'heure **II 3A**
ein Vorname un prénom **I 1**
der Vorort la banlieue **I 3A**
jdm. vorschlagen, etw. zu tun proposer à qn de faire qc **III 1**
Vorsicht! Attention! **I 4**
eine Vorspeise une entrée **II 5**
jdm. etw. vorstellen présenter qc à qn **II 4**
etw. vorziehen préférer qc **II 5**

W

etw. wählen/aussuchen choisir qc **II 4**
während *(Präp.)* pendant **I 6B**
währenddessen *(Adv.)* pendant ce temps **II 5**
ein Wald une forêt **II 7A**
eine Wand un mur **I 4**
wann quand **I 5**
warm, heiß chaud/chaude **II 1**
auf jdn. warten attendre qn **I 8**
warum pourquoi **I 5E**
Was? Quoi? **I 3E**
Was ... ? Qu'est-ce que ...? **I 5**
Was ist das? Qu'est-ce que c'est? **I 2E**
Was gibt es? Qu'est-ce qu'il y a? **I 3A,** 6
das Wasser l'eau *(f.)* **I 7**
etw. wechseln changer de qc **II 1**
jdn. (auf-)wecken réveiller qn **III 2,** 2
ein Weg un chemin **I 5,** 12
wegen pour **I 3A**
weggehen partir **II 1**
(wieder) weggehen; *(hier)* **wegfahren** repartir **III 5**
weil parce que **I 5E**
der Wein le vin **II 5**
weinen pleurer **II 7A**
weiß blanc/blanche **I 7**
weit *(Adv.)* loin **II 1**
weitermachen/fortfahren continuer **I 8**
welcher/welche/welches *(Relativpronomen)* lequel/laquelle/lesquels/lesquelles **III 2**
welcher/welche/welches *(Fragebegleiter)* quel/quels/quelle/quelles **II 3B**
die Welt le monde **III 2**
wenden/umdrehen faire demi-tour **II 7A,** 6
wenig peu **I 7**
ein wenig un peu de **I 7**
weniger moins **III 1E**
wenn doch nur ... si seulement ... ⟨**III M1**⟩
Wer ist das? Qui est-ce? **I 1**
eine Werbung, ein Werbespot une publicité **I 6A**
jd./etw. werden devenir qn/qc **III 4**
etw. tun werden aller faire qc **I 6E**
etw. werfen jeter qc ⟨**III M1**⟩
der Westen l'ouest *(m.)* **III 2E**
das Wetter le temps **II 1**
die Wettervorhersage une météorologie **II 1,** 9
ein Wettkampf, ein Spiel un match **II 3E**
wichtig important/importante **II 3B**
wie comment **I 1**
wie *(beim Vergleich)* comme **I 8E**
Wie alt bist du? Tu as quel âge? **I 4**
wieder encore **I 4,** 11
etw. wieder erkennen reconnaître qc **II 3A**
etw. wieder finden retrouver qc **II 2**
jdn. wieder finden; *(hier)* **jdn. treffen** retrouver qn **III 1**

etw. wiederholen répéter qc **II 5,** 2
jdn./etw. wieder sehen revoir qn/qc **II 3A**
wie viel combien (de) **I 8**
der Wind le vent **II 7A**
der Winter l'hiver *(m.)* **I 7,** 6
wirklich vraiment **III 3**
wissen savoir **I 6B**
eine Wissenschaft une science **II 4**
wo où **I 2**
Wo ... ? Où est-ce que ... ? **I 5**
eine Woche une semaine **I 8**
ein Wochenende un week-end **I 7**
wöchentlich, pro Woche par semaine **II 4,** 2
wohnen habiter **I 3E**
ein Wohnmobil un camping-car **II 1**
eine Wohnung un appartement **I 3E**
eine Wolke un nuage **II 1,** 9
ein Wort un mot **I 1,** 4
ein Wörterbuch un dictionnaire **II 7E**
etw. wünschen désirer qc **I 8**
die Wut une colère **I 3B**

Z

eine Zahl un nombre **II 2,** 11
etw. zählen compter qc **I 4,** 2
zauberhaft magique/magique **III 5**
etw. zeichnen dessiner qc **I 2**
ein Zeichner un dessinateur **I 6E**
eine Zeichnung un dessin **I 2**
jdm. etw. zeigen montrer qc à qn **II 4E**
die Zeit le temps **I 7**
eine Zeitung/Zeitungen un journal/des journaux **I 7**
zerbrochen cassé/cassée **II 7B**
etw. zerstören détruire qc ⟨**III M1**⟩
eine Zigarette une cigarette **III 1,** 12
ein Zimmer une pièce **I 3E**
  ein (Schlaf)Zimmer une chambre **I 3E**
ein Zirkus un cirque **III 3E**
der Zucker, das Zuckerstück le sucre **II 5E**
zuerst d'abord **I 3E**
zufrieden, glücklich content/contente **I 7**
ein Zug un train **I 7**
etw. zugeben, etw. gestehen avouer qc **III 1**
jdm. zuhören écouter qn **I 3B**
die Zukunft l'avenir *(m.)* **II 3B**
zurückkommen revenir **II 1**
etw. zurücklassen laisser qc **III 5**
zusammen ensemble **I 1**
etw. zusammenfassen résumer qc **III 1,** 1
eine Zusammenfassung un résumé **II 1**
zusätzlich en plus **I 4**
zu viel trop **I 7**
zwischen entre **II 3A,** 9
zwölf Uhr mittags midi **I 5E**

Pour faire les exercices du livre

	Lektion	Übung	
A votre avis, …	II/1	1	Eurer Meinung nach …
à haute voix	III/4	9a	laut
Accordez …	I/7	2	Gleicht … an.
Ajoutez …	I/1	4	Fügt … hinzu.
un antonyme	III/5	4b	ein Gegenteil
Après la première écoute, …	II/1	10	Nach dem ersten Hören …
à tour de rôle	III/5	4a	abwechselnd
Avant la lecture, …	I/4	Texte	Vor dem Lesen …
Avant la première écoute, …	II/5	8	Vor dem ersten Hören …
une bulle	III/1	Album	eine Sprechblase
un centre d'intérêt	I/3B	7	ein Sachfeld
Changez de rôle.	I/5	12	Tauscht die Rollen.
Cherchez l'intrus.	I/1	6	Sucht den Eindringling.
Choisissez …	I/1	3	Wählt … aus.
une citation	III/5	Entrée	ein Zitat
Classez … d'après …	II/1	6	Ordnet … nach …
Comparez …	I/5	5	Vergleicht …
Complétez.	I/1	8	Ergänzt.
Conjuguez les verbes.	I/6A	3	Konjugiert die Verben.
Continuez.	I/3	Entrée	Macht weiter.
Contrôlez votre prononciation.	I/8	7	Überprüft eure Aussprache.
Copiez le tableau dans votre cahier.	I/3B	6	Übertragt die Tabelle in euer Heft.
Corrigez.	I/6B	2	Verbessert.
d'après le modèle	II/2	4	nach dem Muster
d'après vous	III/5	Texte	eurer Meinung nach
Décris …	I/5	12	Beschreibe …
Décrivez …	I/3A	5	Beschreibt …
un dépliant	III/2	Album	ein Faltblatt
Discutez en classe.	II/1	6	Diskutiert in der Klasse.
Dites si ...	II/1	10	Sagt, ob …
Dites le pour et le contre.	III/M1	3	Nennt das Für und Wider.
Donnez votre avis sur …	III/1	8	Gebt eure Meinung ab zu …
Ecoutez et répétez.	I/4	2	Hört zu und sprecht nach.
Ecoutez le texte.	I/4	11	Hört den Text.

	Lektion	Übung	
Ecoutez les scènes.	II/1	6	Hört die Szenen.
Ecrivez … dans votre cahier.	I/2	12	Schreibt … in euer Heft.
entre parenthèses (f.)	I/4	12	in Klammern
Epelez ...	III/M2	5	Buchstabiert …
Essayez ...	III/5	9d	Versucht …
Expliquez …	II/1	Entrée	Erklärt …
Faites attention aux temps.	II/3	3	Passt auf die Verben auf.
Faites des dialogues.	I/2	9	Erstellt Dialoge.
Faites des phrases qui riment.	I/2	10	Bildet Sätze, die sich reimen.
Faites des phrases.	I/4	1	Bildet Sätze.
Faites l'interprète.	II/7B	4	Spielt den Dolmetscher.
Faites un dessin.	II/7A	5	Macht eine Zeichnung.
Faites un sondage.	II/4	Album	Führt eine Umfrage durch.
Faites un tableau.	II/1	6	Erstellt eine Tabelle.
un filet à mots	I/3B	7	ein Vokabelnetz
une fonction	I/9	Entrée	eine Funktion
Formez des groupes.	II/7	Album	Bildet Gruppen.
Formez des impératifs.	I/5	10	Bildet Imperative.
Imaginez …	II/2	Entrée	Stellt euch vor …
Indiquez …	II/4	5	Gebt … an.
Inventez …	I/1	3	Erfindet …
Jouez à …	II/4	Album	Spielt …
Jouez la scène en classe.	I/3A	3	Spielt die Szene in der Klasse.
un lecteur/une lectrice	III/4	Album	ein Leser/eine Leserin
Lisez encore une fois le texte.	II/1	Album	Lest den Text noch einmal.
Lisez le texte à haute voix.	I/3B	6	Lest den Text laut vor.
Lisez les annotations.	II/5	11	Lest die Annotationen.
Lisez les phrases.	I/5	13	Lest die Sätze.
un mémory	III/2	4b	ein Memory-Spiel
Mettez … à la bonne forme.	I/3A	3	Setzt … in die richtige Form.
Mettez … dans le bon ordre.	II/2	8	Bringt … in die richtige Reihenfolge.
Mettez en relief …	II/7A	4	Hebt … hervor.
les mots suivants	I/9B	4	die folgenden Wörter
Notez ...	II/1	Album	Schreibt … auf.
On dit …	I/1	3	Man sagt …
Pensez à …	II/4	8	Denkt an …
plusieurs fois	III/M3	5 a	mehrmals

	Lektion	Übung	
Posez des questions et répondez.	I/1	1	Stellt Fragen und antwortet.
Prenez des notes.	I/9B	5	Macht Notizen.
Présentez ...	II/1	Album	Präsentiert …
Que signifie … en allemand?	III/P1	4	Was bedeutet … auf Deutsch?
Quelle image va avec quelle scène?	III/2	Entrée	Welches Bild passt zu welcher Szene?
Racontez …	I/3	1	Erzählt …
Regardez les images.	II/1	7	Schaut euch die Bilder an.
Reliez les phrases.	II/3	6	Verbindet die Sätze.
Remplacez … par …	I/4	2	Ersetzt … durch …
Répétez.	I/1	6	Wiederholt./Sprecht nach.
Répondez aux questions.	I/4	1	Beantwortet die Fragen.
Répondez par …	I/5	6	Antwortet mit …
Résumez …	II/2	1	Fasst … zusammen.
un sens	III/5	7b	ein Sinn
une séquence	III/M1	11	eine Sequenz
un site Internet	III/2	Album	eine Internetseite
Soulignez …	II/2	Entrée	Unterstreicht …
Structurez …	II/4	8	Strukturiert …
un thème	III/M1	1a	ein Thema
Tournez la page, s'il vous plaît.	II/9	Entrée	Bitte dreht die Seite um.
Traduisez …	I/5	5	Übersetzt …
Transformez les phrases.	II/6	5	Wandelt die Sätze um.
Travaillez à deux.	I/4	6	Arbeitet zu zweit.
Travaillez en groupes.	I/9	Album	Arbeitet in Gruppen.
Trouvez les phrases correctes.	I/4	11	Findet die richtigen / passenden Sätze.
Trouvez des mots qui vont ensemble.	I/2	7	Findet Wörter, die zusammenpassen.
Trouvez des titres …	I/8	1	Findet Titel …
Trouvez les mots qui riment.	I/1	6	Findet die Wörter, die sich reimen.
Utilisez …	I/3B	3	Benutzt …
Utilisez le maximum de ...	II/1	4	Benutzt so viel wie möglich …
Vous connaissez déjà …	I/9	Entrée	Ihr kennt schon …
Vrai ou faux?	I/2	1	Richtig oder falsch?

Material: 1 Spielplan, auf dem notiert wird, wenn ein Spieler den entsprechenden Raum besucht und welche Punktezahl er dort erreicht hat.
1 Spielstein für jeden Spieler.

Spielplan:

	(1) La cantine			salle de p.	(2) Le bureau du principal			salle de p.	(3) La salle des élèves			salle de p.	(4) La salle des profs			salle de p.	(5) La salle Edith Piaf			salle de p.
Spieler A	●	●	●		●	●	●		●	●	●		●	●	●		●	●	●	
Spieler B	●	●	●		●	●	●		●	●	●		●	●	●		●	●	●	

	(6) Le CDI			salle de p.	(7) La salle Ch. Baudelaire			salle de p.	(8) La salle d'allemand			salle de p.	(9) La salle de géographie			salle de p.	(10) La salle de théâtre			salle de p.
Spieler A	●	●	●		●	●	●		●	●	●		●	●	●		●	●	●	
Spieler B	●	●	●		●	●	●		●	●	●		●	●	●		●	●	●	

Symbole: ● = Grammatik
● = Wortschatz und Kommunikation
● = Landeskunde

Spielregeln:

1. Ihr spielt zu zweit. Zu Beginn des Spiels setzt ihr euren Spielstein in den Hof. Dann wird mit einem Würfel ausgelost, wer von euch beiden beginnt.
2. Wer anfängt (Spieler A), begibt sich in den Raum (1) und setzt seinen Spielstein in diesen Raum und löst die Aufgaben. Er enthält jeweils eine Aufgabe zur Grammatik, zum Wortschatz, zur Kommunikation und zur Landeskunde. Löst er die Aufgaben richtig, darf er sich die Punkte notieren.
3. Spieler B kontrolliert die Antworten von Spieler A anhand der Lösungen. Wenn Spieler A die Aufgabe nicht lösen kann, muss er in die *salle de permanence* gehen und dort eines der Verben konjugieren (1. Pers. Sg. bis 3. Pers. Pl.). Schafft er es, bekommt er insgesamt 10 Punkte zusätzlich. Die *salle de permanence* ist ein Joker-Raum.
4. Dann ist Spieler B an der Reihe. Er begibt sich in den Raum (2), um die Aufgaben zu lösen. Gelingt es ihm, darf er sich die Punkte notieren, wenn nicht, muss auch er in die *salle de permanence* gehen und ein Verb seiner Wahl konjugieren (1. Pers. Sg. bis 3. Pers. Pl.). Schafft er es, bekommt er insgesamt 10 Punkte zusätzlich.

5. Spieler A kontrolliert die Antworten von Spieler B anhand der Lösungen.
6. Danach ist Spieler A an der Reihe. Er begibt sich in den Raum (3) und versucht die Aufgaben zu lösen, usw.
7. In jedem Raum befindet sich ein in der Zeichnung versteckter Buchstabe. Die Buchstaben müsst ihr sammeln und später ordnen, um den Namen der unbekannten Lehrerin herauszufinden. Wer als erster den Namen der unbekannten Lehrerin herausfindet, bekommt 10 Punkte zusätzlich.
8. Das Ende des Spiels ist erreicht, wenn alle Räume besucht wurden und ihr den Namen der unbekannten Lehrerin erraten habt.
9. Gewonnen hat, wer die höchste Punktzahl erreichen konnte.

Auto-évaluation
Im Anschluss an das Spiel kannst du deine Kenntnisse wieder selbst überprüfen, indem du feststellst, auf welchen Gebieten du nicht so sicher warst. Zähle einfach die Anzahl der Punkte, die du für Grammatik, Wortschatz, Kommunikation und Landeskunde erreicht hast. Überlege gemeinsam mit deinem Lehrer, wie du die Pensen, die dir noch Schwierigkeiten machen, wiederholen und üben kannst.

220–181	Génial!
180–111	Pas mal!
110– 91	Ça va!
90– 0	Regarde encore un peu *Déc. 2*!

Erreichbare Punktzahlen:

	●	●	●	**Gesamtpunktzahl**
1. La cantine	10	15	15	**40**
2. Le bureau du principal	20	15	5	**40**
3. La salle des élèves	15	15	10	**40**
4. La salle des profs	20	15	5	**40**
5. La salle E. Piaf	15	20	5	**40**
6. Le CDI	20	15	5	**40**
7. La salle Ch. Baudelaire	20	15	5	**40**
8. La salle d'allemand	15	10	15	**40**
9. La salle de géographie	15	15	10	**40**
10. La salle de théâtre	25	10	5	**40**
La salle de permanence				**mind. 10**
Le nom de la prof				**10**
Spieler A Gesamt	**75**	**80**	**45**	**220**
Spieler B Gesamt	**100**	**65**	**35**	**220**

Plateau Rentrée, p. 8–9

1. **La cantine:** • Emma et Cécile sont entrées à la cantine./Elles ont accompagné Grégory. • le coca/le jus d'orange/le champagne … • une entrée – un plat principal – un dessert (M)
2. **Le bureau du principal:** • La fille raconte que cette année, ils ont M. Davot en allemand et qu'il est cool. Le garçon dit qu'il y a une nouvelle prof au collège et demande à la fille si elle la connaît. • tout droit, à gauche, à droite • Ils vont en permanence. (O)
3. **La salle des élèves:** • Emma est une fille que tout le monde aime. Elle a quitté Paris où elle a beaucoup d'amis. Son père qui a trouvé du travail à Toulouse part déjà. • Le petit Prince, Zazie dans le métro, Le petit Nicolas, Le gone du chaâba, etc. • La ville rose (N)
4. **La salle des profs:** • huit cent quatre-vingt-quatre/mille/cent quatre-vingt-seize/cinquante-cinq mille cinq cent cinquante-cinq • vieux/là-bas/après • mercredi après-midi (T)
5. **La salle Edith Piaf:** • Qu'est-ce qui t'intéresse?/Qui est-ce que tu rencontres souvent?/Qu'est-ce que vous faites aussi? • Il fait beau/du soleil. – Il y a des nuages. – Il pleut. – Il fait chaud/trente degrés. • C'est un parc près d'Argelès-Gazost. (O)
6. **Le CDI:** • Magalie aime chanter. Elle rêve d'être chanteuse. Quand elle commence à faire ses devoirs, elle pense à la musique. Mais elle réussit à être bonne élève. • Il est en colère./Il a mal./Il est amoureux. • Airbus (Z)
7. **La salle Charles Baudelaire:** • Oui, elle l'aide./Non, elle ne leur écrit pas. • Il a mal à la gorge./Il a mal au ventre./Il a un bras cassé. • C'est la fête de la musique. (A)
8. **La salle d'allemand:** • cet hôtel/cette église/ces filles/ce garçon/ces chats • Bon anniversaire!/Bienvenue! • l'Airbus/la Garonne/le Capitole/le canal du Midi/Odyssud/etc. (R)
9. **La salle de géographie:** • le beau français = la belle langue française/le beau Français = le bel homme français • Mayence, Francfort, Munich, Cologne, Coblence, Trèves, Aix-la-Chapelle, Hambourg, etc. • La Garonne traverse Toulouse. (B)
10. **La salle de théâtre:** • Pour faire une tarte, il faut de la farine, du beurre, des œufs, de l'eau et des pommes. • Salutations cordiales • La Géode est dans le Parc de la Villette à Paris. (R)

La salle de permanence: *dormir:* je dors, tu dors, il/elle dort, nous dormons, vous dormez, ils/elles dorment; *savoir:* je sais, tu sais, il/elle sait, nous savons, vous savez, ils/elles savent; *connaître:* je connais, tu connais, il/elle connaît, nous connaissons, vous connaissez, ils/elles connaissent; *venir:* je viens, tu viens, il/elle vient, nous venons, vous venez, ils/elles viennent; *commencer:* je commence, tu commences, il/elle commence, nous commençons, vous commencez, ils/elles commencent; *recevoir:* je reçois, tu reçois, il/elle reçoit, nous recevons, vous recevez, ils/elles reçoivent; *prendre:* je prends, tu prends, il/elle prend, nous prenons, vous prenez, ils/elles prennent; *vivre:* je vis, tu vis, il/elle vit, nous vivons, vous vivez, ils/elles vivent; *faire:* je fais, tu fais, il/elle fait, nous faisons, vous faites, ils/elles font; *aller:* je vais, tu vas, il/elle va, nous allons, vous allez, ils/elles vont; *devoir:* je dois, tu dois, il/elle doit, nous devons, vous devez, ils/elles doivent; *plaire:* je plais, tu plais, il/elle plaît, nous plaisons, vous plaisez, ils/elles plaisent; *préférer:* je préfère, tu préfères, il/elle préfère, nous préférons, vous préférez, ils/elles préfèrent; *conduire:* je conduis, tu conduis, il/elle conduit, nous conduisons, vous conduisez, ils/elles conduisent; *finir:* je finis, tu finis, il/elle finit, nous finissons, vous finissez, ils/elles finissent; *courir:* je cours, tu cours, il/elle court, nous courons, vous courez, ils/elles courent; *envoyer:* j'envoie, tu envoies, il/elle envoie, nous envoyons, vous envoyez, ils/elles envoient; *construire:* je construis, tu construis, il/elle construit, nous construisons, vous construisez, ils/elles construisent (E)

Leçon 2, p. 27, ex. 7a:
a) 1. → b) Marie. 2. → c) Chalon-sur-Saône. 3. → a) la photo. 4. → b) 1833.

Leçon 3, p. 37, ex. 9a:
1. Nathan et sa famille vivent dans un camping-car. 2. Le camping-car a deux pièces. 3. Nathan fait son spectacle de clown avec son père. 4. Nathan s'entraîne avec des assiettes, des animaux, des ballons, des vélos. 5. Son spectacle, c'est tous les jours sauf le mercredi.

Leçon 4, p. 52, ex. 9a:
Où est-ce que tu es?/Tu es où?/Où es-tu? Carrère est d'accord. Il a aimé la vidéo et il veut nous voir! Qu'est-ce que tu crois? C'est super, non? Je le savais! Mais maintenant, j'ai un problème avec mes parents et avec l'école! :-(Réponds vite, s'il te plaît. A plus!
Bises   Jérémie

Leçon 5, p. 59, ex. 4a:
1. la campagne ≠ la ville 2. rire ≠ pleurer 3. riche ≠ pauvre 4. Il fait beau. ≠ Il fait mauvais. 5. l'hiver ≠ l'été 6. midi ≠ minuit 7. froid(e) ≠ chaud(e) 8. se réveiller ≠ s'endormir

Module 1, p. 72, ex. 6a:
téléphone, heure, cherche, après, anglais, allemand, dans, mercredi, week-end, samedi, voiture, restaurant, italien, département, région

Annotations de **«J'suis pas un imbécile!»**

1 un imbécile ein Depp – **2 un étranger, une étrangère** ein Ausländer, eine Ausländerin – **3 un douanier** ein Zöllner – **4 fier, fière** stolz – **5 Fous le camp!** *(fam.)* Hau ab! – **6 il m'a pris à part** er nahm mich zur Seite – **7 trinquer** anstoßen – **8 un être humain** ein menschliches Wesen, ein Mensch – **9 évidemment** klar, logisch – **10 le corps** der Körper – **11 une âme** eine Seele – **12 J'en ai ras le bol!** *(fam.)* Ich habe die Nase voll!

Plateau 1, p. 42, ex. 3:

J'suis pas un imbécile[1]!
Moi, j'aime pas les étrangers[2]! Non! Parce qu'ils viennent manger le pain des Français! Oui! J'aime pas les étrangers! Et pourtant, c'est curieux parce que, comme profession, je suis douanier[3]! Alors, on devrait être gentil avec les étrangers qui arrivent! Mais moi, j'aime pas les étrangers! Ils viennent manger le pain des Français! J'suis pas un imbécile! Je suis Français! Et je suis fier[4] d'être Français! Mon nom, c'est Koulakerstersky du côté de ma mère et Piazanobenditti, du côté d'un copain à mon père!
Dans le village où j'habite, on a un étranger. On l'appelle pas par son nom! On dit: «Tiens, v'là l'étranger qui arrive!» Sa femme: «Tiens, v'là l'étrangère!». Souvent, j'lui dis: «Fous le camp![5] Pourquoi qu'tu viens manger le pain des Français?»
Une fois, au café, il m'a pris à part[6]. J'ai pas voulu trinquer[7] avec lui, un étranger, dites donc! Parce que moi, j'suis pas un imbécile: je suis douanier!
Il m'a dit: «Et pourtant, je suis un être humain[8] comme tous les autres humains et …».
Evidemment[9]! Qu'est-ce qu'il est bête alors, celui-ci! «J'ai un corps[10], une âme[11] comme tout le monde …».
Evidemment! Comment se fait-il qu'il puisse dire des bêtises pareilles! Enfin, je l'ai quand même écouté, cette espèce d'idiot! Et là, j'ai rien compris à ce qu'il a voulu dire … Et pourtant, j'suis pas un imbécile puisque je suis douanier! «Fous le camp! Tu viens manger le pain des Français!»
Alors un jour, il nous a dit: «J'en ai ras le bol![12] Vous, vous Français, votre pain et pas votre pain … Je m'en vais!»
Alors, il est parti avec sa femme et ses enfants. Il est monté dans un bateau, il est allé loin au-delà des mers. Et depuis ce jour-là, on ne mange plus de pain … Il était boulanger!

Extrait de: *5 sketches à lire et à jouer de Fernand Raynaud*, © Editions de La Table Ronde (texte abrégé)

Leçon 4, p. 52, ex. 9b: Le «DICO» SMS

$	argent	**JTM**	Je t'aime.
a2m1	à demain	**je le sa V**	Je le savais.
a+	à plus (tard)	**K7**	cassette
a b1to	à bientôt	**keskia**	Qu'est ce qu'il y a?
ama	à mon avis	**keske C**	Qu'est ce que c'est?
asap	au plus vite (as soon as possible)	**kestudi**	Qu'est ce que tu dis?
ayÈ	ça y est	**kestu X**	Qu'est ce que tu crois?
Biz/BZoo	Bises / Bisous	**kestufÈ**	Qu'est-ce que tu fais?
B1sur	bien sûr	**koi29/R29**	Quoi de neuf?/Rien de neuf!
bap	bon après-midi	**lS tom B**	Laisse tomber.
bcp	beaucoup	**pq**	pourquoi
bjr/bsr	bonjour/bonsoir	**raf**	rien à faire
cad	c'est à dire	**rdv**	rendez-vous
C b1	C'est bien!	**r1**	rien
C pa 5pa	C'est pas sympa!	**RVSTP**	Réponds vite, s'il te plaît.
CU	see you	**savapa**	Ça va pas?
C 2L8	C'est trop tard (c'est too late)!	**slt**	Salut!
dak	d'accord	**stp**	s'il te plaît
D 100	Descends.	**t le + bo**	Tu es le plus beau.
fo	il faut	**t oqp**	Tu es occupé?
G 1	J'ai (une question).	**t nrv**	Tu es énervé?
G1 pb	J'ai un problème.	**thx**	merci (thanks)
GspR b1	J'espère bien.	**T où?**	Tu es où?
GT o 6nÉ	J'étais au ciné(ma).	**V1**	Viens.
ID	idée	**vazi**	Vas-y!
j	je	**VrMan**	vraiment

Leçon 4, p. 52, ex. 11:
Fehlerprotokoll (Stratégie L4)

Du wirst dich sicher schon einmal über einen Fehler geärgert haben.
Vielleicht warst du unkonzentriert oder du hattest keine Zeit mehr zum Kontrolllesen?
Fehler machen ist menschlich, aber du kannst die Zahl doch erheblich verringern, wenn du nach einem gewissen Schema vorgehst und häufige Fehler genauer unter die Lupe nimmst. Dieses Fehlerprotokoll soll dir dabei helfen: Auch zur Vorbereitung von Klassenarbeiten kann es nützlich sein!

1. Rechtschreibung	
• Habe ich alle Wörter, auch die „schwierigen" Wörter richtig geschrieben? (Spricht man das Wort auch so, wie ich es geschrieben habe?)	*z. B. ao**û**t / s**œ**ur / **feu**ille / acc**ueil** / **vie**ille*
	*z. B. esp**é**rer,* aber: *j'esp**è**re / probl**è**me / m**é**tier*
• Habe ich fehlerträchtige Stellen im Hinblick auf andere Sprachen (E, D, It, Sp, etc.) kontrolliert?	*z. B. touriste / suc**cès** / **plaisir***

2. Grammatik Habe ich • die unregelmäßigen Verben richtig konjugiert bzw. die Zeiten richtig gebildet (Endungen, PP + accord, Hilfsverb)? • das Verb an das Subjekt und die Adjektive und Begleiter an das Nomen/Subjektpronomen (Genus) angeglichen und dabei auch den Plural konsequent markiert? • die richtigen Pronomen verwendet (und an die richtige Stelle gesetzt)? • die richtigen Artikel verwendet (*de* nach Verneinung und Mengenangaben; Teilungsartikel etc.)? • zwischen Adjektiv und Adverb unterschieden? • Stimmen die Verbanschlüsse?	*tu **reçois**/il **meurt**/j'**ai** couru/ils ont **pris**/il **s'est** réveillé/**elle était** rentrée* ***j'**attends**/ils** av**aient** mangé**/ nous** ir**ons/** des bon**nes** nouvelle**s**/tous **les** jour**s**/ d'autre**s** concert**s/ cette** musique/ elle cherche **ses** livres* *on **leur** a demandé/l'histoire **qui** me plaît/ l'histoire **que** je raconte* *beaucoup **d'**amis/je déteste **le** hip-hop/ je prends **des** fruits* *nous jouons **bien**/ce jeu est **bon/** C'est un **bon** jeu* *aider **qn**/apprendre **à faire qc**/ avoir besoin **de** qc/qn*
3. Wortstellung • Habe ich an SPO (Subjekt-Prädikat-Objekt) gedacht? • Stehen die Pronomen (s. o.) und die Verneinung an der richtigen Stelle?	*Quand est-ce que **tu viens**? Je peux **te** parler?/Il **n'a jamais** travaillé./ Il **n'**avait vu **personne**.*
4. Tempus Habe ich die Zeiten richtig verwendet (p. c. ⟷ imp.; présent; futur; indirekte Rede)?	*Quand je **suis sorti**, il **pleuvait**./Demain, je **prendrai** des photos./Je lui ai demandé s'il n'**avait** pas faim.*
5. Vokabular und Ausdruck Habe ich • das richtige Sprachniveau gewählt (Standardfranzösisch ⟷ Jugend-/ Umgangssprache, etc.)? • feste Redewendungen und falsche Freunde berücksichtigt?	*z. B. **Quel garçon!** ⟷ Quel mec! (ugs.)/ **C'est génial/super!** ⟷ C'est canon! (ugs.)/ **Il ne** faut **pas** rêver! ⟷ Faut pas rêver! (ugs.)* *z. B. **avoir un chat dans la gorge**; die Atmosphäre = **l'ambiance (f)**; der Plan/das Vorhaben = **le projet***
6. Flüchtigkeitsfehler Habe ich Buchstaben oder sogar Wörter ausgelassen bzw. Akzente vergessen?	

Solltest du dir in einigen Bereichen (Genus der Nomen, Konjugation der Verben, etc.) einfach nicht mehr sicher sein, so kannst du deine Lücken schließen, indem du Lernkärtchen anfertigst und die Wörter, die dir Schwierigkeiten bereiten, gezielt übst und regelmäßig wiederholst!

Femme like U

(Refrain:)
Donne-moi ton cœur baby,
Ton corps baby hey
Donne-moi ton bon vieux funk,
Ton rock baby,
Ta soul baby hey
Chante avec moi, je veux une femme like you
Pour m'emmener au bout du monde, une femme like you
Hey
Donne-moi ton cœur baby,
Ton corps baby hey
Donne-moi ton bon vieux funk,
Ton rock baby, ta soul baby hey
Chante avec moi, je veux un homme like you
Bad boy tu sais qu' tu m' plais, un homme like you
Hey

Quand tu chantes, j'oublie
J'ai plus le moindre soucis
J'ai le mal qui fuit,
Tu donnes un son à ma vie
Et puis j' sais pas qu'est-ce qui s' passe,
T'as ce regard dans la face
Qui me ramène à la case départ, là où j'suis parti,
Nous ramène à la soirée du bar quand on est sortis
Et c'est cette même complicité qui s'installe,
Ou quand on est sur la scène
Et qu'on brille sous la même étoile
Quand ta voix croise la mienne, que j'ai ta soul dans mes veines
Que mon vibe coule dans les tiennes
Femme t'es belle mais quand tu chantes t'es sexy,
Flash sur elle, rock, soul baby

(au Refrain)

Complice on leur donne un bon son, like …
A la tv, Mary J. Blige glamourous, ton style et ton charme t'es fabulous
Un délice pour un macadam
Mhhm baby baby, si tu savais comme j' te mhhm baby baby
Crois-moi que l'atmosphère est parfaite,
Et plus tu chantes, plus j'glisse sur la pente et j'perds la tête
Deux vies, deux voix qui s' rencontrent
Deux histoires qui se racontent
Une chanson pour le dire,
Y a les mots, les images pour le décrire
Une belle rencontre à l'ancienne,
Prends un flash! Y a d' la magie sur scène,
Le rideau tombe et c'est terminé
Une belle collabo, des mots sur une feuille, pour se rappeler

(au Refrain)

Donne-moi ton cœur,
Donne-moi ton corps,
Donne-moi ta soul,
Ton rock'n'roll
Je veux une femme like you
Un homme like you

(au Refrain, 2 x)

K-Maro

Musik und Text: Louis Cote / Cyril Kamar

29

Les maudits Français

Y parlent avec des mots précis
Puis y prononcent toutes leurs syllabes
A tout bout d'champ, y s'donnent des bis
Y passent leurs grandes journées à table

Y ont des menus qu'on comprend pas
Y boivent du vin comme si c'était d'l'eau
Y mangent du pain pis du foie gras
En trouvant l'moyen d'pas être gros

Y font des manifs aux quart d'heure
A tous les maudits coins d'rue
Tous les taxis ont des chauffeurs
Qui roulent en fous, qui collent au cul

Et quand y parlent de venir chez nous
C'est pour l'hiver ou les indiens
Les longues promenades en Ski-doo
Ou encore en traîneau à chiens

Ils ont des tasses minuscules
Et des immenses cendriers
Y font du vrai café d'adulte
Ils avalent ça en deux gorgées

On trouve leurs gros bergers allemands
Et leurs petits caniches chéris
Sur les planchers des restaurants
Des épiceries, des pharmacies

Y disent qu'y dînent quand y soupent
Et y est deux heures quand y déjeunent
Au petit matin, ça sent l'yaourt
Y connaissent pas les œufs-bacon

En fin d'soirée, c'est plus choucroute
Magret d'canard ou escargots
Tout s'déroule bien jusqu'à c'qu'on goûte
A leur putain de tête de veau

Un bout d'paupière, un bout d'gencive
Un bout d'oreille, un bout d'museau
Pour des papilles gustatives
De québécois, c'est un peu trop

Puis, y nous prennent pour un martien
Quand on commande un verre de lait
Ou quand on demande: La salle de bains
Est à quelle place, S.V.P. ?

Et quand ils arrivent chez nous
Y s'prennent une tuque et un Kanuk
Se mettent à chercher des igloos
Finissent dans une cabane à sucre

Y tombent en amour sur le coup
Avec nos forêts et nos lacs
Et y s'mettent à parler comme nous
Apprennent à dire: Tabarnak

Et bien saoulés au caribou
A la Molson et au gros gin
Y s'extasient sur nos ragoûts
D'pattes de cochon et nos plats d'binnes

Vu qu'on n'a pas d'fromages qui puent
Y s'accommodent d'un vieux cheddar
Et y se plaignent pas trop non plus
De notre petit café bâtard

Quand leur séjour tire à sa fin
Ils ont compris qu'ils ont plus l'droit
De nous appeler les Canadiens
Alors que l'on est Québécois

Y disent au revoir, les yeux tout trempés
L'sirop d'érable plein les bagages
On réalise qu'on leur ressemble
On leur souhaite bon voyage

On est rendu qu'on donne des becs
Comme si on l'avait toujours fait
Y a comme un trou dans le Québec
Quand partent les maudits Français

Paroles et Musique de
Lynda Lemay

Die vermaledeiten Franzosen

Sie drücken sich gewählt aus
und sprechen alle ihre Silben aus.
Auf jedem Flecken Erde geben sie sich Küsschen
und verbringen ihre großen Festtage zu Tisch.

Sie haben Menüs, die man nicht versteht,
sie trinken Wein, als ob es Wasser wäre,
sie essen Brot und fette Leberpastete,
wobei sie es irgendwie schaffen, dabei nicht
fett zu werden.

Sie veranstalten Demos zu jeder Viertelstunde
an allen verfluchten Straßenecken.
Alle Taxis haben Chauffeure,
die wie Verrückte rasen und dicht auffahren.

Und wenn sie davon sprechen, zu uns zu kommen,
dann ist es für den Winter oder den
„Indien Summer",
die langen Ausflüge mit dem Motorschlitten
oder mit den Hundeschlitten.

Sie haben Minitassen
und riesige Aschenbecher.
Sie machen echten Kaffee für Erwachsene
und kippen ihn in zwei Schlücken runter.

Man sieht ihre dicken deutschen Schäferhunde
und ihre kleinen süßen Pudel
auf den Böden der Restaurants,
der Lebensmittelläden und der Apotheken.

Sie sagen, sie „dinieren", wenn sie „soupieren",
und es ist zwei Uhr, wenn sie zu Mittag essen.
Beim Frühstück riecht es nach Joghurt,
sie kennen keine Eier mit Speck.

Am späteren Abend gibt es eher Sauerkraut,
Entenbrust oder Schnecken.
Alles verläuft gut, bis man
ihre verdammte Sülze probiert.

Ein Stückchen vom Augenlid, ein Stückchen
vom Zahnfleisch,
ein Stückchen vom Ohr, ein Stückchen vom Maul,
für die Geschmacksnerven von Québecern ist es
ein bisschen zu viel.

Und außerdem halten sie uns für einen
Marsmenschen,
wenn man ein Glas Milch bestellt,
oder wenn man fragt: „An welchem Platz ist das
Badezimmer, bitte?"

Und wenn sie bei uns ankommen,
nehmen sie sich eine Wollmütze und einen Anorak,
machen sich auf die Suche nach Iglus
und landen schließlich in einer Zuckerhütte.

Sie verlieben sich auf der Stelle
in unsere Wälder und Seen.
Und sie fangen an, wie wir zu sprechen,
sie lernen zu sagen: „Tabarnak!", „Verdammt!".

Und schön berauscht vom Caribou-Schnaps,
vom Molson-Bier und vom dickflüssigen Gin,
geraten sie in Verzückung über unsere Ragouts
von Schweinepfoten und über unsere
Bohnengerichte.

Wenn man bedenkt, dass wir keinen Käse haben,
der stinkt,
begnügen sie sich mit einem alten Cheddar.
Und sie beklagen sich auch nicht allzu sehr
über unseren nachgemachten „petit café".

Wenn ihr Aufenthalt dem Ende entgegen geht,
haben sie verstanden, dass sie kein Recht mehr
dazu haben,
uns Kanadier zu nennen,
wo wir doch Québecer sind.

Sie sagen auf Wiedersehen mit feuchten Augen
und die Taschen voller Ahornsirup.
Wir merken, dass wir ihnen ähnlich sind,
und wünschen ihnen gute Reise.

Man ist darüber eingekommen, dass man sich
Küsschen gibt,
als ob man es schon immer getan hätte.
Es ist so, als ob ein Loch zurückbliebe im Québec,
wenn sie abreisen, die vermaledeiten Franzosen.

Übersetzung von *Lynda Lemay,*
„Les maudits Français":

Friederike Maria Keck

Poèmes

J'en ai peur

J'ai peur
Peur de rentrer chez moi
Et de retrouver une ambiance tendue
Je crois parfois
Qu'il ferait bon de s'enfuir,
De partir loin
Et de ne jamais revenir.
J'aimerais tourner la page,
Ne penser à rien,
Être comme on dit «bien».
J'ai peur
Quand je les vois désespérés.
Ils ne se regardent plus,
Ils s'ignorent.
Combien de temps ça peut durer ? (…)

Marie-Céline

Présenté par C. Poslaniec et D. Verdier,
adolescence en poésie © Editions Gallimard

Partir,
Partir loin d'ici,
Partir agressive,
Partir déchirée, avide de vengeance,
Partir pour trouver enfin la paix
Et revenir prête à tout recommencer.
Partir pour tout oublier
Et revenir pour les aimer.

Partir,
Partir loin d'ici …

Agnès

Présenté par C. Poslaniec et D. Verdier,
adolescence en poésie © Editions Gallimard

Poèmes

On n'a que notre voix
Pour parler
On n'a que notre voix
Pour chanter
On n'a que notre voix
Une voix balancée comme un pavé
On n'a que notre cœur
Pour aimer
On n'a que notre cœur
Pour pleurer
On n'a que notre cœur
Un cœur déchiré comme la société
On n'a que notre poing
Pour travailler
On n'a que notre poing
Pour protester
On n'a que notre poing
Un poing rouge comme la liberté.

Patrice

Présenté par C. Poslaniec et D. Verdier,
adolescence en poésie © Editions Gallimard

L'enfant j'ai été l'enfant
Joue sans jamais réfléchir
Aux sombres détours du temps

Éternel il joue pour rire
Il conserve son printemps
Son ruisseau est un torrent

Moi mon plaisir fut délire
Mais je suis mort à neuf ans.

Paul Eluard

Présenté par A. Rich,
L'enfance en poésie © Editions Gallimard

La Francophonie